# PIEMONT

## AOSTATAL, LIGURIEN

MAUREEN ASHLEY

# PIEMONT

## AOSTATAL, LIGURIEN

Durch Weindörfer und Rebberge

HUGH JOHNSONS WEINREISEN

Hallwag Verlag Bern und Stuttgart

# Inhalt




Die englische Originalausgabe ist unter dem Titel «Touring in Wine Country North West Italy» im Verlag Mitchell Beazley (Teil der Verlagsgruppe Reed International Books Limited), London, erschienen.

First published in 1997




Übersetzung: Andreas Stieber und Peter Gillhofer, München
Redaktion und Lektorat der deutschen Ausgabe: Werkstatt Gillhofer, München
Orte und Weine: Sally Chorley
Index: Angie Hipkin
Satz: Anja Dengler, Werkstatt Gillhofer
Schutzumschlag: Robert Buchmüller
Produced by Mandarin Offset
Printed in Hong Kong





ISBN 3-444-10485-5

Hallwag

3 kg

# Vorwort

Der Wein strahlt mehr als alles andere, was wir essen und trinken, die Atmosphäre seines Entstehungsortes aus. In ihm spiegeln sich die ökologischen Umstände, der Boden und das Klima – und doch ist sein Charakter mehr als ein Amalgam der einzelnen Bestandteile. Sein Geschmack und seine Persönlichkeit werden geformt durch die Kultur einer Region und eines Landes, durch den gesamten Verlauf seiner Geschichte. Am Ende dieser Entwicklung steht dann der Wein, an den sich die Menschen in seiner Umgebung gewöhnt haben.

All diese Faktoren, von der geologischen Beschaffenheit des Landes, den Sommerregen und den Frühjahrsfrösten bis hin zu den jahrhundertealten Herrscherdynastien, bilden zusammen diesen fast nicht zu definierenden Begriff «Terroir». Je reicher eine Region ist und je länger ihr Boden kultiviert wurde, um so stärker werden dessen Eigenheiten auf die jeweiligen Produkte übergehen. Warum kommen denn die wertvollsten Weine in der Welt von Rebgärten mit einer uralten Tradition? Weil sich jede Generation und jeder Handgriff eines Winzers in den unverwechselbaren Eigenschaften dieser Weinberge verewigt haben. (Das bedeutet nicht, daß sie selbst bei ignoranter Bearbeitung stets einen ausgezeichneten Wein liefern würden. Aber ihr Potential stellt nun einmal die Summe all der Geschehnisse dar, die sich von der Vergangenheit bis zur Gegenwart in ihnen gespeichert haben.)

Freilich kann man einen Wein auch verstehen, ohne seine Ursprünge und Wurzeln in Augenschein zu nehmen. So täten wir früheren Generationen unrecht, wenn wir behaupteten, sie hätten den Charakter eines Weins nicht einzuschätzen und zu begreifen vermocht, bloß weil sie vielleicht nie in ihrem Leben einen Weinberg gesehen haben. Aber wir befinden uns nun einmal in der glücklichen Lage, den Werdegang unserer Weine bis zur Aufzucht, bis in den Keller, ja bis zu den Familien, die ihn formten, nachvollziehen zu können. Es ist eine Reise, die jedem von uns offensteht. Wir können die Gerichte essen, zu denen ein Wein an seinem Ursprungsort getrunken wird. Wir sind sozusagen Ehrenmitglieder einer Gemeinschaft und Kultur, die diesen Wein geschaffen hat.

Kein Wunder also, daß sich der Weintourismus immer größerer Beliebtheit erfreut. Wer einmal die Gastfreundschaft von Weinbauern kennengelernt hat, ihre Mitteilungsfreude (erstaunlicherweise auch Konkurrenten gegenüber) und die Bereitschaft der Weingemeinde in dieser Welt, über alle Grenzen hinweg zusammenzuarbeiten, mag diese persönliche Erfahrung nicht mehr missen.

Wenige Weinregionen erscheinen so komprimiert und homogen wie die Alpenausläufer Nordwestitaliens. Und gleichzeitig gibt es nur wenige, die auf so kleinem Raum eine größere Vielfalt von Weinen aus einer minimalen Traubenpalette erzeugen.

Der Reisende nimmt das Gebiet allerdings weniger als Ausläufer eines Gebirges wahr, sondern eher als eine Kette respektabler Berge, die von den umliegenden Gipfeln eingekesselt werden. Bei guter Sicht kann man im Frühling und Herbst rundum eine fast geschlossene Reihe schneebedeckter Bergspitzen am Horizont erkennen.

Unter diesen äußeren Gegebenheiten entstand eine abgeschlossene Kultur mit ihren eigenen Sitten und Gesetzen. In Piemont entdecken Sie Gebäude und Gebräuche, Speisen und Weine, Redewendungen und Kleiderordnungen, die Sie nirgendwo anders finden werden.

Gleichzeitig ziehen sich durch Nordwestitalien die ältesten und belebtesten Reiserouten Europas. Turin nimmt eine strategische Position im Vorfeld der Alpenpässe ein, und Genua ist sowohl ein großer Hafen wie auch die wichtigste Stadt an der kurvenreichen Küstenstraße von Italien nach Frankreich.

Hier gibt es einige der berühmtesten (und auch teuersten) Weine Italiens – überraschenderweise aber noch nicht sehr lange. Man könnte denken, so noble Namen wie Barolo und Barbaresco seien uralt. In Wirklichkeit entstanden diese Weine erst in der zweiten Hälfte des 19. Jahrhunderts, und in der modernen Luxusausführung existieren sie gerade mal 20 Jahre. Neue Weinsorten befinden sich noch in der Experimentierphase. Sie stammen von Trauben, die anderswo unbekannt sind und nur in dem besonderen Klima der Alpenenklave gedeihen.

Was sich aber nicht ändert in Piemont, ist die Liebe zum Essen. Hier kredenzt man ältere und vielfältigere Gerichte als im übrigen Italien. Und wenn erst die Herbstnebel zu wallen beginnen, aus denen wie durch Zauberei die duftenden weißen Trüffeln auftauchen, strömen die gastronomischen Wallfahrer aus allen Teilen der Welt in Scharen nach Piemont.

*Hugh Johnson*

# Einführung

Bilderbuchansichten von Italien zeigen nur selten den Nordwesten, und so sind seine Reize kaum bekannt. Das aber macht die Erkundung seiner abwechslungsreichen Landschaft und ruhigen Dörfer nur noch spannender. Schon bei der ersten Berührung italienischen Bodens im Aostatal eröffnet sich dem Besucher eine herrliche, geradezu überwältigende Landschaft.

Das Aostatal geht über in die verschlafenen Ebenen und wogenden Hügel von Piemont, dem Kernland des Nordwestens und der Region, die im Mittelpunkt dieses Führers steht. Schließlich sind die kraftvollen, langlebigen Roten und die delikaten Weißen Piemonts schon allein wegen ihrer Vielfalt und Vielzahl zu Recht berühmt. Im Süden führen herrliche Pässe über den steilen, hoch aufragenden Apennin zur prachtvoll leuchtenden Küste Liguriens, während sich im Osten die sanften Ausläufer des Oltrepò Pavese über dem schwerfällig dahinfließenden Po erheben und am Rande der lombardischen Ebenen den Abschluß des Nordwestens bilden.

Die beste Reisezeit ist Frühling oder Herbst. Der Frühling bringt klare, heitere Tage, eine Farbenpracht an Blumen und grüne, Knospen treibende Weinstöcke. Im Herbst bezaubert die Farbenpracht der Weinberge. Dies ist die Zeit der Trüffeln, zahlreicher Volksfeste und nicht zuletzt auch der Traubenlese. Wer die Hitze mag und lange Tage, Mahlzeiten im Freien und traumhafte Sonnenuntergänge genießen will, wird den Sommer vorziehen. Der Winter ist jedoch riskant. Das tiefliegende Land am Po und seinen Nebenflüssen, einschließlich weiten Teilen Piemonts, ist oft in Nebel gehüllt. Ein Spaziergang unter stillen, dunstverhangenen Kolonnaden kann zwar ein ebenso unvergeßliches Erlebnis sein wie aus sonnenüberfluteter Höhe auf scheinbar im Nebel schwebende Hügel herabzublicken. Wenn man allerdings nicht unbegrenzt

Links: *Die abwechslungsreiche Landschaft des Nordwestens bringt eine Vielfalt von Weinen und Speisen hervor.*

Oben: *Die Nebbiolo-Traube erfordert Geduld und Können, liefert aber einige der besten Weine des Nordwestens.*

# Nordwestitalien

Oben: *Landschaften wie diese bei Montemagno (nahe Asti), das für seinen Barbera berühmt ist, sind typisch für den Nordwesten. Zahlreiche kleine Rebflächen mit unterschiedlichen Erziehungsformen wechseln sich mit Feldern und Plantagen ab.*

Zeit zur Verfügung hat, dann kann einem die verschleierte Landschaft durchaus die gute Laune verderben.

Neben schönen Panoramen und guten Weinen gibt es jedoch noch zahlreiche andere Dinge zu erleben: bemerkenswerte Kirchen, Landhäuser und Burgen, faszinierende Kunsthandwerker, traditionell arbeitende Käse- und Salamihersteller, herrliche, komplizierte Sonnenuhren, die Hausmauern schmücken, und vieles mehr. Die dünn gesäten größeren Städte sind erstaunlich wenig zugebaut und charaktervoll, und die kleinen Dörfer bergen vielfältige Reize. Kurz, eine Fahrt durch Nordwestitalien ist ein Erlebnis der besonderen Art.

**Die Enoteche Regionali**

Sie werden nicht weit fahren müssen, um eine *enoteca* zu finden. Das Wort bedeutet eigentlich «Weinsammlung», wird aber recht freizügig ausgelegt. Es können Weingeschäfte darunter fallen, auch solche, die Proben anbieten, Weinbars und sogar manche *trattorie* mit einer breiten Auswahl an offenen Weinen. Piemont hat außerdem mehrere halboffizielle *enoteche*, oft in eindrucksvollen, großzügigen Räumlichkeiten, die Weine der unmittelbaren Umgebung elegant präsentieren. Die Probiereinrichtungen sind gut und meist kostenlos, und Besucher mit einem ernsthaften Interesse an den Weinen werden engagiert beraten. Einige Gemeinden haben auch eine lokale *bottega*, mit ähnlicher Ausstattung, aber eingeschränkter Auswahl. Sie sind alle in den entsprechenden Abschnitten dieses Buches aufgeführt.

**Im Lande unterwegs**

Der Nordwesten läßt sich problemlos bereisen, sofern man sich an die Staats- und Provinzstraßen hält (mit SS bzw. SP ausgeschildert). Andere Straßen haben die beunruhigende Eigenschaft, häufig als Sackgasse zu enden. Die Beschilderung ist durchweg zuverlässig, auch wenn die Wegweiser oft ohne Vorwarnung erst direkt an den Kreuzungen erscheinen. Daneben gibt es ein gut ausgebautes Autobahnnetz (AS für *autostrada* auf grünen Schildern). Wenn Sie die Autobahn häufiger benutzen möchten, lohnt sich der Kauf einer «Viacard» zur Vorausbezahlung der Maut. Andernfalls meiden Sie die Fahrbahnen für die Viacard und besondere regionale Abrechnungssysteme, wenn Sie die Mautstelle nicht blockieren und dadurch größeren Unmut erregen möchten.

## DER BESUCH VON WEINGÜTERN

Dem Besuch eines Weingutes steht in Nordwestitalien nichts im Wege. Bei den Gütern handelt es sich meist um kleine Familienbetriebe, und die Winzer sind fast immer äußerst gastfreundlich und freuen sich über Besucher und an Gesprächen über ihre Arbeit. Auch auf die Gefahr hin, schulmeisterlich zu klingen, wollen wir daran erinnern, daß die Arbeit für sie kein Hobby ist und sie beim besten Willen nicht immer alles stehen und liegen lassen können, um Ihnen eine Stunde ihrer Zeit zu schenken. Einige Güter haben nichts dagegen, wenn Sie einfach vorbeischauen; viele andere bestehen aber auf einer telephonischen Anmeldung. Dies ist in beiden Fällen bei den Informationen zu den betreffenden Erzeugern vermerkt. Im übrigen wird man eine kurze Ankündigung Ihres Besuchs stets begrüßen – und sei es nur, um die Nachbarstochter als Dolmetscherin herüberbitten zu können.

Manche Güter empfangen Besucher verständlicherweise nur während der Arbeitszeit, also Montag bis Sams-

Unten: *Junge Rebstöcke in der Wintersonne von Canale in den sandigen Hügeln des Roero.*

Rechts: *Wandgemälde in Neive, einer der drei Gemeinden der Barbaresco-Zone.*

Oben: *Allenthalben locken Wein und Weinorte, wie hier in der Nähe von Alba.*

tag etwa von 8 bis 18 Uhr – mit zwei heiligen Stunden Mittagspause. In der Zeit um das erste Wochenende im April, wenn Italiens wichtigste Weinmesse stattfindet, werden Sie unter Umständen kaum jemanden antreffen, andererseits sind Januar und August die üblichen Urlaubsmonate. Die Zeit der Weinlese (Mitte September bis Ende Oktober) ist am interessantesten, aber die Winzer stehen dann unter großem Druck und werden vielleicht weniger Zeit für Sie erübrigen können.

Wenn Sie von zu Hause aus einen Termin vereinbart haben (die Vorwahl für Italien ist 0039), dann ist es sicherer, ihn einen Tag vorher noch einmal bestätigen zu lassen, wenn Sie in der Gegend angekommen sind. Sie werden bei Ihren Fahrten bemerken, daß nur wenige Güter ausgeschildert sind; vor allem bei den kleineren fehlt oft jeglicher Hinweis. Es empfiehlt sich also, sich eine genaue Wegbeschreibung zu beschaffen.

Nach Ihrer Ankunft werden die meisten Winzer Sie durch ihren Keller führen und Ihnen erläutern, wie sie ihre Weine herstellen, sie altern, abfüllen und so weiter. Erstaunlich wenige denken jedoch daran, Ihnen auch die Weinberge zu zeigen. Wenn Sie diese sehen möchten, dann fragen Sie danach. Fast alle Güter lassen Sie auch ihre Weine kosten. Bei einigen muß man dafür bezahlen (dies ist im Text entsprechend vermerkt), aber die meisten öffnen gerne ein oder zwei Flaschen umsonst. Es besteht für Sie keine Verpflichtung, Wein zu kaufen, aber es wäre ein Akt der Höflichkeit, besonders wenn der Winzer Ihnen viel Zeit gewidmet beziehungsweise mehrere Flaschen entkorkt hat.

Es gibt keine bessere Möglichkeit, die Weine eines Gebietes kennenzulernen, als die Menschen zu treffen, die sie herstellen. Das allein ist schon ein Grund zum Besuch eines Gutes.

**Agriturismo**

Der *agriturismo* (oder «grüne Tourismus») sollte ursprünglich Städtern eine Vorstellung vom Arbeitsleben auf dem Land vermitteln. Inzwischen ist er aber einfach eine angenehme, relativ preiswerte Möglichkeit, in den ländlichen Gebieten Italiens Urlaub zu machen. Man mietet eine schlicht möblierte Wohnung in einem Bauernhof oder Landhaus und versorgt sich dort selbst. Sofern Mahlzeiten im Angebot enthalten sind, werden sie in der Regel größtenteils aus den Erträgen des Hofes zubereitet. Mit dem Agriturismo läßt sich die Unterkunftsfrage auf reizvolle Art lösen, da er die Ruhe des Landlebens mit der Selbständigkeit eines eigenen Appartements verbindet. Trotz strenger regionaler Bestimmungen schwankt jedoch der Standard erheblich.

In den Weingebieten Nordwestitaliens gibt es zahlreiche Agriturismo-Betriebe, doch nur wenige befinden sich direkt auf Weingütern. Verzeichnisse der entsprechenden Unterkünfte erhalten Sie in den Fremdenverkehrsbüros (nur für die jeweilige Provinz) und Handelskammern.

# Weinbau und Weine

## DER WEINBAU

Im Nordwesten gibt es Weinberge unterschiedlichster Art und Größe: von kaum mehr als taschentuchgroßen Flekken bis zu ausgedehnten Arealen, von Rebflächen mit alten, dicken, wenig ertragreichen Stümpfen bis zu schlanken, kraftvollen Neupflanzungen, von weiträumig bestockten Parzellen bis zu Plantagen von höchster Dichte, von niedrig beschnittenen Büschen bis zu hoch erzogenen Pergolen. Die Gründe für diese Vielfältigkeit liegen in den örtlichen Traditionen, der Traubensorte und dem Wert des Rebbestandes überhaupt. Im allgemeinen sind die Weingärten klein, oft zu klein, um wirtschaftlich zu sein. Vergleichsweise wenige Erzeuger besitzen ausreichende Rebflächen, um ihren Bedarf zu decken.

Daß die Reben in einer guten Lage wachsen, ist in diesem Teil Italiens von allergrößter Bedeutung. Das Wetter kann stark schwanken, zwischen sonnigen und schattigen Stellen herrschen deutliche Temperaturunterschiede, und die zahllosen Berge bedingen unendlich viele Kombinationen von Lichteinfall und Sonnenbestrahlung. Alle wirklich ernstzunehmenden Anbauflächen befinden sich auf Hügeln, an Hängen, sofern sie nicht zu steil sind, oder auf den früher sehr beliebten Terrassen. Die sonnigeren Lagen sind die besten: das piemontesische Dialektwort *sorì* – in etwa «sonnengebadet» – wird oft den Namen von entsprechenden Weinbergen vorangestellt. Eine besonnte Lage, die sich über einen Hügelkamm erstreckt, heißt in Piemont *bricco*. Spitzenlagen sind auch für den Laien leicht erkennbar: Die Reben sind niedrig erzogen, oft recht nah beieinander, und in einem akkuraten Gittermuster über Drähte gespannt sowie sorgfältig zu genau geordneten Formen kultiviert.

Seit einiger Zeit besteht die Tendenz, die Weinberge aus Qualitätsgründen dichter zu bepflanzen, trotz höherer Kosten und aufwendigerer Arbeit. Viele Winzer bevorzugen die Guyot-Erziehung. Dabei wird der Stamm möglichst kurz gehalten, mit ein oder zwei horizontal erzogenen Ranken als Fruchtruten des Jahres. Eine dieser Fruchtruten wird dann der Leittrieb des folgenden Jahres. Die Beschneidung während der Ruhezeit der Rebe im Winter dient nicht nur der Nachbesserung dieser Formen, sondern auch der Hemmung des Wachstums. Durch das Weingesetz ist ein Höchstertrag festgelegt, den aber die besten Erzeuger unterschreiten, indem sie manchmal sogar junge Trauben wegschneiden, um die Qualität der verbleibenden zu erhöhen.

Das Wachstum der Reben setzt zu Beginn des Frühjahrs ein. Die Knospen sind dann noch sehr frostempfindlich, auch wenn eventuelle Schäden nicht irreparabel sind. Schon eine kurze Wärmeperiode läßt die Triebe erstaunlich schnell sprießen, und Winzer, die sie nicht

Oben: *Damit sie auf dem Weg in die Kellerei nicht zerquetscht werden, transportiert man die Trauben in kleinen Behältern.*

Unten: *Aus Nebbiolo-Trauben entsteht Barolo. Bei den besten Erzeugern kommen nur vollkommen makellose Beeren in die Presse.*

Unten: *Reife Moscato-Trauben leuchten golden in der Sonne. Richtig gekeltert liefern sie verlockend duftende Weine.*

ständig pflegen und an ihren Drähten festbinden, erhalten schließlich nur verhedderte Knäuel. Die Rebe blüht im späten Frühjahr oder frühen Sommer. Während dieser Zeit ist gutes Wetter entscheidend, um eine vollständige Befruchtung zu gewährleisten und um mißgebildete oder nur teilweise ausgebildete Beeren zu vermeiden. Rebblüten sind jedoch weder sonderlich attraktiv noch wohlriechend. In der Wachstumsperiode lassen manche Winzer das um die Reben herum wachsende Gras stehen, um so den Boden zu festigen, andere pflügen es zur Humusbildung unter. Während sich die Trauben herausformen, schneiden die Winzer gewöhnlich einen Teil des Laubs ab, um ihnen mehr Licht und Sonne zu geben. Die Trauben entwickeln ihre Farbe im Monat vor der vollen Reife. Zu diesem Zeitpunkt ist etwas Regen hilfreich, damit sie fleischig werden, besonders am Ende eines heißen, trokkenen Sommers. Die Zeit der Lese selbst, die von Anfang September bis Ende Oktober dauert, muß trocken sein. Regenwetter führt zu Verwässerung, Fäulnis – und schließlich zu deprimierten Winzern.

## DIE REBSORTEN

Die verwendete Rebsorte beeinflußt erheblich den Geschmack eines Weins. Der Nordwesten ist mit zahlreichen weißen und roten Rebsorten gesegnet, und die meisten Weine werden unverschnitten aus einer einzigen Sorte erzeugt, so daß die Rebe den Charakter des Weins grundlegend bestimmt. Im allgemeinen sind die Winzer fest von der hohen Qualität ihrer Rebsorten überzeugt und stolz auf deren Eigenarten. Das hält sie aber dennoch nicht von Experimenten ab, und so tauchen in einer Reihe von Weinen internationale Sorten wie Cabernet Sauvignon, Chardonnay oder Sauvignon blanc auf.

## DIE WEINBEREITUNG

### Rotwein

Rotweine erhalten ihre Farbe von den Traubenschalen, von denen auch das Tannin und andere Geschmacksstoffe kommen, die dem Rotwein seine besonderen Eigenschaften verleihen. Daher werden die Trauben zunächst zerquetscht, damit Schalen und Saft (Most) miteinander in Kontakt kommen. Bei der anschließenden Gärung bleiben sie noch zusammen. Die Temperatur muß sorgfältig geregelt werden. Ist sie zu niedrig, geben die Schalen zu wenige Inhaltsstoffe ab, ist sie zu hoch, nimmt der Wein einen gebackenen, «verdorbenen» Geschmack an. Die Schalen sind relativ leicht und steigen meist an die Oberfläche. Man setzt verschiedene Techniken ein, um sie bedeckt zu halten und so eine vollständige Mazeration zu erreichen und – genauso wichtig – um sie vor Bakterienbefall zu schützen. Wenn die Schalen ihre Inhaltsstoffe abgegeben haben, werden sie vom Saft getrennt, und die Gärung wird ohne sie abgeschlossen. Der noch in den Schalen verbleibende Saft wird herausgepreßt und ein Teil dieses Scheitermosts der Hauptpartie beigemischt.

Nach der Gärung kommen manche Rote für einige Zeit in Eichenfässer. Die großen (25 Hektoliter oder mehr) traditionellen Fässer, *botti* genannt, sind aus slawonischer Eiche oder gelegentlich auch Kastanie und werden über viele Jahre hinweg benutzt, zum Teil bis zu einem Jahrhundert lang. Sie machen den Wein weich, runden ihn ab und lassen ihn reifen, ohne ihm einen allzu ausgeprägten Holzcharakter zu geben. Seit einiger Zeit gibt es einen steigenden Trend, für den Ausbau teilweise oder ganzzeitlich Barriques zu benutzen, kleine, 225 oder 500 Liter fassende, neue oder fast neue Fässer aus französischer Eiche. Dies hat den Stil der Weine vollkommen verändert. Einige halten die Barriques inzwischen für unerläßlich.

Oben: *Gajas Keller in Barbaresco bieten alles, was guter Wein braucht: temperaturgeregelte Behälter aus rostfreiem Stahl und edelste Barriques aus fein gemaserter, neuer französischer Eiche.*

Links: *Mit größter Aufmerksamkeit wird in der Cantina Bava darauf geachtet, daß nur gesunde Beeren in die Presse gelangen.*

### Weißwein

Die Frische und Fruchtigkeit von Weißweinen kommt vom Fruchtfleisch der Beeren. Deshalb werden die Trauben sofort gekeltert und so die Schalen vom Saft getrennt, der anschließend allein vergoren wird. Manchmal lassen die Winzer aber die Schalen einige Stunden bei sehr niedriger Temperatur im Saft, um einen festeren, fülligeren Stil von Wein zu erhalten. In beiden Fällen muß der Most nach der Entfernung der Schalen geklärt werden, so daß er in sauberem Zustand und frei von Rückständen gären kann. Dies geschieht entweder, indem man ihn bei niedriger Temperatur stehenläßt, damit sich die Trübstoffe absetzen können, oder aber durch Zentrifugieren. Weißer Traubensaft ist empfindlicher als roter, und die Gärtemperaturen werden niedriger gehalten, meist bei etwa 10°C. Da Weißwein zudem relativ sauerstoffempfindlich ist, findet der gesamte Herstellungsprozeß in möglichst luftdicht abgeschlossenen Behältern statt.

Weißweine werden hauptsächlich in neutralen Tanks gelagert. Rostfreier Stahl ist hier am beliebtesten, obwohl in älteren Kellereien auch mit Glas ausgekleideter Beton zu finden ist. Gelegentlich werden jedoch Barriques zur Gärung und Reifung verwendet.

Fast alle Weißweine werden geschönt und die meisten gefiltert und kalt stabilisiert (d. h. stark abgekühlt, um Weinsteinkristalle auszufällen, ein natürlicher Bestandteil des Weins, der jedoch erst bei niedrigen Temperaturen unlöslich wird). In einem oder mehreren Stadien der Weinerzeugung und beim Flaschenabzug wird dem Wein auch etwas Schwefeldioxid ($SO_2$) beigegeben, um unerwünschte Bakterien und Probleme mit den Hefen zu bekämpfen und den Wein vor Oxidation zu schützen. Dies ist ein notwendiges Übel, das bei geringen Mengen unbemerkt und harmlos bleibt. Zuviel Schwefeldioxid führt zu dem allseits bekannten «Brummschädel», bei dem sich die Schläfen anfühlen, als wären sie in einen Schraubstock eingespannt. (Die Roten enthalten in der Regel bedeutend weniger $SO_2$.)

Weiße können schon sechs Monate nach der Ernte in den Verkauf kommen, manchmal sogar noch früher. Italiener mögen sehr jungen Weißwein, und auch die besten Erzeuger geben dem Wunsch ihrer Kunden nach immer jüngeren Weinen häufig nach.

### Roséwein

Roséweine entstehen aus roten Trauben, bei denen die Mazeration der Schalen gerade lange genug dauert, um die erwünschte rosa Farbe zu erreichen. Die weitere Herstellung entspricht der von Weißweinen.

### Schaumwein

Die meisten Schaumweine werden aus trockenem Wein durch Zugabe von Hefe und Zucker mit einer anschließenden zweiten Gärung hergestellt, wobei die entstehenden Kohlensäurebläschen eingeschlossen bleiben. Anders verhält es sich beim Asti Spumante aus Piemont (siehe S. 84).

## DIE WEINKLASSIFIKATION

### Weingesetze

Es besteht keinerlei Notwendigkeit, das System der Weinklassifizierung zu verstehen, um die Weine des Nordwestens besser zu erkennen. Etwas Hintergrundwissen kann aber nicht schaden, besonders wenn man Winzer treffen oder Wein kaufen möchte.

Die meisten Weine, denen Sie in Nordwestitalien begegnen werden, gehören zur Kategorie DOC (*Denominazione di origine controllata*) oder DOCG (das G steht für *e garantita*). Dies sind die offiziellen Kategorien für Weine aus kontrollierter Produktion. Daneben gibt es noch die weniger streng geregelte Bezeichnung IGT (*Indicazione geografica tipica*). Alles andere ist schlichter Tafelwein (*Vino da tavola*). Die Regelungen zur *denominazione* (Bezeichnung) beziehen sich hauptsächlich auf die Echtheit des Stils und die Herkunft. So legen die einzelnen DOC-Bestimmungen Anbaugebiete, Rebsorten, Mindestanforderungen zur Alterung usw. sowie Höchsterträge, Mindestalkoholgehalt und andere analytische Daten fest. Die DOCG-Kriterien sind etwas strenger als die der DOC, doch bei ihrer Aufstellung hat man ganze Zonen zu DOCG-Gebieten «befördert», und nicht nur die besten Anbaubereiche oder Weine.

Das DOC-System stammt aus den frühen 60er Jahren und erfuhr 1992 eine grundlegende Überholung, deren Auswirkungen ganz allmählich das Bezeichnungssystem, die Struktur der Weingärten und allgemeine Denkweisen verändern. Die wichtigste Neuentwicklung ist, daß Unterzonen und kleinere Gebiete nun als eigene DOC- oder DOCG-Bereiche anerkannt werden können, wobei die Produktionsbeschränkungen um so strenger sind, je kleiner der Bereich ist. Außerdem bezieht man immer mehr innovative Weine mit ein, die meist aus nichttraditionellen Rebsorten erzeugt werden und bisher außerhalb des Systems standen. Eine weitere Neuerung betrifft besonders den Nordwesten, wo viele Weine traditionell durch die Rebsorte, gefolgt vom Herkunftsort, bezeichnet wurden: etwa Grignolino d'Asti oder Nebbiolo d'Alba. Entsprechend der EU-Richtlinien erhalten geographische Namen jetzt den Vorrang vor der Rebsorte. Ein Wein, der früher Arneis delle Langhe hieß, wird dadurch beispielsweise zum Langhe Arneis.

### Verbreitung von Weinstilen

Im größten Teil Italiens sind die Herkunftsgebiete in der Regel mehr oder weniger klar abgegrenzt. Ungeachtet der Lage von Unterzonen und kleineren Bereichen sowie der gelegentlichen Benennung nach qualitativen Unterscheidungen gehört ein beliebiges Stück Weinland wahrscheinlich zu einem oder höchstens zwei verschiedenen DOC(G)-Bereichen. Im Nordwesten, oder genauer, in seiner zentralen Region Piemont, ist das aber anders. Quer durch den größten Teil des Weinbaugebiets werden mehrere Rebsorten angebaut, und da die Weine meist mit

Oben: *Das Anbinden der Leittriebe für das nächste Jahr ist eine langwierige, aber unbedingt notwendige Aufgabe.*

Ganz oben: *Winterlicher Nebel über den Weinbergen der Langhe. Der Nebel* (nebbia) *hat der Rebsorte Nebbiolo ihren Namen gegeben.*

dem Namen der Traube und auch der geographischen Lage bezeichnet werden, ist es üblicher, daß hier mehrere sich überlappende DOC(G)-Bereiche gelten.

Dem kleinen Dorf Alice Bel Colle in der Provinz Alessandria sind zum Beispiel fünf Sorten zugeordnet: Dolcetto d'Acqui, Brachetto d'Acqui, Barbera d'Asti, Moscato d'Asti und Cortese dell'Alto Monferrato. Der geographische Teil des Namens ist manchmal die Provinz, etwa «Asti», obwohl, wie das obige Beispiel zeigt, die Grenze der DOC(G) nicht mit der Grenze der Provinz übereinstimmen muß. Andererseits können die Weinbaugebiete auch mehr als eine Provinz umfassen, zum Beispiel Alto Monferrato, Teile verschiedener Provinzen, etwa Alba oder Acqui, oder auch mehrere Gemeinden, so Casorzo d'Asti oder Chieri. Auch hier wird der DOC-Bereich nur selten mit den Verwaltungsbezirken übereinstimmen. Selbst dann, wenn die Weine rein geographisch benannt sind, wie beispielsweise Gavi, Barolo oder Lessona, sind dies kaum jemals die einzigen Bezeichnungen in dem betreffenden Bezirk. Das mag verwirrend klingen, doch der Führer wird Ihnen bei Problemen weiterhelfen.

# Die Küche

## RESTAURANTS

Die Restaurants in Nordwestitalien sind ein reiner Genuß. Wenn Sie nicht gerade in einem stark vom Tourismus geprägten Gebiet sind (wie an der Küste oder den Seen), können Sie in jeder beliebigen *trattoria* gut essen. Die Weinkarte wird unterschiedlich ausfallen, und das Personal wird sich in der Welt des Weins vielleicht auch nicht auskennen, aber einen guten Tropfen bekommen Sie allemal. Und obwohl die Preise in diesem wohlhabenden Teil Italiens in den vergangenen Jahren drastisch gestiegen sind, gibt es immer noch erschwingliches Essen.

Manche Restaurants haben allerdings keine geschriebene Speisekarte, und die Kellner sagen das Angebot mitunter in halsbrecherischer Geschwindigkeit auf. Sie wiederholen es aber auf Anfrage auch langsamer und geben sich alle Mühe, Ihnen das Verständnis zu erleichtern. Eventuelle Empfehlungen sollten Sie annehmen; Sie bekommen dann wahrscheinlich das Beste und Frischeste vom Tag. Die Wahl der Speisen stellt jedenfalls in Italien oft eine Art Gemeinschaftsarbeit dar, und im Restaurant zu essen ist allgemein auch eine relativ formlose Angelegenheit. Sogar in den besten Lokalen kommt man sich oft vor, als wäre man bei einem Bekannten eingeladen, und das Personal hat ein aufrichtiges Interesse daran, daß Sie Ihr Essen genießen. Ziehen Sie sich so fein oder leger an, wie Sie möchten, niemand wird daraus ein Problem machen. Und Kinder gehören wie selbstverständlich dazu.

Es ist immer gut, im voraus zu reservieren. Abgesehen davon, daß man dann nicht ein bereits voll besetztes oder wegen Urlaub geschlossenes Restaurant vorfindet, kann Ihnen ein Hinweis darauf, daß Sie kein Einheimischer sind, einen besonders herzlichen Empfang bescheren.

## DIE TYPISCHE MAHLZEIT

Die typische Mahlzeit Nordwestitaliens gibt es genaugenommen nicht. Wie denn auch, wenn die Landschaftsformen vom Gebirgsweideland bis zu den Meeresbuchten reichen, wenn zu den Grundnahrungsmitteln ebenso Teigwaren wie auch Reis gehören und als Speisefett Schweineschmalz, Butter oder Olivenöl verwendet wird? In diesem Buch werden daher jeweils traditionelle regionale Speisen und Spezialitäten für die einzelnen Gebiete beschrieben. Gleichwohl ist aber die Küche Zentralpiemonts, des Herzens des Nordwestens, noch am weitesten verbreitet. Hier beginnt eine Mahlzeit typischerweise mit echten *grissini*. Sie sind bis zu einem halben Meter lang und außerordentlich knusprig, und Welten trennen sie von den abgepackten kommerziellen Sorten.

Das Besondere am Essen in Piemont – und zugleich eine Falle für Unvorsichtige – ist die Menge der aufgetragenen *antipasti* (Vorspeisen). Mindestens drei oder vier sind normal, fünf bis sechs durchaus üblich, und die An-

zahl steigt mit der Bedeutung des Mahls (oder des Restaurants). Salami gehört meist dazu, ebenso wie verschiedene Gemüsegerichte. Bei den *antipasti* entfaltet der Koch seinen Einfallsreichtum. Beim nächsten Gang, dem *primo* aus Nudeln (oder Reis), geben zwei Spezialitäten den Ton an. *Agnolotti dal plin* sind kleine, quadratische, mit Fleisch gefüllte Ravioli, die mit einer Art Pinzette verschlossen werden und mit *ragù* (Fleischsauce) oder Butter und Salbei auf den Tisch kommen. *Tajarin* dagegen sind sehr dünne, hausgemachte breite Nudeln aus Eierteig (manchmal nur mit Eigelb).

Beim Hauptgang, dem *secondo*, steht das Fleisch im Vordergrund. *Brasato al Barolo* ist ein gehaltvoller und saftiger, in Barolo geschmorter Rinderbraten. Als weitere Spezialitäten findet man etwa *bollito misto*, eine üppige Kombination aus mehreren gekochten Fleischsorten, die mit verschiedenen Leckereien serviert wird, sowie *fritto misto*, ein außerordentlich sättigendes Gericht mit größeren Fleischstücken, die pikant oder süß herausgebakken werden. Wurst, Lamm, Huhn, Bries, Zucchini, Pilze, Pfirsiche oder Mandelkekse können dabei sein. Dafür ist manchmal eine Vorbestellung nötig. Andere wichtige Gerichte sind *vitello tonnato*, ein sommerliches Mahl aus kaltem Kalbsbraten unter einer cremigen Thunfischsauce, sowie *bagna cauda* (oder *caôda*). Diesen winterlichen Aufwärmer bekommt man als Vorspeise, Hauptgang oder als ganze Mahlzeit. Dabei werden Unmengen an rohem Gemüse aufgetischt, das die Teilnehmer der Runde in ein kräftig gewürztes «Bad» aus Olivenöl, Knoblauch und Anchovis tunken. Diese Sauce wird von einer kleinen Spirituslampe warm gehalten.

Im Herbst werden Pilze, darunter auch weiße Trüffeln (siehe S. 53), ausgiebig verwendet, je nach Saison auch Gemüse. Es gibt gute regionale Käsesorten, und die beliebtesten Nachspeisen sind die sättigende *panna cotta*, eine mit reiner Sahne zubereitete Creme, und *bonet* (oder *bunet*), ein cremiger Pudding mit viel Schokolade. Piemont bietet aber darüber hinaus auch vorzügliche Haselnüsse und schmackhafte Kastanien.

Ganz oben: *Eine ligurische Spezialität:* Gnocchi *aus Kartoffelmehl mit* basilico *(Basilikum) und geriebenem Käse.*

Ganz links: Antipasti *müssen nicht aufwendig sein: Oliven, Olivenpaste, ein Teller Sardellen, Butter und knuspriges Brot sind eine typische Vorspeise.*

*Links: Im Sommer sieht man überall auf den Märkten und in den Lebensmittelgeschäften von Piemont die leuchtend roten und gelben Paprikaschoten.*

# Reis

Das in Nordwestitalien wichtigste Lebensmittel ist nicht, wie man vielleicht meinen möchte, die weiße Trüffel oder das in großen Mengen produzierte Olivenöl Liguriens. Es ist der Reis, vor allem für *risotto*, jenen herrlich sättigenden Brei, der auf wunderbare Weise den Geschmack zahlreicher anderer Gaumenfreuden aufnimmt und sich vielseitig kombinieren läßt – besonders mit Trüffeln. Wer durch das nördliche Piemont fährt, von Ivrea und Turin nach Osten über die Poebene, wird in den Provinzen Vercelli und Novara Kilometer um Kilometer Reisfelder sehen, sauber in größere, rechteckige Parzellen unterteilt und von kleinen Kanälen begrenzt. Diese vereinigen sich in größeren Kanälen, die ihrerseits wieder in einen der Hauptkanäle fließen, mit denen das Gebiet entwässert wird. Das Wasser kann mit beachtlicher Geschwindigkeit durch die größeren Kanäle rauschen.

Japanischer und indischer Reis sind die zwei Hauptarten. Der japanische hat kurze Körner und kann relativ

Oben: *Die noch grünen Reishalme auf den überfluteten Feldern im Herzen des Anbaubereichs bei Vercelli.*

Links: *Perfekt gekochter Reis, gut gewürzt und mit etwas geraspelten weißen Trüffeln bestreut: ein unübertrefflicher* risotto.

viel Wasser aufnehmen, wird aber leicht klumpig. Indischer Reis hat dagegen längere Körner, behält seine Form und saugt weniger Wasser auf. Ursprünglich wurde die japanische Sorte in Italien angebaut, doch für einen guten dickflüssigen *risotto* muß der Reis sowohl formbeständig sein als auch viel Wasser aufnehmen können. Der heute verwendete Reis ist daher aus etlichen Kreuzungen der japanischen und indischen Sorten entstanden.

Es gibt viele verschiedene Reissorten, und jeder Koch schwört auf seine Hausmarke. *Arborio* dürfte außerhalb Italiens am bekanntesten sein, andere beliebte Sorten sind *Carnaroli* oder *Vialone nano*. Unabhängig von der Sorte ist Reis jedoch auch in verschiedenen Qualitäten erhältlich, die in der Hauptsache von der Größe des Korns beziehungsweise von seiner Länge und Form abhängen. *Originario* ist am kleinsten und rundlichsten und wird meist für Suppen verwendet; *semifino* und *fino* sind von mittlerer Qualität und werden gerne zu Süßspeisen verarbeitet. Für *risotto* taugt nur das Beste: *superfino*.

Die Reissamen werden ungefähr im April ausgesät und die Felder dann sofort überflutet, damit die Samen keimen können; das Wasser ist wärmer als die Luft. Inzwischen hat man niedriger wachsende Pflanzen entwickelt, um die Windschäden zu reduzieren, die den Ertrag beträchtlich schmälern können. Geerntet wird im September oder Oktober. Danach muß der Reis zunächst möglichst langsam getrocknet werden, ehe man das Korn von der Hülse trennt. Anschließend werden die Körner sortiert: grüne (noch unreife) oder mißgebildete werden ausgesondert und die übrigen nach ihrem Umfang noch einmal sortiert. Ein Teil wird nun verpackt und kommt als Vollkornreis (*riso integrale*) in den Handel, während man den Rest poliert und als raffinierten Reis (*riso raffinato*) verkauft, je weißer, desto besser. Die einzelnen Arbeitsgänge sind heute weitgehend automatisiert, aber ähnlich wie beim Wein ist das Endprodukt um so besser, je weniger mechanisiert wird und je traditioneller und arbeitsintensiver der gesamte Prozeß abläuft.

Überraschenderweise ist Reis nicht sehr haltbar; er kann leicht Keime aufnehmen, auch wenn die heutigen Vakuumverpackungen das Problem reduziert haben. Um ihn vor Verderb zu schützen, sollte man Reis immer dunkel aufbewahren; wirkliche Kenner kaufen grundsätzlich nur kleine Mengen. Sicherheitshalber sollte man jedenfalls eine Haltbarkeit von höchstens einem Jahr ansetzen und dann im Winter alle Bestände wegwerfen. Zur italienischen Haushaltsführung gehört ohnehin ein winterliches Ausmisten der Speisekammer.

Bei der Zubereitung von *risotto* brauchen Sie im übrigen nicht ständig umzurühren – mischen Sie ihn alle paar Minuten einfach kräftig durch. Achten Sie beim Garen auf den Biß und nicht auf die Kochzeit, und waschen Sie den Reis vorher nicht. Dabei verliert er nur die Stärke, die alles zusammenhält.

Oben: *Die besten Lagen der Gemeinde Barbaresco sind nicht zu verfehlen.*

# Zum Gebrauch des Führers

Egal, ob Sie nur am Rande an den Weinen Nordwestitaliens interessiert sind oder gerade aus diesem Grund in die Region reisen: Mit diesem Buch werden Sie jedenfalls die besten und bezauberndsten Weinbaugebiete und die interessantesten Erzeuger finden, und Sie werden die Hintergründe der Weinproduktion an den einzelnen Orten erfahren.

Wer durch den Nordwesten reist, wird fast zwangsläufig mit Reben und lokalen Weinen in Berührung kommen. Die Suche nach der richtigen Straße für einen näheren Blick auf die Weingärten, ohne dabei in die falsche Richtung zu geraten oder im Schlamm steckenzubleiben, kann dabei ebenso nervenaufreibend sein wie das Ausfindigmachen einer anständigen Weinquelle oder eines guten Restaurants. Mit diesem Buch werden Sie solchen Problemen aus dem Weg gehen. Es führt Sie in einer Reihe von Touren durch sämtliche Weinbaugebiete der Region. Die malerischen Strecken wurden sorgfältig geplant, um Ihnen Weinberge von ihrer besten Seite zu zeigen. Die Touren sind im allgemeinen relativ kurz und dauern bei gemächlichem Reisetempo und ohne Zwischenstationen im Schnitt nur wenige Stunden. Im Einzelfall können sie aber auch mit Besichtigungen und Pausen einen ganzen Tag in Anspruch nehmen.

Wenn der Wein für Sie nur eine willkommene Bereicherung Ihres Urlaubs darstellt, dann wählen Sie einfach eine Tour aus der Gegend, in der Sie sich gerade aufhalten. Im anderen Fall schließen die einzelnen Touren jeweils an die vorhergehende an und ergeben so eine

Rundreise von den atemberaubenden Alpen Nordwestitaliens zur traumhaften Riviera der Küste und wieder zurück. Ausgangspunkt ist der Montblanctunnel an der französischen Grenze, doch Sie können die Rundreise auch an einem anderen Punkt beginnen, je nachdem ob Sie zum Beispiel per Flugzeug in Turin (S. 40), Genua (S. 96) oder Mailand ankommen oder mit dem Auto aus einem Nachbarland einreisen. Die Tourbeschreibungen enthalten Vorschläge für jene, die tiefer einsteigen oder auch Teile auslassen möchten.

Zusätzlich werden bei jeder Etappe Hintergrundinformationen zu den Weinen des gerade bereisten Gebiets gegeben. Jeder Abschnitt ist in sich geschlossen, in Kombination mit den übrigen aber zugleich Teil einer önologischen Gesamtschau – genug, um Sie beim Wein von der Langeweile zur Liebhaberei zu führen.

**Hotels**

Die praktischsten Unterkünfte entlang der jeweiligen Touren sind ebenso erwähnt wie einige empfehlenswerte bequeme und freundliche Hotels; desgleichen verschiedene Agriturismo-Unternehmen (siehe S. 13).

**Restaurants**

Die empfohlenen Restaurants reichen vom noblen Speiselokal bis zur schlichten *trattoria*. Viele bieten im Sommer Tische im Freien (oder eine Klimaanlage), und alle haben gute Weine, teils nur in kleiner Auswahl, teils in einem umfangreichen Sortiment. Einen ordentlichen Hauswein bekommen Sie fast immer.

**Einkaufsmöglichkeiten**

Aufgeführt sind die anspruchsvolleren Lebensmittelgeschäfte, falls Sie sich selbst versorgen, ein Picknick planen oder etwas Besonderes zum Mitbringen suchen. Und natürlich werden die *enoteche* vorgestellt, in denen man Wein kaufen und manchmal auch kosten kann.

**Sehenswürdigkeiten und Veranstaltungen**

Das Buch gibt einen Überblick über die interessantesten kulturellen und historischen Sehenswürdigkeiten Nordwestitaliens sowie über Feste und Veranstaltungen, die einen Bezug zu Wein oder Essen haben.

**Weinerzeuger**

Kurzporträts örtlicher Erzeuger sind ein wichtiger Bestandteil des Buches. Die erwähnten Produzenten wurden hauptsächlich wegen der Qualität ihrer Weine, aber auch wegen ihrer Aufgeschlossenheit gegenüber Besuchern aufgenommen.

**Landkarten**

Die entsprechenden Abschnitte enthalten Karten der Weinbaugebiete mit den beschriebenen Routen.

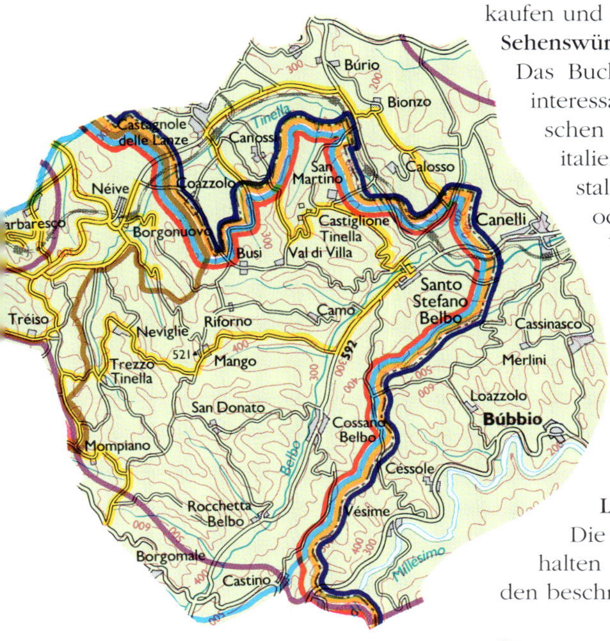

# Aosta und Nordwestpiemont

Keine der vielen Möglichkeiten, nach Italien einzureisen, ist aufregender als aus dem Dunkel des Montblanctunnels in das funkelnde Licht des Aostatals einzutauchen und während der schnell abwärts führenden Fahrt ins Tal zu spüren, wie sich das gesamte Land vor Ihren Augen entfaltet. Es ist verlockend, auf der *autostrada* zu bleiben, um die Ankunft in Piemont zu beschleunigen, verlockend, aber ein Fehler. Praktisch die ganze *autostrada* im oberen Aostatal, dem Teil zwischen der Grenze und der Stadt Aosta, verläuft durch Tunnel, und versagt Ihnen so manch herrliche Aussicht. Die Alternative, die *statale*, ist im allgemeinen eine gut ausgebaute Straße ohne zu viele Kurven, und das Valle d'Aosta kann sich einiger bemerkenswerter Weinberge rühmen, die zu versäumen höchst bedauerlich wäre.

Die ersten Weinberge Piemonts bilden das winzige Gebiet von Carema mit Weinen aus der berühmten Nebbiolo-Traube. Hier beeindruckt zunächst das merkwürdige Kultivierungssystem mit den steilen, von Trockenmauern getragenen Terrassen und den hohen Stützsäulen. Das Canavese schließt direkt an Carema an und bringt einen plötzlichen Wechsel des Weinstils, generell von eindringlichen Roten hin zu eleganten Weißen, mit einigen weichen, süßen Varianten. Dieses Gebiet leitet die unvermittelte breite Öffnung des Aostatals ein, während sich unten in der Ferne bereits Turin ankündigt.

Sie werden sich vielleicht fragen, warum Sie hinter Turin ostwärts in Richtung Chieri fahren sollen, anstatt geradewegs zu den Hügeln von Roero. Schließlich ist Chieri nicht gerade aufregend: ein kleines, geschäftiges, industriell geprägtes Städtchen. Für Überraschungen ist aber gesorgt. Hier gibt es ungewöhnliche Rebsorten, unerwartet schöne Landschaften und noch vieles mehr.

Links: *Das obere Aostatal: alte Burgen und üppiges Grün vor den kahlen Gipfeln der Alpen.*

Oben: *Die niedrig erzogenen Rebstöcke von Morgex breiten sich zwischen Frühlingsblumen aus.*

## AOSTATAL

### Die Weine

Die Reben des Aostatals wachsen in abgetrennten Parzellen, umgeben von vielen rebfreien Bereichen. Um unter den unwirtlichen Bedingungen des engen, steilen Tales (das zum größten Teil mehr als 500 m abfällt) reifen zu können, sind die meisten auf winzigen, abschüssigen Terrassen an Südost- oder Südhängen angelegt. Somit befinden sich fast alle am linken Ufer der Dora Baltea. Fährt man am Morgen oder Nachmittag durch dieses Gebiet, dann wird offensichtlich, wie sich die Weinberge an den sonnigsten Stellen zusammendrängen.

So kalt es auch im Winter ist, das Tal kann im Sommer tagsüber durchaus heiß werden (jedoch nachts wiederum ziemlich kühl), und wegen der Geschwindigkeit, mit der das Wasser der Dora Baltea fließt, bilden sich kaum Wolken. Dennoch ist hier der Weinbau im besten Fall Nebensache, und die Weine sind größtenteils eher kurios als wirklich aufregend – trotz der übermenschlichen Anstrengungen der Winzer im Kampf gegen all die Widrigkeiten der Natur. Weitaus die meisten Weine werden von Genossenschaften erzeugt, da nur wenige Produzen-

Unten: *Strahlende Sonne und klare Luft machen das obere Aostatal zum Paradies für Skifahrer.*

# Aostatal

Autobahn
Hauptverkehrsstraße
Hauptbahnlinie
Internationale Grenze
Regionsgrenze
Regionshauptstadt
DOC-Grenze
Weinstraße

Unterbereiche im Valle d'Aosta

1 MORGEX ET LA SALLE
2 ENFER D' ARVIER
3 TORRETTE
4 NUS
5 CHAMBAVE
6 ARNAD-MONTJOVET
7 DONNAZ

Links: *Die Weinberge von Carema in Piemont sind die natürliche Fortsetzung des Donnaz-Gebiets im unteren Aostatal.*

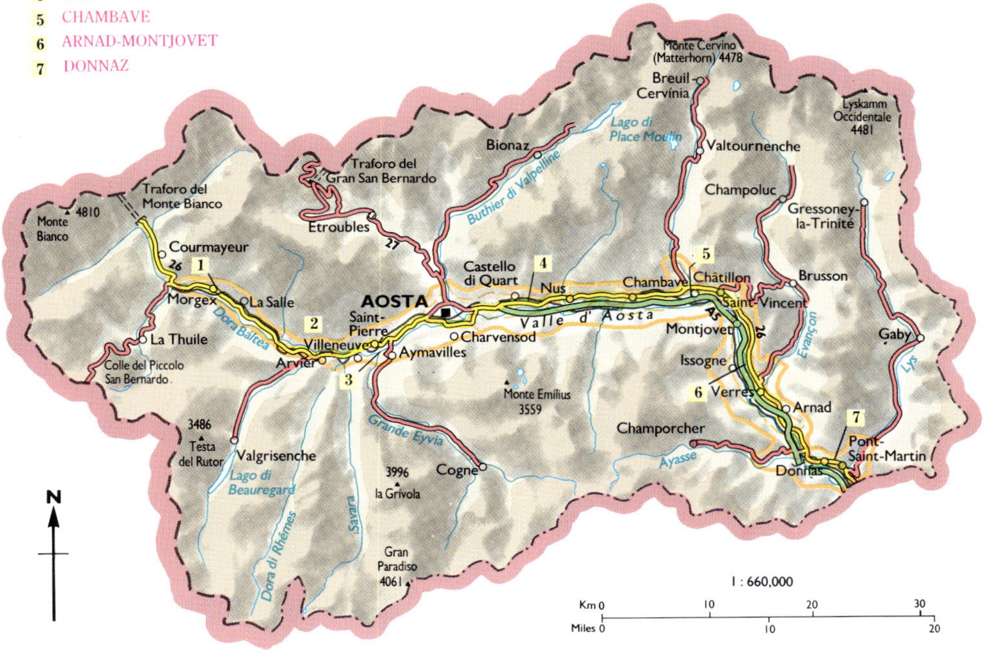


ten ausreichend große Parzellen besitzen, um aus ihren Trauben wirtschaftlichen Gewinn erzielen zu können. Tatsächlich zeigt das typische Bild in den einzelnen Unterzonen eine Genossenschaftskellerei mit vielleicht zwei oder drei privaten Erzeugern.

Es gibt eine Vielzahl verschiedener Rebsorten, Weinstile und Erziehungsmethoden hier im Tal, von Weinnamen ganz zu schweigen. Die Namen beziehen sich auf bestimmte Talabschnitte, und alle sind offiziell Unterbezeichnungen der allgemeinen DOC Valle d'Aosta. Es gibt auch Unterbezeichnungen für lokale Varianten der Sorten Gamay, Müller-Thurgau und Pinot nero und einige Experimente mit verschiedenen «fremden» Reben wie Chardonnay, Syrah und anderen.

Rechts: *Die majestätischen Alpen bilden den atemberaubenden Hintergrund für die dünngesäten Rebflächen Aostas.*

## VALLE D'AOSTA

### HOTELS

**Brenva**
*Courmayeur, Fraz. Entreves 14*
*Tel. 01 65/86 97 80, Fax 01 65/86 97 26*
Einladend und gemütlich, und anders als die meisten Hotels in Courmayeur fast ganzjährig geöffnet.

**Milleluci**
*Aosta, Loc. Rappoz 15*
*Tel. 01 65/23 52 78, Fax 01 65/23 52 84*
Kleines Hotel mit schönen und geräumigen Zimmern.

### AGRITURISMO

**Les Ecureuils**
*St-Pierre, Fraz. Homené-Ste-Marguerite*
*Tel. 01 65/90 38 31*
In den Hügeln hinter Sarre. Erstklassige Mahlzeiten, im Winter nicht nur für Übernachtungsgäste. Ziegenkäse als Spezialität.

**Lo Dzerby**
*Arnad, Fraz. Machaby*
*Tel. 01 25/96 60 67*
Nur zu Fuß erreichbar (10-15 Minuten), tief in den Wäldern hinter Arnad. Wein aus Eigenproduktion. Guter Speck. Auch Mahlzeiten. Reservierung notwendig.

### RESTAURANTS

**Café du Bourg**
*Arvier, Via Lostan 12*
*Tel. 01 65/9 90 94*
Eher eine *enoteca* mit Essen. Große Auswahl an Weinen aus dem Aostatal und beste Tropfen aus anderen Regionen; gute Schnäpse. Ab 17 Uhr Imbiß, später kleine Speisekarte mit regionalen Spezialitäten. Reservierung nötig. Lange geöffnet; donnerstags geschlossen. Preiswert.

**Hostellerie de la Pomme Couronnée**
*Aymavilles*
Kuriosität: Mahlzeiten, die gänzlich auf Apfel als Beilage, in Saucen usw. basieren.

**La Brasserie de l'Hostellerie du Cheval Blanc**
*Aosta, Rue Clavalité 20*
*Tel. 01 65/23 91 40*
Einfache, schmackhafte regionale Gerichte, gut kalkuliert; seriöse Weinauswahl. Alles in bequemer Umgebung. Auch ein Luxushotel.

**Taverna da Nando**
*Aosta, Via de Tillier 41*
*Tel. 01 65/4 44 55*
Nicht teuer und zentral gelegen, mit herrlicher Weinkarte und einer

### Die Weinberge

Alle größeren Weinbaubereiche sind von der *statale* aus zu sehen, die nach Aosta und weiter bis Turin führt. Im unteren Aostatal gewährt auch die *autostrada* einige Ansichten, allerdings nur aus der Ferne. Die gesamte Strecke, einschließlich aller Umwege, ist zwar in einem halben Tag zu bewältigen, etwas mehr Zeit einzuplanen wäre aber sicher besser.

Fahren Sie nach Überquerung der Grenze durch den Skiort Courmayeur und dann weiter bergab. Nach etwas über fünf Minuten erscheinen links plötzlich Weinberge, der Anfang der Region Blanc de Morgex et de La Salle (Weißweine aus der Traube Blanc de Morgex). Biegen Sie ein kurzes Stück später, gleich hinter zwei Tankstellen, beim Schild nach Morgex rechts ab, und folgen Sie der Biegung zurück unter der *statale* hindurch und in Richtung der Weinberge. Biegen Sie noch einmal rechts ein (Richtung Villair), und Sie kommen zu einer T-Kreuzung. Hier fahren Sie zunächst nach links, um die Weinberge und ihre charakteristische, ungewöhnlich niedrige Pergolaerziehung aus der Nähe zu sehen. Anschließend geht es zurück durch das Herz des Weinbaus der beiden Gemeinden Morgex und La Salle.

Kurz vor dem ersten Dorf, dort wo Sie links an der Mauer ein entsprechendes Schild sehen, biegen Sie rechts in die Strada Pineta ein. Am Ende der abschüssigen Straße fahren Sie links in Richtung La Salle und durch Thovex, dann bei der nächsten T-Kreuzung rechts, dem Schild «Capoluogo» (Hauptstadt) folgend, wieder zurück zur *statale*. Die nächste Abbiegung nach links bringt Sie zum Dorf Villaret. Die Strecke ist gespickt mit grünen, von Verdecken geschützten Sprinkleranlagen, die im Sommer für die dringend benötigte Feuchtigkeit sorgen, nicht nur zum Wohl der Weingärten, sondern auch zur Bewässerung der Weiden für die Valdostana-Rinder. In Villaret (nach fünf bis zehn Minuten) folgen Sie den Schildern nach Aosta, um wieder zur *statale* zu gelangen.

Nach weniger als fünf Minuten erscheint das nächste Weinbaugebiet, das winzige Enfer d'Arvier, in dem ein Rotwein hauptsächlich aus Petit-rouge-Trauben erzeugt wird. Es sind einige kleine Pflanzungen auf alten Terrassen zu sehen, aber die meisten Reben wachsen in einer abgetrennten, quer über einem steilen Hang angelegten Parzelle modernen Zuschnitts. Leider kommt man mit dem Auto nicht näher heran, aber es gibt einen Weg für Fußgänger und Radfahrer (Beginn beim Hotel Ruitor).

Bei Villeneuve, etwa eine Minute weiter, wird der Enfer d'Arvier vom Torrette abgelöst, der ebenfalls aus der roten Rebsorte Petit rouge entsteht. Gleich bei der Hauptstraße werden in einer größeren Verkaufsstelle der cremigweiche, ausschließlich im Aostatal hergestellte Fontina-Käse und andere Erzeugnisse der örtlichen Landwirtschaft angeboten. Torrette ist daneben auch ein Zentrum des Apfelanbaus.

Kurz vor Saint-Pierre biegen Sie an der Kreuzung links ab, an Cofruits vorbei, einer weiteren genossenschaftlichen Verkaufsstelle für Obst und Gemüse, um noch einmal links und dann nach rechts zu fahren; von hier aus hat man die ersten wirklich schönen Blicke über das Tal. Anstatt bei der nächsten Abzweigung rechts nach Aosta einzubiegen, fahren Sie dort links den kurvigen Hügel hinauf. Zu Fuß oder mit dem Fahrrad kämen Sie rechts hinunter in die Weinberge, Autos müssen dazu aber wei-

immensen Auswahl an *grappe*. Hauptsächlich lokale Gerichte, aber auch einige aus anderen Regionen. Montags geschlossen.

**Bar-Pasticceria Boch**
*Aosta, Via de Tillier 2*
Für erstklassigen Kaffee mit Walnußtörtchen. Auch gutes Eis.

**Casale**
*St-Christophe, Loc. Condemine 1*
*Tel. 01 25/54 12 03*
Traditionelle, rustikale Gerichte. Kleine Weinkarte, spezialisiert auf die besten Tropfen aus dem Aostatal. Durchschnittliche, reelle Preise. Montags geschlossen.

**Batezar**
*St-Vincent, Via Marconi 1*
*Tel. 01 66/51 31 64*
Sehr teuer, sehr gediegen. Elegante, klassische Gerichte und umfassende französisch-italienische Weinkarte. Nur abends, außer am Wochenende; mittwochs geschlossen.

**Chez Pierre**
*Verres, Via Martorey 43*
Bodenständige Kost mit viel Geschmack. Degustationsmenü erhältlich. Spezialitäten: Käse und Forelle. Weine aus Aosta und Piemont. Tische im Freien. Dienstags geschlossen.

**Osteria della Società Cooperativa**
*Hône, Via Colliard 77*
*Tel. 01 25/80341*
Große Auswahl an Gerichten aus Aosta und Piemont, sorgfältig mit vollem Geschmack bereitet. Recht kleine Weinkarte, auf der Grundlage von lokalem Arnad und Erbaluce. Sehr reelle Preise. Montags geschlossen.

FEINKOSTGESCHÄFTE

**Con Pro Val**
*Villeneuve, Fraz. Trepont 16*
Alles von den Genossenschaften Aostas einschließlich Wein, Käse und Honig.

**Pain de Coucou**
*St-Pierre*
Alle typischen Produkte aus Aosta: Lebensmittel, Wein, Kunsthandwerk.

**Latteria Gerard Lale**
*Aosta, Via De Sales 14*
Guter, reifer Fontina-Käse.

**Macelleria Bertolin Peaquin**
*Arnad, Strada Statale 6*
Für Wurstwaren aus Aosta, v. a. *mocetta* und den berühmten Speck aus Arnad.

Links: *Neben der Vielfalt der Käsesorten findet man im Aostatal auch ein hervorragendes Wurstangebot.*

Rechts: *Idyllische Berglandschaft im Naturschutzgebiet Gran Paradiso. Hier kann man wandern, klettern, Ski fahren und sogar windsurfen.*

SPEZIALITÄTEN

**Fontina-Käse** – Weicher, cremiger Käse, der nur im Aostatal aus der Milch lokaler Rinderrassen hergestellt wird. Zahlreiche, meist genossenschaftlich geführte Verkaufsstellen.
**Obst** – V. a. die Apfelsorte Renette, in geringeren Mengen auch die Martinsec-Birne.
**Honig** – Von den Blüten der Alpenpflanzen.
**Speck** – Mariniert in Salzlake und Kräutern, besonders aus Arnad.
**Mocetta** – *Prosciutto*, traditionell von der Gemse, heute mehr vom Rind.
**Pane nero** – Roggenbrot, oft in Suppen verwendet.
**Caffè valdostano** – Kaffee mit Zitronen- oder Orangenschale, *grappa* und Zucker.

ENOTECHE

**Enoteca La Cave**
*Via Festaz 53, Aosta*
Schön konzipierter Weinladen mit guter Auswahl aus Aosta, anderen Regionen Italiens und aus Übersee.
**Enogastronomia Cavallo Bianco**
*Via Croix du Ville 25, Aosta*
Viele lokale Weine und angesehene Marken aus aller Welt. Gute Feinkost.

REISETIPS

Das Aostatal ist bekannt für seine Skiabfahrten. Es gibt auch das Naturschutzgebiet Gran Paradiso, ein riesiges Areal, in dem sich Wanderer, Kletterer, Skifahrer, Windsurfer und auch weniger Sportliche wohl fühlen.

EMPFOHLENE ERZEUGER

**Les Crêtes**
*Aymavilles, Tel. 01 65/90 22 74*
Weingut mit Unternehmungsgeist, das für Aufregung sorgt. Im Mittelpunkt steht die Anhöhe Les Crêtes. Torrette, auch in lokalen Varianten. Nur mit Anmeldung. Gutes Probierzimmer, aber Weinproben müssen bezahlt werden, wenn man keinen größeren Einkauf tätigt. Ist im Besitz von Costantino Charrère.

ter nach oben fahren. Biegen Sie nach La Croix an der T-Kreuzung rechts ein, überqueren Sie die nächste Kreuzung, und folgen Sie den Schildern nach Aosta in den besten Teil von Torrette, Richtung Sarre. Hier sind die Rebgärten teils in *Alberello-*, teils in Guyot-Erziehung angelegt und spiegeln so verschiedene weinbauliche Auffassungen wider. Die Straße ist sehr eng und kurvenreich, bietet jedoch einige herrliche Ausblicke. Sie führt bald zu einer Eisenbahn und zu einer Abzweigung nach links, die durch weitere Weinberge nach Aosta führt. Weitaus wichtiger ist hier jedoch das Anbaugebiet von Torrette auf der anderen Seite des Flusses.

Überqueren Sie die Bahnlinie, und folgen Sie der Straße nach rechts, vorbei an der imposanten Burg von Sarre. Fahren Sie rechts zur Ampel und dort nach links, über den Fluß den Schildern nach Cogne und Aymavilles folgend. Hinter Aymavilles kommen Sie zu einer U-förmigen Linkskurve (bei Gressan), die Sie in einem großen Bogen an den linker Hand gelegenen Kellern von Les Crêtes, dem größten privaten Erzeuger des Aostatals, vorbeiführt. Der große Weingarten oben links in den Hügeln ist Les Tulles; die meisten hier sind aber weit mehr parzelliert. An dieser Stelle ist das Anbaugebiet an der Straße ausgeschildert. Fahren Sie nun in Richtung des konischen, von

Links: *Zum Schutz gegen die rauhen Bedingungen im Aostatal sind die robusten, alten Rebstöcke in Morgex so niedrig erzogen, als hätten sie Zwerge angebaut.*

Reben bedeckten Hügels zur Rechten. Dies ist Les Crêtes, der Weinberg im Besitz des gleichnamigen Gutes, der wegen seiner Qualität und seiner neuen Rebsorten für viel Aufregung in der Region sorgt. Das Gebäude oben auf dem Berg wird zur Veranstaltung von Weinproben ausgebaut. Kurz vor dem Hügel können Sie nach rechts abzweigen, um die majestätische Burg von Aymavilles zu sehen, mit der größten Genossenschaft im Tal direkt davor. Nach dem Wenden fahren Sie entweder auf einer ungeteerten Straße hinter dem Weinberg oder auf der besseren Straße, aber mit weniger eindrucksvollen Ausblicken an seiner Vorderseite vorbei, bevor Sie wieder den Fluß Dora Baltea überqueren und durch Gressan nach Aosta kommen.

Nehmen Sie in Aosta wieder die *statale*, und folgen Sie den Schildern nach Torino (Turin). Praktisch alle Weinberge auf den Hügeln hinter der Stadt gehören dem Institut Agricole Régional (Regionales Landwirtschaftliches Institut). An der Ampel kurz hinter der Zusammenführung der *statale* (die um die Stadt herum führt) mit der Hauptstraße aus Aosta, biegen Sie links ab nach Croix Noire und Saint-Cristophe. Folgen Sie dieser Straße (ausgeschildert ist Gerardin) an den links liegenden Reben vorbei. Dies ist der Übergangsbereich zwischen Torrette

**Costantino Charrère**
*Aymavilles, Tel. 01 65/90 21 35*
Ein führender Betrieb in Aosta. Teilt Keller und Besuchereinrichtungen mit Les Crêtes, hat aber selbst einen alten Keller und eine alte Mühle.

**Institut Agricole Régional**
*Aosta, Tel. 01 65/55 33 04*
Wichtiges Forschungszentrum mit Schule, das die Resultate seiner Veredelung typischer lokaler und einiger anderer interessanter Sorten auf den Markt bringt.

**Ezio Voyat**
*Chambave, Tel. 01 66/4 61 39*
Geringste Mengen, organische Produktion, viel Forschung in den eigenen Weingärten; erzeugt mit schwerer Arbeit und traditionellen Methoden Weine mit ausgeprägtem Charakter. Nur mit Anmeldung. Proben gegen Entgelt. Agriturismo.

Einen Überblick über die verschiedenen Weinstile erhält man in den folgenden Genossenschaften, die den Großteil der Produktion kontrollieren. Alle bieten Proben an, aber Anmeldungen sind unbedingt erforderlich.

**Cave du Vin Blanc de Morgex et de La Salle**
*Morgex; Tel. 01 65/80 03 31*

**Co-Enfer**
*Arvier, Tel. 01 65/9 92 38*
Enfer d'Arvier

**Cave des Onze Communes**
*Aymavilles, Tel. 01 65/90 29 12*
Torrette

**Cooperativa La Crotta di Vegneron**
*Chambave, Tel. 01 66/4 66 70*

**Cooperativa Agricola La Kiuva**
*Arnad, Tel. 01 25/96 63 51*
Arnad-Montjovet

**Caves Cooperatives de Donnaz**
*Donnaz*
*Tel. 01 25/80 70 96*

Links: *Die Märkte im Aostatal sind wahre Fundgruben für Kunstgewerbeartikel und regionale Spezialitäten.*

und Nus, wo Rotwein aus der lokalen Rebsorte Vien di Nus sowie Weißwein und *passito* aus Pinot grigio, merkwürdigerweise manchmal auch Malvoisie genannt, erzeugt wird. Es ist auch ein Gebiet der drei lokalen Sorten Gamay, Müller-Thurgau und Pinot grigio. Fahren Sie bei der nächsten größeren Gruppe von Straßenschildern links hinauf in die Hügel, aber behalten Sie das nun sichtbare Hotel rechts im Blickfeld. Biegen Sie dann rechts ein (in Richtung Coutatepaz), und folgen Sie dieser Höhenstraße durch die dichten, teils in Spalier- und teils in *Alberello*-Erziehung niedrig wachsenden Rebstöcke. Fahren Sie an der ersten T-Kreuzung nach rechts, dann an der nächsten links in Richtung Quart, und bei entsprechendem Wetter haben Sie einen herrlichen Blick über die Dora Baltea. Dieser Einschnitt endet bei einer Art T-Kreuzung mit einem Block von Schildern links an der Mauer. Biegen Sie scharf rechts ein, und schlängeln Sie sich wieder hinunter auf die *statale*.

Von hier aus gibt es kaum Interessantes abseits vom Weg. Alle halbwegs befahrbaren Straßen führen in die Berge hinauf, und – oben angekommen – muß man umkehren und wieder zurückfahren. Immerhin führt die *statale* aber so nah an den meisten Weingärten vorbei, wie man es sich nur wünschen kann.

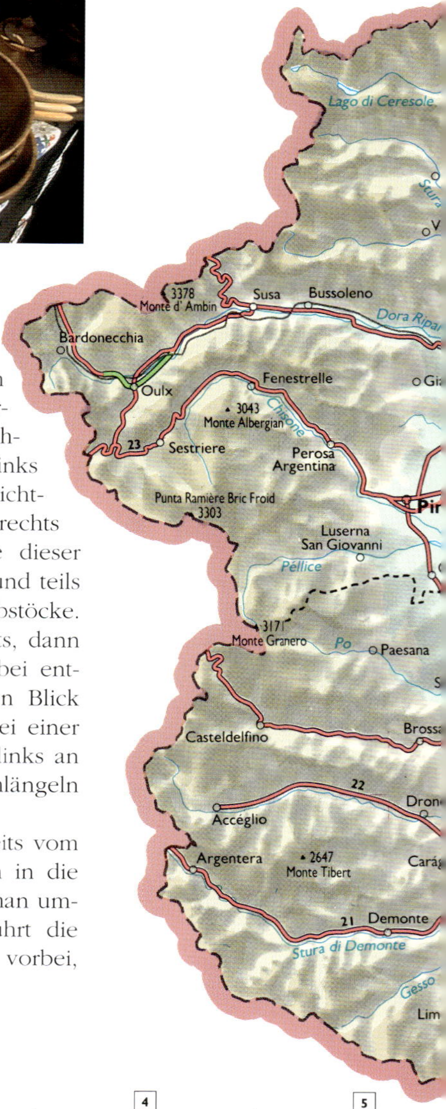

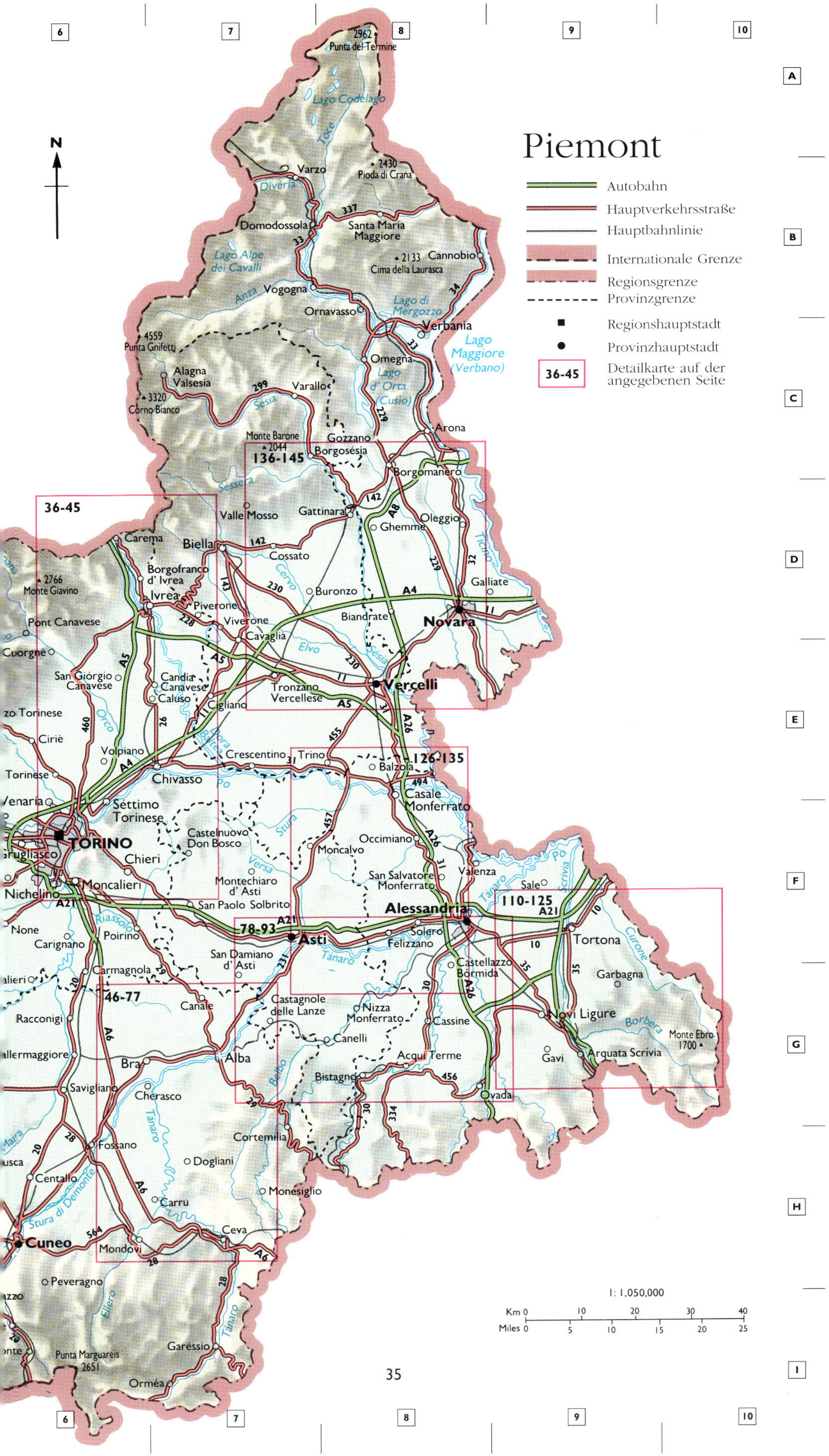

Piemont
Autobahn
Hauptverkehrsstraße
Hauptbahnlinie
Internationale Grenze
Regionsgrenze
Provinzgrenze
Regionshauptstadt
Provinzhauptstadt
36-45
Detailkarte auf der angegebenen Seite
N
2962 Punta del Termine
Lago Codelago
Toce
Varzo
2430 Pioda di Crana
Diveria
337
Domodossola
Santa Maria Maggiore
33
Lago Alpe dei Cavalli
2133 Cima della Laurasca
Cannobio
34
Anza
Vogogna
Ornavasso
Lago di Mergozzo
Verbania
4559 Punta Gnifetti
33
Lago Maggiore (Verbano)
Omegna
Lago d' Orta (Cusio)
Alagna Valsesia
299
Varallo
Sesia
3320 Corno Bianco
229
Arona
Monte Barone 2044
Gozzano
136-145
Borgosésia
Borgomanero
Sessera
142
Gattinara
A8
Valle Mosso
Ghemme
Oleggio
36-45
Carema
Biella
142
Cossato
Ticino
229
32
2766 Monte Giavino
Borgofranco d' Ivrea
143
Cervo
230
Buronzo
Galliate
A4
Ivrea
Piverone
Biandrate
Novara
11
228
Viverone
Pont Canavese
Cavaglia
Cuorgnè
Elvo
A5
A5
230
Sesia
San Giórgio Canavese
Candia Canavese
11
Vercelli
Caluso
Tronzano Vercellese
A5
31
Cigliano
26
A26
zo Torinese
460
Orco
11
Ciriè
455
Dora Baltea
Volpiano
Crescentino
31
Trino
126-135
A4
Balzola
Torinese
Chivasso
Po
494
Casale Monferrato
Venaría
Séttimo Torinese
Stura
457
TORINO
Castelnuovo Don Bosco
Occimiano
A26
Moncalvo
Grugliasco
Chieri
Versa
31
Valenza
Po
Montechiaro d' Asti
San Salvatore Monferrato
Scrivia
Nichelino
Moncalieri
Tánaro
Sale
A21
San Paolo Solbrito
Alessandria
110-125
A21
10
None
Riassolo
78-93
A21
Asti
Solero
Tortona
Carignano
Poirino
Felizzano
10
Curone
San Damiano d' Asti
Tánaro
Castellazzo Bórmida
35
35
Carmagnola
29
231
Garbagna
alieri
20
46-77
Canale
A26
Castagnole delle Lanze
Nizza Monferrato
30
Racconigi
A6
Cassine
Novi Ligure
Borbera
Canelli
Monte Ebro 1700
allermaggiore
Bra
Alba
Acqui Terme
Gavi
Arquata Scrívia
Balbo
Bistagno
456
Savigliano
Cherasco
Ovada
29
30
334
Tánaro
Maira
28
Cortemilia
20
Fossano
usca
Dogliani
Centallo
Stura di Demonte
A6
Monesiglio
Carru
564
Cuneo
Ceva
Mondovì
A6
28
Peveragno
28
Ellero
Tánaro
Garéssio
Punta Marguareis 2651
Orméa
I: 1,050,000
Km 0 10 20 30 40
Miles 0 5 10 15 20 25
6 7 8 9 10
A B C D E F G H I

## CAREMA

ENOTECA

**Luigi Ferrando e Figli**
*Corso Cavour 9*
Ferrando führt auch eine gut sortierte Enoteca in Ivrea mit seit 1929 unveränderter Einrichtung.

EMPFOHLENER ERZEUGER

**Luigi Ferrando e Figli**
*Tel. 01 25/64 11 76*
Führend in Carema. Ferrando hat sich zusammen mit lokalen Winzern sehr engagiert, um die Traditionen des Gebietes zu erhalten und zugleich die Kellertechniken zu verbessern. Der «Standard»-Carema lagert vier Jahre und hat weiße Etiketten. Die Spezialversion mit dem schwarzen Etikett gibt es nur in den besten Jahren. Keller in Carema und Ivrea. Erzeugt auch Erbaluce di Caluso, u. a. Cariola und Le Campore, hergestellt für das Gut Gabriele e Fiamenghi; Solativo, Spätlese Erbaluce, leicht süßlich; Caluso passito (für Boratto); schäumenden Erbaluce; *grappe* von Carema und Erbaluce.

## DAS CANAVESE

HOTELS

Die Hotelgäste in diesem Gebiet sind meist Kunden von Olivetti, und danach richten sich auch die Preise.

**La Serra**
*Ivrea, Corso Carlo Botta 30*
*Tel. 01 25/4 43 41, Fax 01 25/4 93 13*
Das einzige akzeptable Hotel im Zentrum von Ivrea. Vier-Sterne-Niveau.

**Sirio**
*Am Siriosee*
*Tel. 01 25/42 42 47, Fax 01 25/4 89 80*
Mittleres Niveau, komfortabel; beschaulicher Blick über den See.

**La Villa**
*San Bernardo*
*Tel. 01 25/63 16 96, Fax 01 25/63 19 50*
Klein, einfach und vergleichsweise billig.

**Castello di Pavone**
Siehe Sehenswürdigkeiten.
Zimmer und Suiten ab Anfang 1997.

AGRITURISMO

Informationen im Fremdenverkehrsbüro von Ivrea oder beim Assessorato Agricoltura, Attività Economiche e Lavoro, *Via Lagrange 2, Turin. Tel. 0 11/5 75 61.*

Rechts: *Die ungewöhnlich hoch erzogenen Reben von Carema bedecken die Hänge rund um das Dorf.*

## CAREMA UND DAS CANAVESE

### Carema

Pont Saint-Martin ist der südlichste Punkt des Aostatals. Gleich hinter dem Dorf beginnt Piemont. Hier teilt sich die Straße in einer spitzen Gabelung, und Schilder weisen rechts nach Ivrea und links nach Carema. Folgen Sie der schmalen Straße nach links. (Einige der ersten Türen an der rechten Seite führen in die alten Keller von Luigi Ferrando.) Nach einer *trattoria* und einer Bar mit einem Telephonschild außen biegen Sie links ein, und ein gelber Wegweiser zu einer zweiten *trattoria* bestätigt, daß Sie auf der richtigen Straße sind. Diese bringt Sie direkt in die Weinberge. Sie windet sich nach oben bis zum Strommast, hinter dem sie in der einen Richtung zur Privatstraße wird (die jederzeit gesperrt werden kann) und in der anderen keine Wendemöglichkeiten mehr bietet. Nach einer Erkundung der Umgebung zu Fuß drehen Sie um und fahren wieder hinunter. Es gibt herrliche Ausblicke auf die grünen Pergolen der Hügel und auf die Dora Baltea, die sich im Tal durch die Ortschaft Ivrea schlängelt. Bei der Fahrt hinunter finden Sie rechts hinter einer Kurve eine Parkbucht. Dahinter führt ein Fußweg durch die Hügel (und fast parallel zum Fluß) wieder nach oben. Nach einem Fußmarsch von wenigen Minuten taucht unverhofft eine kleine Kapelle auf.

Wieder im Talgrund angekommen, fahren Sie nach links in die Straße, die Sie zuvor verlassen haben (in Richtung Ivrea). Der von Reben bedeckte Hügel ist linker Hand noch einige Minuten sichtbar, und mit dem Erscheinen der Kreuzung zur Autobahn läßt die Rebendichte nach. Das war dann auch schon das gesamte kleine Weingebiet von Carema. Alle von hier an sichtbaren Weinberge gehören zum Canavese.

### Die Weine

Die Römer legten einst die Weingärten an und meißelten Terrassen aus dem bröckeligen Hang heraus, um den Reben die bestmöglichen Chancen zur Reifung zu geben. Es kommt immer noch zu häufigen Erdrutschen, wenn einzelne Bereiche nicht sorgfältig genug gepflegt werden.

Links: *Mit ihren kräftigen, hohlen Steinpfeilern wirken die Weingärten von Carema solide und stabil.*

Die aus Stein erbauten und von einer zementähnlichen Mischung zusammengehaltenen Säulen sind hohl, vielleicht, um die Wärme zu speichern und an die Reben abzugeben. Viele Ersatzpfeiler sind inzwischen aber aus dem üblicheren Holz, und der Wein gedeiht nicht nennenswert schlechter. Holz dürfte vor 2000 Jahren viel zu wertvoll gewesen sein; dagegen war Stein in großen Mengen verfügbar und ist es noch immer, wie das Flußbett erkennen läßt.

Die Reben sind alle Nebbiolo, die hier an ihrer nördlichen Verbreitungsgrenze wachsen. Ein Trichtereffekt, der durch die sprunghafte Öffnung des Aostatals entsteht, und die hohe Geschwindigkeit des Flusses verhindern gemeinsam eine starke Wolkenbildung und erhöhen dadurch die zur Reifung der Trauben nötige Sonneneinstrahlung. Der entstehende Wein ist eine weichere, zartere Version des muskulösen Tropfens, der im Kernland der Nebbiolo-Rebe um Alba erzeugt wird. Trotzdem besitzt der Carema-Wein noch das charakteristische Tannin und die Säure für gute Alterung.

### Eine weitere Überraschung

Bleiben Sie auf der *statale* in Richtung Ivrea, und gleich hinter Settimo Vittone gelangen Sie in die Gemeinde Borgofranco d'Ivrea. Achten Sie auf ein Schild an der linken Seite, das nach «Balmetti di Quinto» weist. Nehmen Sie

RESTAURANTS

**La Panoramica**
*Loranzè, Via San Rocco 7*
*Tel. 01 25/66 99 66*
Erstklassiges Lokal. Mischung aus klassischen und innovativen Gerichten in eleganter Umgebung. Degustationsmenüs und hervorragender Käse. Gute Weinkarte mit preiswerten und auch großen Weinen aus der Region und dem Ausland; alle erschwinglich. Essen zu reellen Preisen. Tische im Freien. Samstag mittags und Sonntag abends geschlossen.

**La Trattoria**
*Ivrea, Via Aosta 47*
*Tel. 01 25/4 89 98*
Helles, munteres Lokal, vollgepackt mit Tischen. Vorwiegend schlichte, traditionelle Gerichte, täglich variierend. Kleine, aber ausgewogene Weinkarte. Anständige Preise.

**Casa Vicina**
*Borgofranco d'Ivrea, Via Palma 146/a, Fraz. Ivozio*
*Tel. 01 25/75 21 80*
Etablierter Familienbetrieb, der mit der Zeit geht. Tische auf der Terrasse mit schönem Blick. Traditionelle Gerichte aus Piemont, mit viel Können zubereitet. Degustationsmenü im Angebot. Hausgemachtes Eis. Umfassende Karte lokaler und piemontesischer Weine, auch einige aus anderen Regionen. Recht kostspielig, aber reell. Mittwochs geschlossen.

**La Pergola**
*Scarmagno, Via Montalenghe 59*
*Tel. 01 25/73 97 60*
Sorgfältig zubereitetes traditionelles Essen in ruhiger, bequemer Umgebung. Zwei Degustationsmenüs, beide lohnenswert, je nach Appetit. Auch auf Pilzen basierende Gerichte (nicht im Winter). Piemontesisches *fritto misto* auf Vorbestellung. Riesige Weinkarte, viele offene Weine, gutes Angebot an Schnäpsen. Preiswert. Montags geschlossen.

**La Luna**
*San Giorgio Canavese, Piazza Ippolito San Giorgio 12*
*Tel. 01 24/3 21 84*
Ignorieren Sie die wenig anregende Umgebung, und genießen Sie das preisgünstige, gehaltvolle traditionelle Essen aus Zutaten der Saison. Kleine Weinkarte mit Schwerpunkt auf Erbaluce und den Roten aus Piemont. Nur Mittagessen, außer am Wochenende. Montags geschlossen.

**Gardenia**
*Caluso, Corso Torino 9*
*Tel. 011/9832249*
Renoviertes Bauernhaus mit kleiner Speisekarte von meist traditionellen Gerichten in leichteren Abwandlungen. Nicht zu teuer. Große Auswahl lokaler und piemontesischer Weine. Tische im Freien. Donnerstags und Freitag mittags geschlossen.
**Castello di Pavone**
*Pavone Canavese*
Siehe Sehenswürdigkeiten.

FEINKOSTGESCHÄFTE

**Pasticceria Balla**
*Ivrea, Via Gozzano 2*
Holen Sie sich die klassische *Torta Novecento.*
**Pasticceria Strobbia**
*Ivrea, Corso Botta 30*
Probieren Sie die Spezialität *Polenta d'Ivrea.*
**Pasticceria Brustia**
*Ivrea, Corso Vercelli 33*
Für Schokolade.
**Salumificio Avenatti**
*Feletto*
Ein wenig abseits gelegen, aber ideal zur Aufstockung des Vorrats an Salami, Schinken und anderen Fleischdelikatessen.

SPEZIALITÄT

Das Canavese ist berühmt für die Qualität und Menge seiner Pilze. Inwieweit sie erhältlich sind, hängt von saisonalen Wetterbedingungen ab.

SEHENSWÜRDIGKEITEN

Die Faszination des Canavese liegt hauptsächlich in seinen vielen herrlichen Burgen.
**Castello di Montalto Dora** – Imposant anzusehen, aber geschlossen.
**Castello di Masino** – Vollständig renoviert, beherbergt das Grab von Arduin, des ersten Königs von Italien (9. Jh.); großer Park. Für die Öffentlichkeit zugänglich. Führungen können gebucht werden unter Tel. 0125/778100.
**Castello di Parella** und **Castello di Loranzè** – Öffnungszeiten im Fremdenverkehrsamt von Ivrea, Corso Vercelli 1, Tel. 0125/618131, erfragbar.
**Castello di Pavone** – Vollkommen renoviert. Bei der Nachbildung des alten Burglebens mitsamt allen modernen Annehmlichkeiten wurden keine Kosten gescheut. Zeigt eine großartig geschmückte Holzdecke, um die sich auch der Louvre bemüht hatte. Gut geführtes Restaurant mit schön angerichteten, gehobenen Speisen. Besichtigungen leider nur für Gäste. Tel. 0125/672111.

diese Straße, und Sie kommen durch eine scheinbare Geisterstadt, bestehend aus kleinen, zweistöckigen Gebäuden. Diese beherbergen in Wirklichkeit Weinkeller (hier *balmetti* genannt), deren Temperatur das ganze Jahr über bei 8° C liegt. Biegen Sie schließlich links ein, und es geht zurück auf die *statale* in Richtung Ivrea.

**Das Canavese**

Das Canavese umschließt ringförmig den Ort Ivrea, der etwas im Norden des Gebietes liegt. Die Weinreben wachsen an den südlichen Hängen der niedrigen Randhügel der Region. Diese Hügel sind eigentlich die Endmoränen des Alpengletschers, der das Aostatal geformt hat, sowie einiger Seitengletscher.

**Die Weine**

Das Canavese ist hauptsächlich wegen der weißen Rebsorte Erbaluce und der beiden daraus erzeugten Weine Erbaluce di Caluso und Caluso passito bekannt. Caluso ist eine der 38 Gemeinden des Canavese, aber die einzige, die ihren Namen auch den Weinen verleiht. Die anderen Weine aus diesem Gebiet, sowohl rote als auch weiße, tragen schlicht den Namen Canavese, eine neue Herkunftsbezeichnung, die bis jetzt nicht so recht eingeschlagen hat, aber dennoch ungefähr die Hälfte der Gesamtproduktion ausmacht. Der Erbaluce di Caluso kombiniert viel Säure mit einem reichhaltigen, blumigen Geschmack, was bei sorgfältigem Ausbau einen erfrischenden und anregenden Wein hervorbringt.

**Die Weinberge**

Von Borgofranco d'Ivrea aus fahren Sie an der Gemeinde und der Burg von Montalto Dora vorbei und biegen dann links ab, um den Siriosee zu umfahren. Folgen Sie nach dem See den Schildern nach Ivrea. Sie könnten sich nun die Stadt ansehen, oder Sie sparen sie zunächst aus und lassen sich erst einmal von den Schildern nach Vercelli leiten, um sich nun auf einer schnellen, geraden Straße, der *statale* von Ivrea nach Vercelli, wiederzufinden, die bald die wichtigsten Weinbauparzellen berührt. Bleiben Sie einige Minuten auf dieser Straße, bis sie am Viveronesee vorbeikommt, dem größten See der Region; eine gute Gelegenheit, um auf den links abgehenden, ungeteerten Straßen direkt in die Weinberge zu gelangen. Danach kehren Sie wieder um und biegen an der Ampel links von der *statale* ab nach Azeglio.

Von Azeglio aus folgen Sie der Beschilderung zum Castello di Masino, einer der eindrucksvollsten Burgen der Region. Ein Besuch lohnt sich auf jeden Fall, nicht zuletzt wegen des aufsehenerregenden Blicks über das gesamte Canavese. Von der Burg geht es wieder hinunter nach Caravino, und von dort fahren Sie über Strambino, Scarmagno und ein Stück weit auf der Straße nach Castellamonte weiter nach Perosa. Diese führt Sie quer durch

Oben: *Daß trotz der Nähe solcher Skigebiete im Valle d'Aosta Reben gedeihen, grenzt fast ein Wunder.*

Links: *Im Canavese wird der Beginn der Weinlese, der zwischen Ende September und Ende Oktober liegt, auf Tafeln festgehalten.*

das Tal und in den Westen des Gebietes. Die Wegweiser bringen Sie von Perosa nach Parella. Das Castello di Parella ist eher ein Château als eine Burg. Biegen Sie nach Überquerung des Flußbettes und unmittelbar nach einer Hauptstraßenunterführung links ein, und Sie blikken direkt auf die vom Castello di Loranzè überragte Ortschaft. Am Castello di Parella befindet sich eine T-Kreuzung. Fahren Sie hier links (Richtung «Centro») und eine schmale Straße hinauf, an der rechts Reben stehen. An der nächsten Kreuzung geht es unter einem großen Bogen hindurch und auf einer gepflasterten Straße hoch zum Weinberg, der das Castello di Loranzè umgibt. Hier produziert man eine kleine Menge erstklassigen Wein, der zur Gänze im angeschlossenen Restaurant durch die Kehlen rinnt. Nach einem Rundgang durch den Komplex fahren Sie wieder hinunter nach Ivrea.

### Ivrea

Ivrea ist vollständig von Olivetti beherrscht. Die Firma ist hier der wichtigste Arbeitgeber und sorgte bis zur jüngsten Rezession für beträchtlichen Wohlstand.

#### VERANSTALTUNG

**Karneval** – Beherrscht Ivrea vollständig in den 10 Tagen vor Aschermittwoch. Verschiedene Feiern, Paraden und allgemeine Ausgelassenheit, einschließlich einer Orangenschlacht!

#### EMPFOHLENE ERZEUGER

**Luigi Ferrando e Figli**
Siehe Carema.

**Colombaio di Candia**
*Candia Canavese, Tel. 01 25/64 11 76*
Erzeugt lebhaften, rauchigen Erbaluce mit viel Fülle. Anmeldung erforderlich.

**Orsolani**
*San Giorgio Canavese*
*Tel. 01 24/3 23 86*
Gute Weine, die jährlich besser werden. Weinberge in Giorgio und Caluso. Ein kleiner Teil des Erbaluce gärt in Eiche, und der Caluso passito reift fünf Jahre lang; beide als «La Rustia» etikettiert. Klassisch hergestellter Schaumwein aus Erbaluce mit frischer Frucht. Auch winzige Barbera-Pflanzung in Agliano d'Asti. Anmeldung erforderlich.

## TURIN

### HOTELS

Turin ist mit Hotelunterkünften reich gesegnet, viele von ihnen sind so elegant wie die Stadt selbst. Trotzdem findet man nicht leicht ein Zimmer zu vernünftigen Preisen. Versuchen Sie es mit den folgenden:

**Amedeus e Teatro**
*Via Principe Amedeo 41bis*
*Tel. 011/8174951, Fax 011/8174953*
Attraktiv, vor kurzem neu möbliert, mit Klimaanlage und Garage.

**Giotto**
*Via Giotto 27*
*Tel. 011/6637172, Fax 011/6637173*
Ruhig, modern, einladend. Helle Zimmer mit guten Bädern. Einige mit Kochgelegenheit. Reelle Preise.

**Lancaster**
*Corso Turati 8*
*Tel. 011/5681982, Fax 011/5683019*
Ruhige Lage. Attraktive, schön möblierte Zimmer mit Bad. Nicht modernisierte Zimmer preiswerter. Garage.

**Le Petit Hotel**
*Via San Francesco d'Assisi 21*
*Tel. 011/5612626, Fax 011/5622807*
In der Altstadt, in einem renovierten Haus des 19. Jhs. Empfehlenswert ist das oberste Stockwerk mit Blick über die Dächer der Stadt. Garage.

**Liberty**
*Via Pietro Micca 15*
*Tel. 011/5628801, Fax 011/5628163*
Relativ zentral. Schönes, altes Hotel aus dem Fin de siècle. Parkplatz.

**Montevecchio**
*Via Montevecchio 13*
*Tel. 011/5620023, Fax 011/5623047*
Schlicht, Zwei-Sterne-Niveau. Sauber und freundlich. Moderne, funktionelle Zimmer. Garage.

**Roma e Rocca Cavour**
*Piazza Carlo Felice 60*
*Tel. 011/5612772, Fax 011/5628137*
Zentrale Lage. Zimmer in verschiedenen Stilen. Garage.

### RESTAURANTS

**Antiche Sere**
*Via Cenischia 9, Tel. 011/3854347*
In altem Wohngebiet. Hübsch rustikal eingerichtet. Im Sommer Tische unter einer Pergola. Freundliche, aufmerksame Bedienung. Karte piemontesisch mit lombardischem Einfluß, täglich wechselnd. Leckere Nachspeisen. Kleine aber gute Weinauswahl. Nicht teuer. Nur abends; sonntags geschlossen.

## TURIN

### Anreise

Von Ivrea und dem Canavese aus lockt bereits Turin, also fahren Sie nach Süden, entweder auf der Autobahn oder der *statale*, die direkt durch Caluso führt. Um einen Abstecher zu weiteren Burgen des Canavese zu machen, verlassen Sie Ivrea in Richtung Castellamonte, zweigen ab nach Agliè, und fahren weiter nach San Giorgio Canavese, durch Caluso und hinüber nach Mazzè.

### Die Stadt

Turin ist vermutlich das am besten gehütete Geheimnis Italiens. Die Stadt ist geräumig, gut geplant und leicht zu durchfahren. Ihre Straßen sind breit und betriebsam, nicht übermäßig laut und gesäumt von wohlgepflegten Gebäuden, die nur selten mehr als ein paar Stockwerke hoch sind. Viele Straßen im Zentrum sind mit langgezogenen Reihen von Säulengängen geschmückt, die ihnen zusätzliche Tiefe verleihen. Dadurch werden die grellen Geschäftsfronten nach hinten gedrängt, und die Straßenansichten erhalten eine Perspektive von gleichmäßiger, geordneter Harmonie. Es gibt auch zahlreiche große Plätze, jeder mit seinem ganz eigenen Charakter.

Nachts hüllt sich das Zentrum Turins in ein funkelndes, schillerndes Kleid. Über den Kolonnaden leuchtet eine Vielzahl von Neonlampen; beschwingt setzen sie ihre Farbtupfer, während die Straßen hell illuminiert sind und viele wichtige Gebäude und Statuen von Scheinwerfern angestrahlt werden.

Die Stadt ist im Norden und Osten von Flüssen gesäumt. Im Norden fließt die ungestüme Stura di Lanzo, etwa parallel zur Dora Riparia, die jedoch deutlich innerhalb der Stadtgrenzen verläuft. Im Osten ist es der Po, der sich majestätisch nach Norden wälzt. Die Turiner haben sich den Fluß durch die Anlage von breiten Promenaden entlang weiter Uferstrecken zunutze gemacht.

Jenseits des Pos geht das Ufer unvermittelt in steile Hügel über, die der Ausbreitung der Stadt eine natürliche Grenze setzen. Die Erhebung beherbergt einige recht an-

Rechts: *Blick von der Promenade am Po zur Brücke Vittorio Emanuele I in Turin. Im Hintergrund der Monte dei Cappuccini.*

Oben: *Das Tor des Königlichen Schlosses in Turin.*

Links: *Dieses Reiterstandbild von Emanuele Filiberto, Herzog von Savoyen, steht auf der Piazza San Carlo von Turin.*

sehnliche Behausungen, aber die feinsten Adressen von Turin, Herrenhäuser auf weitläufigen Grundstücken, liegen an der Rückseite der Hügel mit zum Teil traumhaften Blicken über Piemont und die Alpen. Den Kontrapunkt dazu bildet etwas östlich des Bahnhofs ein fröhlich verwahrloster Stadtteil, der die Heimat von Künstlern ist.

Nimmt man zu der natürlichen Eleganz und dem Stil der Stadt ihren historischen und kulturellen Reichtum hinzu, dann fragt man sich zwangsläufig, warum Turin vergleichsweise wenig Besucher anzieht. Es mag mit daran liegen, daß den Turinern der Einfall von herumtrampelnden Touristenhorden schlicht ein Greuel ist. Wer Turin dennoch besucht, kann sich über den fehlenden touristischen Rummel freuen und es genießen, wie ein Gast und nicht wie ein Fremder behandelt zu werden.

## Essen und Trinken

Turin gilt nicht als gastronomischer Wallfahrtsort, auch wenn es hier durchaus gute Restaurants und verlockende Lebensmittelgeschäfte gibt. Seine Glanzleistung sind jedoch die Kaffeehäuser. Sie nehmen im Sozialleben eine

**Dai Saletta**
*Via Belfiore 37, Tel. 011/6687876*
Sehr beliebtes Lokal. Einfache, gute und robuste lokale Gerichte, herzliche Atmosphäre. Kleine, aber gute Weinkarte; auch guter Hauswein. Nicht teuer. Sonntags geschlossen.

**Al Gatto Nero**
*Corso Turati 14, Tel. 011/590414*
Mal was anderes: toskanische Küche. Gute, breitgefächerte Weinkarte. Ziemlich teuer. Sonntags geschlossen.

**Ij Brandé**
*Via Massena 5, Tel. 011/537279*
In Bahnhofsnähe, gut besucht. Vorzügliche traditionelle Karte und, zur Abwechslung, verschiedene Fondues in heißem, aromatisiertem Wein. Gute Weinauswahl. Nur abends; sonntags und montags geschlossen.

**Monferrato**
*Via Monferrato 6, Tel. 011/8190661*
Seit langem etabliertes Restaurant, malerisch gelegen am Po mit Blick zur Piazza Veneto. Exzellente, absolut traditionelle, meist lokale Gerichte. Sehr gut ausgesuchte Weinkarte, die helle Freude für Entdeckungsreisende. Sehr reelle Preise. Samstags und sonntags geschlossen.

**Montecarlo**
*Via San Francesco da Paola 37*
*Tel. 011/8126966*
Feines Fischrestaurant. Weine meist weiß und von außerhalb Piemonts. Ziemlich teuer. Samstag mittags und sonntags geschlossen.

**Neuv Caval d'Brons**
*Piazza San Carlo 157*
*Tel. 011/5627483*
Sehr zentral. Hochklassiges Restaurant, über drei kleine Speiseräume verteilt, die dem äußerst eleganten Ambiente eine aufgeräumte Stimmung

geben. Auswahl an Degustationsmenüs: Fisch, vegetarisch oder piemontesisch; alle auf der höchsten Stufe von Geschmack und Würze. Ausführliche Weinkarte. Unauffällig aufmerksamer Service. Ein herausragendes Erlebnis. Berechtigterweise kostspielig. Sonntags geschlossen.

**Porticciolo**
*Via Barletta 58, Tel. 011/32161*
Fisch und Meeresfrüchte von hoher Qualität, gut ausgewählte passende Weine. Mittlere Preisklasse. Samstag mittags und sonntags geschlossen.

**Porto di Savona**
*Piazza Vittorio Veneto 2*
*Tel. 011/8173500*
Reelles, preiswertes Lokal mit vielen Stammgästen, das streng piemontesische Kost serviert. Kleine, aber ordentliche Weinkarte. Montag und Dienstag mittags geschlossen.

**Spada Reale**
*Via Principe Amedeo 53*
*Tel. 011/832835*
Sehr beliebtes Restaurant nahe der Piazza Veneto. Ungewöhnliche, phantasievolle Gerichte und lange, breitgefächerte Weinkarte. Nicht teuer. Bis spät geöffnet; sonntags geschlossen.

**Tre Galline**
*Via Bellezia 37, Tel. 011/4366553*
Etabliertes Restaurant in der Altstadt. Hauptsächlich traditionelle Gerichte mit einigen Innovationen. Zwei Degustationsmenüs; die Weinkarte ist ein echter Schlager – lang, vorwiegend piemontesisch und preislich annehmbar. Montag mittags und sonntags geschlossen.

### CAFES

Zu den besten zählen Baratti an der Piazza Castello, Bar Torino an der Piazza San Carlo und Platti Caffè am Corso Vittorio Emanuele II.

zentrale Stellung ein: für einen raschen Espresso oder Cappuccino, eine kühle Erfrischung, einen Imbiß, ein Stück Kuchen oder eine ruhige Unterhaltung. Viele Cafés sind groß und äußerst elegant. Manche sind für ihren Kaffee so berühmt wie für ihre *pasticceria*, andere für ihre deftigen Imbisse, und wieder andere einfach wegen ihrer Atmosphäre. Am nachhaltigsten aber wirken der Zauber und die Eleganz von Ambiente und Service.

Bei der Piazza della Repubblica gibt es einen zentralen Obst- und Gemüsemarkt, die Porta Palazzo. Betriebsam und voller Leben, bietet sie alles im Überfluß und gehört daher zum Pflichtprogramm der Besucher. Zum Einkaufen geht man aber am besten in die Wohngebiete etwas abseits vom Zentrum, wo es zahlreiche tägliche Märkte im Freien gibt. Die meisten dieser Märkte sind auf den geräumigen Mittelstreifen, die einen Großteil der breiteren Straßen teilen, und bieten so genügend Platz, ohne die Fußgängerwege zu verstopfen. Der Corso Svizzera im Nordwesten gehört beispielsweise dazu. Die Nachfrage ist aber so groß, daß sich auf seiner südlichen Fortsetzung, dem Corso Racconigi, ein weiterer Markt halten kann.

Anders als in den meisten Städten ballen sich hier die Lebensmittelgeschäfte nicht an bestimmten Zentren. Gehen Sie aber eine beliebige Einkaufsstraße entlang, und Sie werden sicher bald an einem Spezialitätengeschäft vorbeikommen, sauber, aufgeräumt und mit einem Schaufenster, das unverkennbar die gestaltungsbewußte italienische Art zeigt. Im Weitergehen stoßen Sie auf den nächsten Laden, und bald schon breitet sich die Angebotspalette einer typischen Einkaufsstraße vor Ihnen aus.

### Sehenswürdigkeiten

Es gibt gewiß keinen Mangel an Sehenswürdigkeiten in Turin. An erster Stelle steht das Ägyptische Museum in der Via Accademia delle Scienze, eine der bedeutendsten

*Zwei der belebtesten Plätze Turins: Die langgezogene, verkehrsreiche Piazza Vittorio Veneto* (oben) *und die elegante, von Säulengängen umrandete Piazza San Carlo* (rechts) *mit den Kirchen Santa Cristina und San Carlo.*

Sammlungen der Welt. Die Akademie beherbergt auch das archäologische Museum und die Gemäldesammlung Galleria Sabauda. Gleich daneben verläuft eine der interessantesten und anregendsten Strecken für einen Stadtspaziergang: vom Hauptbahnhof aus nach Norden entlang der Via Roma und über die Piazza Carlo Felice, die Piazza San Carlo (die schönste von allen) und die Piazza Castello mit dem imposanten Palazzo Madama und weiter zum Königlichen Schloß und seinem reizenden Park. Sehenswert ist auch das Automobilmuseum im südlichen Stadtbereich inmitten repräsentativer, moderner Gebäude am Po. Schließlich ist hier FIAT zu Hause.

Das Wahrzeichen Turins ist die Mole Antonelliana, ein aberwitziger Großbau aus der Mitte des 19. Jahrhunderts mit einer hohen metallenen Turmspitze. Trotz seiner Höhe gerät er jedoch nur selten ins Blickfeld. Ruhig und friedvoll ist der Blick von der Piazza Vittorio Veneto über den Po auf die Kirche Gran Madre di Dio. In den Hügeln dahinter liegt das Kapuzinerkloster des Monte dei Cappuccini und am Fluß etwas weiter nach rechts der Parco del Valentino mit zwei bemerkenswerten Springbrunnen, von denen einer nachts auf besondere Weise beleuchtet wird. Hier im Park befindet sich auch das im Stil der französischen Renaissance erbaute Castello del Valentino und ganz in der Nähe eine ungewöhnliche Nachbildung des mittelalterlichen Viertels aus dem 19. Jahrhundert.

In der gesamten Stadt sind jedoch der Einfluß des Hauses Savoyen, der Stolz auf die Bedeutung Turins in den Einheitsbestrebungen der 60er Jahre des 19. Jahrhunderts und monarchistische Tendenzen deutlich spürbar.

### Abreise aus Turin

Aus Turin herauszufinden ist unkompliziert: Um nach Chieri zu kommen, dem Ausgangspunkt der folgenden Tour, nimmt man die *autostrada* oder die *statale*.

### ENOTECHE

Turin hat nur recht wenige *enoteche* mit Weinbar, aber an die zwei Dutzend Weingeschäfte. Folgende zählen zu den interessantesten:

**Antica Enoteca del Borgo**
*Via Monferrato 4*
Weingeschäft und Bar. Gute Auswahl aus Italien und dem Ausland. Leichter Imbiß. Beliebt wegen seiner Aperitifs.

**Il Vinaio di Vada**
*Via Cibrario 38*
Hervorragende Auswahl. Hauptsächlich aus Piemont (v. a. Barolo); dazu Whisky und Cognac. Kleine Palette von Speisespezialitäten. Interessant ist auch die Sammlung alter Flaschen.

**Casa Del Barolo**
*Via Andrea Doria 7*
Bemüht sich besonders um die Weine kleiner, oft weniger bekannter Erzeuger. Verschickt auch Wein an Ihre Freunde und Verwandten.

**La Petite Cave**
*Corso de Gaspari 2*
Vorzügliches Sortiment. Auch Spirituosen und verführerische Leckereien.

**Gabri 2**
*Corso Raffaello 6*
Gute Auswahl aus Italien und anderswo, u. a. Champagner. Zusätzlich Schnäpse und verlockende Feinkost.

**Bruno Milano**
*Via Artisti 26*
Umfassendes Sortiment aus fast allen Regionen Italiens, dazu Champagner, Whisky usw.

**Ostu**
*Via Cristoforo Colombo 63*
Weinbar/*trattoria*. Gehen Sie hin auf einen Happen und ein Glas oder auf eine Mahlzeit plus eine Flasche. Hervorragende Weinauswahl, von schlicht bis großartig, in ausgelassener Atmosphäre.

**Rabezzana**
*Via San Francesco d'Assisi 23/c*
Neben einer preiswerten, umfassenden Auswahl verkauft die Familie Bebezzana auch Wein von ihrem Gut in San Desiderio d'Asti.

**Refettorio**
*Via dei Mille 23/d*
Weinbar. Wöchentlich 20 offene Weine zur Auswahl, und noch mehr in der Flasche. Imbiß den ganzen Tag über, auch Mittagessen.

**Vicenzo Nebiolo**
*Via Priocca 10*
Behelfsmäßige Weinbar, die gehaltvolle Sandwiches für die Besucher des Marktes an der Porta Palazzo verkauft. Auch eigener offener Wein (sehr billig) sowie eine kleine Auswahl an Flaschen. Sonntags geschlossen.

## FREISA UND MALVASIA

### RESTAURANT

**Trattoria del Freisa**
*Moncucco Torinese*
*Tel. 011/9874765*
Traditionelle, unbeschwerte ländliche Trattoria. Die übliche lange Reihe von *antipasti*, gefolgt von streng klassischer Kost. Gute Auswahl lokaler Weine. Nur abends, außer am Wochenende; dienstags und mittwochs geschlossen.

### FEINKOSTGESCHÄFTE

Hervorragende Angebote in Cocconato. Bava berät hier gerne.

### SEHENSWÜRDIGKEITEN

**Abbazia di Vezzolano** – Ein echtes Juwel nahe Albugnano; kleine, friedliche romanische Kirche in überraschend gutem Zustand, aus der Zeit vor 1095. Bei Tageslicht gewöhnlich geöffnet (außer montags, mittags und wenn der Aufseher verschwunden ist).

Andere romanische Kirchen finden sich verstreut um Asti herum. Erzeuger geben gerne Auskunft über die Gotteshäuser in ihrer Umgebung.

**Castelnuovo Don Bosco** – Dieser kleine Ort auf der Kuppe einer besonders steilen Anhöhe ist einen Besuch wert. Gut erhaltenes und einfühlsam restauriertes Zentrum. Fest verbunden mit dem «neuen» Heiligen des 19. Jhs., Don Giovanni Bosco.

**Colle Don Bosco** – Don Bosco hatte die seinerzeit bahnbrechende Idee, eine Art Jugenddorf für Waisen zu gründen. Seiner Arbeit wird in einem grandiosen Heiligtum, einem Kolleg und einem «Tempel» gedacht.

## FREISA UND MALVASIA

### Die Weine

Das etwas freudlose Städtchen Chieri verleiht dem Freisa di Chieri seinen Namen, einem Wein, der, jedenfalls theoretisch, im Umkreis des Ortes erzeugt wird. Das Gebiet reicht im Westen bis Turin, im Süden bis zur *autostrada* und ähnlich weit nach Norden und Osten. In der Praxis aber wird hier nahezu überhaupt kein Wein produziert: Schon ein flüchtiger Blick verrät, daß dies, mit Ausnahme der Hügel um Turin, kein Weinland ist. Der meiste Freisa kommt tatsächlich weiter östlich aus der Nähe von Castelnuovo Don Bosco und trägt die Herkunftsbezeichnung Freisa d'Asti. Freisa ist ein heller, leichter Wein mit fester Säure, schlankem Körper und einer betörenden, himbeerartigen Fruchtigkeit. Früher wurde er relativ süß ausgebaut, ist heute jedoch eher trocken und meist etwas *frizzante*, obwohl er hin und wieder auch still oder sogar voll schäumend sein kann. Zwar ist dies seine eigentliche Heimat, aber die Reben wachsen verstreut auch in der Provinz Asti sowie im Gebiet um Alba, wo er unter der Bezeichnung Langhe bekannt ist.

Hier ist auch das Gebiet des Malvasia di Castelnuovo Don Bosco, eines weithin berühmten, aber lediglich in sehr geringen Mengen produzierten Weines; es gibt insgesamt nur sieben oder acht Erzeuger, und die meisten von ihnen ziehen Malvasia nur nebenher. Der Malvasia aus der Gegend von Castelnuovo Don Bosco entsteht aus der roten Variante der Traube, und zwar aus einem lokalen Klon namens Malvasia di Schierano. Die Weine sind zum Teil rot, öfter jedoch *rosato* und dabei mehr oder weniger perlend; darüber hinaus süß, zumindest andeutungsweise, stark duftend und von rundem Geschmack. Malvasia wird auch im Gebiet von Casorzo d'Asti angebaut (siehe S. 133).

### Die Weinberge

Diese Tour ist relativ kurz und dauert nur ein paar Stunden, einschließlich einiger Zwischenstopps (siehe die Karte von Asti auf S. 82/83). Sie führt auch durch einen wichtigen Teil des Barbera-Anbaugebiets, der aus anderen Richtungen nicht so bequem zu erreichen ist. Von Chieri nehmen Sie die Straße an Andezeno und Mombello vor-

Rechts: *Ein Hund bei der Suche nach Trüffeln an einem, natürlich geheimen, Fundort.*

Links: *Die romanische Abbazia di Vezzolano.*

Unten: *Frühjahr in den Weingärten bei Castelnuovo Don Bosco.*

bei nach Castelnuovo Don Bosco. Die wenigen Rebparzellen unterwegs sind mit Freisa di Chieri bestockt. Abgesehen vom geschichtlichen und architektonischen Reiz Castelnuovos lohnt sich eine Fahrt hinauf zum alten Zentrum, schon wegen des schönen Blicks über die Weinberge. Verlassen Sie Castelnuovo, und fahren Sie weiter auf der Straße, die Sie hergebracht hat, der Via Monferrato, mit Wegweisern nach Asti. Sie führt durch einige Tunnel und einen dichten Wald (Wald heißt auf italienisch *bosco*). Gleich hinter der Abzweigung nach Passerano verlassen Sie das Gebiet des Malvasia di Castelnuovo Don Bosco, ohne Reben gesehen zu haben. Aber keine Sorge, Sie werden es nachholen.

Fahren Sie weiter in Richtung Asti und nach wenigen Minuten links nach Piovà Massaia. Folgen Sie von Piovà der Beschilderung nach Cocconato. Sie fahren dabei auf einer winzigen Straße, die nur auf den detailliertesten Karten verzeichnet ist. Sie schlängelt sich durch eine sanfte Höhenlandschaft von weich abgerundeten Hügeln, in der Barbera d'Asti (oder del Monferrato) der wichtigste Wein ist, aber auch Freisa d'Asti erzeugt wird. Die anfangs spärlichen Rebstöcke verdichten sich in der Nähe von Cocconato. Sind Sie im Herbst unterwegs, dann können Sie die Freisa-Reben an ihren gelben Blättern erkennen, im Gegensatz zum roten Weinlaub der Barbera-Stöcke.

Die Altstadt des Hügelortes Cocconato mit seinen kopfsteingepflasterten Gassen läßt sich am besten zu Fuß erkunden. Versäumen Sie nicht die herrliche alte Sonnenuhr an der Casa Brina. Von Cocconato führt die Straße hinunter nach Moransengo und zum Weingut Bava. Sie könnten auch durch Weinberge und Wälder in Richtung Turin hinabfahren und unten (beim Schild nach Casalborgone) rechts einbiegen. Nach fünf Minuten geht es dann links nach Albugnano. Hier kommen Sie wieder in den Bereich des Malvasia di Castelnuovo Don Bosco, und die Straße beginnt zu steigen.

Von Albugnano folgen Sie den Schildern zurück nach Castelnuovo Don Bosco, diesmal durch das Herzland der Malvasia-Rebe. In Castelnuovo fahren Sie an Schildern nach Colle Don Bosco vorbei in Richtung Buttigliera.

## REISETIPS

**Laden der Conbipel-Lederfabrik** in Cocconato, Strada Banchieri 1 – Gute, aber spottbillige Lederwaren.

**Das Martini-Museum** in Pessione – Die Weinherstellung und ihre Geschichte. Herrlich dargebotene Ausstellung in 16 thematisch bestimmten Räumen, darunter viele ägyptische, etruskische, griechische und römische Funde in ausgezeichnetem Zustand. Nicht versäumen! Eintritt frei. Geöffnet täglich 9-12 und 14-17 Uhr, außer montags. Gruppen nur mit Voranmeldung (Tel. 011/94191).

## EMPFOHLENE ERZEUGER

**Cascina Gilli**
*Castelnuovo Don Bosco*
*Tel. 011/9876984*
Sitz des Betriebs in einem 200 Jahre alten Gebäude nahe der Abbazia di Vezzolano. Der Besitzer Giovanni Vergnano ist entschlossen, die Qualität im gesamten Gebiet zu verbessern, v. a. mit dem lokalen Klon der Malvasia-Rebe. Sonntags keine Besuche.

**Bava**
*Cocconato, Tel. 0141/907083*
Großer, dynamischer Betrieb, der über 30 verschiedene Weine unter den Namen Bava, Casa Brina und, für Schaumwein, Cocchi und Cocconato erzeugt. Mehrere Stile von Barbera d'Asti, angeführt vom in der Barrique ausgebauten Stradivario. Auch ein wichtiger Erzeuger von Malvasia und Malvaxia, einer *Passito*-Version. Besuche außerhalb der Arbeitszeit nur mit Anmeldung. Gegen Entgelt Degustationen mit Anleitung.

**Martini & Rossi**
*Pessione, Tel. 011/94191*
Derart wichtiges und bekanntes Unternehmen, daß Details fast überflüssig sind. Neben dem berühmten Wermut, wird auch ein nicht unbedeutender Asti spumante und ein trockener Schaumwein von guter Qualität erzeugt. Das Museum ist ein Pflichttermin. Nur mit Anmeldung.

# Alba

Das Weinbaugebiet Alba gibt es als geographische Einheit eigentlich gar nicht, es ist vielmehr eine Art Unterprovinz von Cuneo, ein Rebenreich mit weltberühmten Weinen. Im Norden des Tanaro, der quer durch den gesamten Landstrich fließt, liegt das Roero (bzw. die Roeriberge). Südlich davon erheben sich die Bergketten der Langhe, mit den besten Bereichen des Barbaresco und Barolo nahe am Fluß, und noch einmal weiter südlich ragt die herrliche Alta Langa empor.

In Alba ist die Nebbiolo die Königin der Trauben. Sie wird spät im Jahr geerntet, und oft reifen die Beeren noch, wenn sich schon der erste Nebel (*nebbia*) senkt. Ihre Weine können durch den hohen Tannin- und Säuregehalt hart und adstringierend wirken, aber mit ihrem vielschichtigen Aroma, den Feinheiten ihres Geschmacks sowie ihrer Komplexität und Langlebigkeit gehören sie zu den erlesensten der Welt.

Erstklassige Weine entstehen auch aus Dolcetto und Barbera. Die Dolcetto-Rebe reift früh und ergibt feste, aber schön fruchtige Weine mit weniger Säure als die meisten Roten Piemonts. Sie werden meist recht früh getrunken. Die Rebe ist leicht an ihren rot geäderten Blättern zu erkennen. Den Barbera umgibt dagegen eine wunderbare Säure, die durch seine an Preiselbeeren erinnernde Frucht hervortritt und ihn zum perfekten Begleiter von reichhaltigeren Speisen macht. Seine Rebe reift Mitte der Saison. Weniger verbreitete rote Rebsorten sind Freisa, Grignolino und die seltene Pelaverga, während die weißen von der edlen Arneis angeführt werden, gefolgt von der blumigen Favorita und der allgegenwärtigen Moscato.

In allen Teilen des Gebiets ist die Lage von größter Wichtigkeit. Von den besten Hängen kommen Einzellagenweine, wobei man bestimmte Parzellen davon unter Umständen gesondert vinifiziert.

Links: *Ein Dunstschleier legt sich über die herbstlich gefärbten Weinberge bei Barbaresco.*

Oben: *Paprika auf dem Markt von Alba, das auch für seine Trüffeln bekannt ist.*

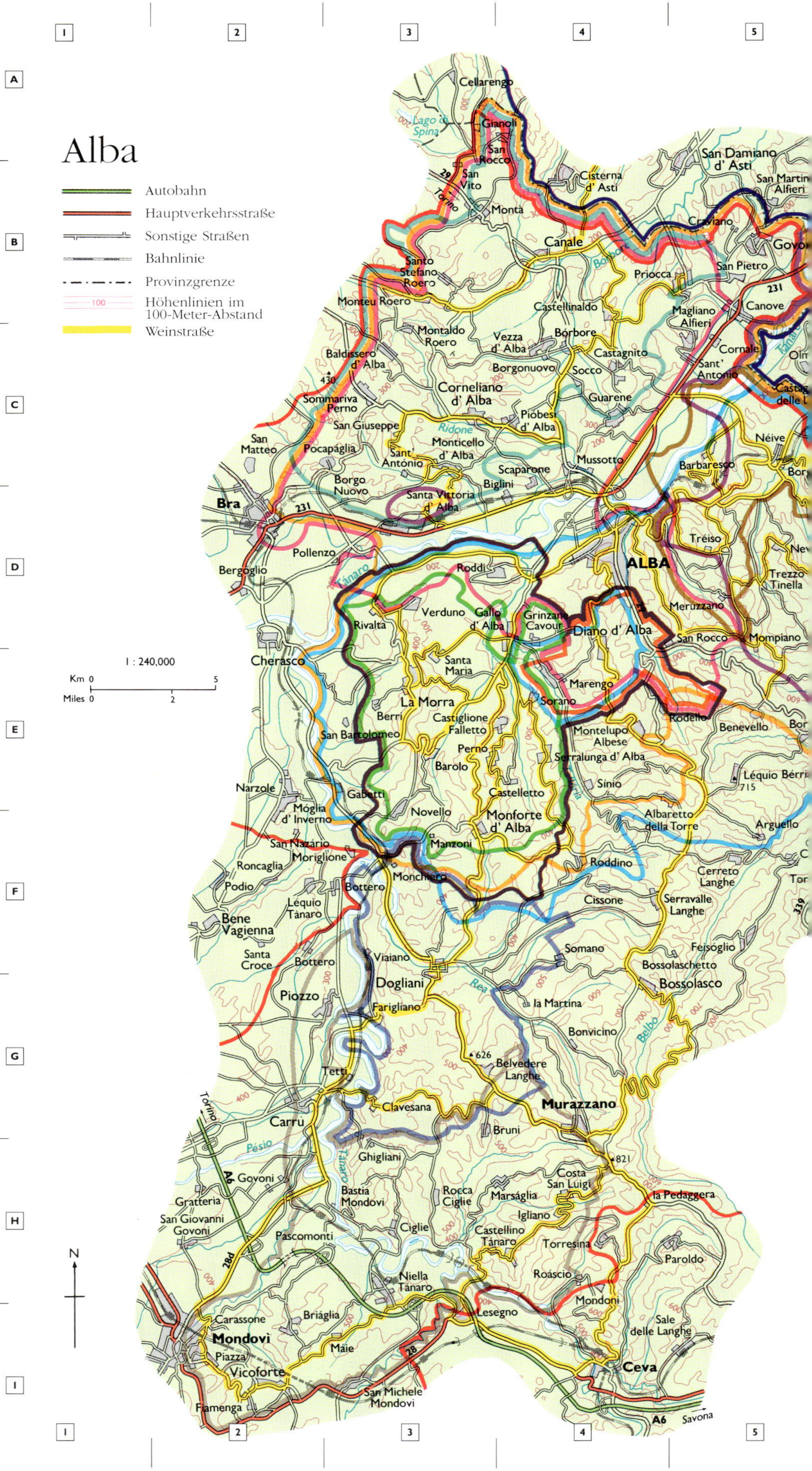
Alba
Autobahn
Hauptverkehrsstraße
Sonstige Straßen
Bahnlinie
Provinzgrenze
Höhenlinien im 100-Meter-Abstand
Weinstraße
1 : 240,000
Km 0 5
Miles 0 2
N
A
B
C
D
E
F
G
H
I
1
2
3
4
5
Cellarengo
Lago di Spina
Gianoli
San Rocco
San Vito
Montà
Cisterna d' Asti
San Damiano d' Asti
San Martino Alfieri
Canale
Craviano
Govone
Santo Stefano Roero
Priocca
San Pietro
Monteu Roero
Castellinaldo
Magliano Alfieri
Canove
Montaldo Roero
Vezza d' Alba
Bórbore
Castagnito
Cornale
Baldissero d' Alba
Borgonuovo
Socco
Sant' Antonio
Corneliano d' Alba
Guarene
Sommariva Perno
San Giuseppe
Ridone
Piobesi d' Alba
San Matteo
Pocapáglia
Monticello d' Alba
Néive
Sant' Antonio
Scaparone
Mussotto
Barbaresco
Borgo Nuovo
Biglini
Bra
Santa Vittoria d' Alba
Tréiso
Pollenzo
Tánaro
Roddi
ALBA
Bergoglio
Trezzo Tinella
Verduno
Gallo d' Alba
Grinzane Cavour
Diano d' Alba
Meruzzano
Rivalta
San Rocco
Mompiano
Cherasco
Santa Maria
Marengo
La Morra
Sorano
Rodello
Berri
Castiglione Falletto
Benevello
San Bartolomeo
Montelupo Albese
Perno
Serralunga d' Alba
Barolo
Léquio Berria
Narzole
Sínio
Castelletto
Gabetti
Móglia d' Inverno
Novello
Albaretto della Torre
Monforte d' Alba
Arguello
San Nazário
Manzoni
Moriglione
Roddino
Roncaglia
Cerreto Langhe
Monchiero
Podio
Bottero
Cissone
Léquio Tánaro
Serravalle Langhe
Bene Vagienna
Somano
Feisóglio
Santa Croce
Bottero
Viaiano
Bossolaschetto
Bossolasco
Dogliani
Rea
Piozzo
la Martina
Farigliano
Bonvicino
Belbo
626
Belvedere Langhe
Tetti
Torino
Clavesana
Murazzano
Carrù
Bruni
Pésio
821
Ghigliani
A6
Costa San Luigi
Govoni
Bastia Mondovì
Rocca Cigliè
Marságlia
la Pedaggera
Gratteria
San Giovanni Govoni
Igliano
Cigliè
Castellino Tánaro
Torresina
Pascomonti
28d
Paroldo
Roáscio
Niella Tánaro
Mondoni
Carassone
Briáglia
Lesegno
Sale delle Langhe
Mondovì
Piazza
Máie
28
Vicoforte
Ceva
San Michele Mondovì
Fiamenga
A6
Savona
231
29
339
715
430

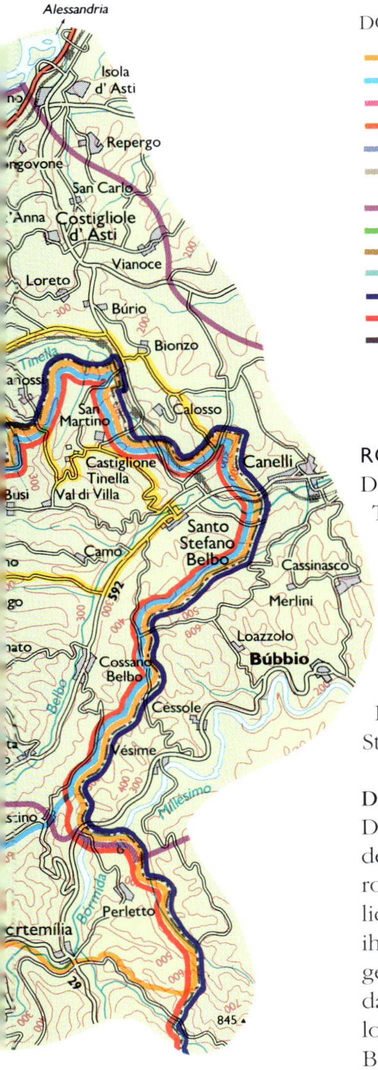


DOC-Grenzen

- Barbera d'Alba
- Dolcetto d'Alba
- Nebbiolo d'Alba
- Dolcetto di Diano d'Alba
- Dolcetto di Dogliano
- Dolcetto delle Langhe Monregalesi
- Moscato d'Asti Spumante
- Barolo
- Barbaresco
- Roero
- Monferrato
- Langhe
- Verduno

## ROERO

Das Roero umfaßt ein kleines Gebiet zwischen dem Tanaro im Süden und Osten, der Provinzgrenze im Norden und einer Linie in etwa zwischen Bra und Cellarengo im Westen. Die *statale* von Turin nach Alba führt geradewegs hindurch, und zu beiden Seiten erheben sich die etwa 300 bis 350 Meter hohen Hügel. Die eher malerischen Hänge sind im Osten, der Westen ist rauher und zerklüfteter. Die vorgeschlagene Route führt von Nord nach Süd durch das Gebiet. Zwei Stunden sollten für die Fahrt genügen.

### Die Weine

Der rote Roero wird aus der wichtigsten Traube von Alba, der Nebbiolo, erzeugt. Er ist leichter und fruchtiger als die roten Nebbiolo von den südlicheren Langhe, hauptsächlich weil die Hügel des Roero nicht so hoch sind und ihr Boden sandiger, aber auch weil er gewöhnlich einen geringen Anteil Arneis enthält. Das Roero ist außerdem das Kernland des Nebbiolo d'Alba (100 Prozent Nebbiolo), der meist gewichtiger als der Roero und zarter als der Barolo ist. Erzeuger, die beide Weine herstellen, keltern ihren Roero in der Regel als jung zu trinkenden Wein, während der Nebbiolo d'Alba meist noch altern soll.

Weißer Arneis wird als Roero Arneis ebenfalls unverschnitten hergestellt. Dieser Wein ist in Piemont recht modisch geworden, nachdem Winzer ihre Freude an der heimischen Traube wiederentdeckten, die – «mit gutem Zureden» – einen feinen trockenen Weißwein mit leichtem Duft und Reifepotential hervorbringt. In den Langhe hat man mit Arneis ebenfalls vielversprechende Ergebnisse erzielt; die meisten sind aber noch immer davon überzeugt, daß er nördlich des Tanaro am besten reift. Die andere wichtige weiße Traube ist die Favorita, die allerdings unterschiedliche Reaktionen hervorruft. Manche mögen ihren leichten, duftenden, süffigen, blumigen Stil; andere finden sie unscheinbar und belanglos.

Das Roero liegt auch zum Teil im Bereich des Barbera d'Alba, und im Süden der Zone umgibt ein kleiner Ausläufer der DOCG Asti das Dorf Santa Vittoria d'Alba.

Oben: *Landschaft bei Canale, der größten Ortschaft des Roero und Sitz seiner bedeutendsten Weinerzeuger.*

Oben: *Die Kirche am Hauptplatz des friedlichen Städtchens Canale.*

Rechts: *Der Aufstieg nach Castellinaldo wird mit einem herrlichen Panoramablick belohnt.*

**ROERO**

RESTAURANTS

**Centro**
*Priocca, Via Umberto 5*
*Tel. 0173/616112*
Ungezwungenes Restaurant, streng regionale Kost einschließlich selteneren Gerichten. Kenntnisreich zusammengestellte Weinkarte. Reelle Preise. Dienstags geschlossen.

**La Cantinetta**
*Castagnito, Via Roma 24*
*Tel. 0173/213388*
Warmes, freundliches Lokal. Gerichte mit leichter Hand zubereitet. Degustationsmenü (sehr preiswert). Große Weinauswahl. Montag abends und dienstags geschlossen.

**La Pergola**
*Vezza d'Alba, Piazza San Carlo 1*
*Loc. Borgonuovo, Tel. 0173/65178*
Kleines Restaurant mit Tischen im Freien; umfassende Auswahl piemontesischer Weine. Angemessene Preise. Montags geschlossen.

**Le Clivie**
*Piobesi d'Alba, Via Canoreto 1*
*Tel. 0173/619261*
In Villa aus dem 19. Jh., elegant, nicht zu kostspielig. Gerichte auf klassischen Grundlagen. Weine hauptsächlich aus Piemont. Auch ein Hotel. Sonntag abends und montags geschlossen.

**Al Castello**
*Sta. Vittoria d'Alba, Via Cagna 4*
*Tel. 0172/478147*
Gerichte auf piemontesisch-ligurischer Grundlage. Weine aus der unmittelbaren und auch der ferneren Umgebung. Tische im Freien. Auch ein Hotel. Mittwochs geschlossen.

**Die Weinberge**

Von Pessione (siehe S. 45 und die Karte von Asti S. 82/83) überqueren Sie die Bahnlinie und fahren südwärts nach Poirino. Folgen Sie von dort der *statale* nach Villanova d'Asti und weiter in Richtung San Damiano. Etwa zehn Minuten nach Villanova biegen Sie bei den Schildern nach Cisterna rechts ab in eine schmale, relativ gerade Straße durch den Wald. Cisterna liegt an der Grenze zwischen Alba und der Provinz Asti. Hinter diesem Dorf, auf dem Weg bergab nach Canale, beginnen links Weinberge, die sich allmählich zu beiden Seiten der Straße ausbreiten.

Nach ungefähr fünf Minuten erreichen Sie Canale, das Zentrum des Roero-Gebiets und sein einziger größerer Ort. Hier sind auch mehrere wichtige Erzeuger zu finden. Folgen Sie gleich am Ortseingang rechts dem Wegweiser nach Carmagnola durch die alte Ortsmitte, und zweigen Sie dann links ab nach Monteu Roero. Dies führt Sie zunächst durch ein Tal mit wunderbaren Ausblicken auf Rebhügel und dann hinauf nach Monteu zu einer eindrucksvollen Burg mit Panoramasicht. Schlängeln Sie sich anschließend wieder hinunter, aber anstatt zurück nach Canale zu fahren, biegen Sie an der ersten Kreuzung links in Richtung Santo Stefano Roero ab. Sie können ganz hinauf bis Santo Stefano fahren – das aber nur wenig bietet, was man nicht auch anderswo findet –, bevor Sie nach Canale zurückkehren.

Verlassen Sie den Ort diesmal in Richtung Asti. Kurz nach dem Ortsausgang fahren Sie dann rechts auf eine

ungeteerte Straße nach Castellinaldo, die sich, von weiteren dichten Rebflächen umgeben, nach oben windet. Castellinaldo besitzt eine herrliche Burg und ist zugleich Ausgangspunkt einer kurzen Rundfahrt durch diesen beschaulicheren östlichen Randbereich. Fahren Sie in Richtung Magliano Alfieri, aber biegen Sie kurz vor der Ortschaft links ab, und kehren Sie über das hinreißende Dorf Priocca zurück nach Castellinaldo. Noch vor dem Anstieg zur Ortsmitte fahren Sie links auf die Via V. Emanuele in Richtung Vezza d'Alba (rechts an der Mauer ausgeschildert) und hinunter zur *statale* zwischen Alba und Canale. Biegen Sie hier links ein, und fahren Sie über Piobesi d'Alba nach Corneliano.

Corneliano d'Alba ist ein langgezogenes, schmales Dorf, das von einem großartigen mittelalterlichen Turm überragt wird und sich gut für eine kurze Pause eignet. Folgen Sie von hier den Schildern nach Bra, und biegen Sie nach einigen Minuten Fahrt links nach Monticello ab. Hier gibt es ebenfalls eine sehenswerte Burg. Anschließend geht es rechts nach Santa Vittoria. Von der Burgmauer hat man eine beeindruckende Sicht über den Tanaro und einen ersten Blick auf die Langhe-Berge auf der anderen Seite. Zurück ins Tanarotal geht es dann entweder auf der steilen Straße in Richtung Alba oder etwas gemächlicher bergab in Richtung Bra. Die zweite Strecke bringt Sie unten im Tal nach einer Abzweigung links in Richtung Alba an dem riesigen Cinzano-Betrieb mit seinem Glasmuseum vorbei.

**Osteria Boccondivino**
*Bra, Via Mendicità Istruita 14*
*Tel. 0172/425674*
Beliebtes, freundliches Lokal. Zentrum der Organisation «Slow Food», also ungeeignet für einen schnellen Imbiß. Riesige Weinkarte. Gibt Weinempfehlungen zu den Gerichten. Sonntags geschlossen.

### SPEZIALITÄTEN

**Gebackener Schinken** – Spezialität von Canale. Verkauf bei Federico Faccenda, Via Roma 113, und Nino Damonte, Piazza Trento e Trieste 75.
**Pfirsichmarkt** – Canale.

### ENOTECHE

**Bottega del Vino**
*Castellinaldo*

**Osteria Murivecchi**
*Bra, Via Piumati 19*
Mit Vorräten aus den Kellern der Winzerfamilie Ascheri bestückt. Einfaches Essen, wie hausgemacht, und über 40 Weine aus Piemont.

### SEHENSWÜRDIGKEITEN

**Historisches Museum für bäuerliches Handwerk und Volkskunst** in Cisterna d'Asti
**Cinzano-Museum**, Tel. 0172/477356 – Neben den Kellern. Faszinierende Sammlung von Glaswaren; ein «Muß». Eintritt kostenlos. Geöffnet täglich 9-12 Uhr, außer dienstags und donnerstags. Gruppen nur mit Anmeldung.

### EMPFOHLENE ERZEUGER

**Malvirà**
*Canale, Loc. Canova, Tel. 0173/95834*
Weingut von mittlerer Größe und hoher Qualität; v. a. Weiße. Roero Arneis von drei verschiedenen Lagen.

**Angelo Negro e Figli**
*Monteu Roero, Fraz. Sta. Anna*
*Tel. 0173/90252*
Hervorragende Lagen, fest überzeugt von der Qualität von Arneis. Besuche nur während der Arbeitszeit.

**Carlo Deltetto**
*Canale, Tel. 0173/979383*
Familienbetrieb mit harmonischen, frischen, attraktiven Weinen; v. a. Weiße. Nur mit Anmeldung.

**Cantine Giacomo Ascheri**
*Bra, Tel. 0172/431008*
Knapp außerhalb des Roero-Gebiets. Großer Familienbetrieb mit Weinen von verschiedenen Lagen in Alba. Sortentypisch, leichter und weicher als die meisten.

**Antiche Cantine F. Cinzano**
*Sta. Vittoria d'Alba, Tel. 0172/477111*
Erzeugt neben Wermut auch Asti und trockene Schaumweine. Anmeldung eine Woche im voraus. Schöne, alte Keller und ein Glasmuseum.

## ALBA

### HOTELS

**Hotel Savona**
*Via Roma 1*
*Tel. 01 73/44 04 40, Fax 01 73/36 43 12*
Zentral gelegen, anständiger Standard, aber nicht außergewöhnlich.

**Motel Alba**
*Corso Asti 5*
*Tel. 01 73/36 32 51, Fax 01 73/36 29 90*
Knapp außerhalb des Zentrums. Überdurchschnittlicher Motelstandard.

### RESTAURANTS

**Osteria dell'Arco**
*Piazza Savona 5, Tel. 01 73/36 39 74*
Albas führendes Lokal. Temperaturgeregelter Ausschank der besten Weine Piemonts. Degustationsmenü zu angemessenem Preis; spezielle Mittagsmenüs für Eilige. Sonntags geschlossen.

**Caffè Umberto Enoclub**
*Piazza Savona 4, Tel. 01 73/44 13 97*
An der Jugend von Alba vorbei, geht es die Treppe hinunter in einen alten Keller. Immense Weinkarte; traditionelles, schmackhaft zubereitetes Essen der Region. Nicht teuer. Montag mittags geschlossen.

**Osteria Italia**
*Fraz. San Rocco Seno d'Elvio 8*
*Tel. 01 73/44 15 47*
Für ein Glas Wein und einen Imbiß oder eine ganze Mahlzeit (preiswert). Jüngeres Publikum. Umfangreiche Weinkarte, v. a. aus der Region. Mittwochs geschlossen.

**Porta San Martino**
*Via Einaudi 5, Tel. 01 73/36 23 35*
Elegant. Lokale Gerichte, anspruchsvoll zubereitet. Gute Weinkarte, meist aus Piemont. Überraschend preisgünstig. Montags geschlossen.

Oben und rechts: *Alba schmückt sich für das Trüffelfest.*

Ganz rechts: *Die unansehnliche Knolle, um die sich alles dreht: die weiße Trüffel.*

## DIE STADT ALBA

Eine bevorstehende Ankunft in der Stadt Alba hat etwas Aufregendes an sich. Die Vorstellung, sich im Produktionszentrum von Piemonts berühmtesten Weinen aufzuhalten, verleiht der Stadt eine Anziehungskraft, die sie fast zum Wallfahrtsort für Weinliebhaber erhebt. Eine Reise durch Piemont, ohne Alba gesehen zu haben, ist geradezu undenkbar. Doch die Realität ist prosaischer. Alba hat zwar einer Unmenge von guten Weinen seinen Namen verliehen, aber es lebt nicht einzig für den Wein. Seinen Wohlstand verdankt es einem wichtigen Textilunternehmen, das mehrere Fabriken in der Stadt besitzt, sowie dem hier ansässigen Schokoladenhersteller Ferrero.

Alba ist eine relativ kleine Stadt, eingepfercht in den schmalen Streifen zwischen dem Fluß Tanaro und den Langhe-Bergen. Bei der Anreise aus dem Gebiet Roero (oder auch Asti) nördlich des Flusses bemerkt man lediglich eine steigende Siedlungsdichte und etwas Industrie, bis man plötzlich den Fluß überquert und sich mitten in der Stadt befindet. Beeindruckender ist die Anfahrt von den Langhe, bei der unten die Türme Albas zum Greifen nah erscheinen.

Die meisten der äußerst gediegenen Geschäfte Albas liegen an einer einzigen schmalen Straße, der Via Vittorio Emanuele II, die von dem Hauptplatz, der Piazza Savona, abgeht. Mehrere Läden verkaufen Wein, und eine größere Anzahl bietet verschiedene, oft kostspielige Leckereien, ganz zu schweigen von Trüffeln und allem, was damit hergestellt wird, wie Öl, Pastete usw. Samstags, wenn

Marktstände die Stadtmitte belegen, entfaltet sich hier ein buntes Leben. Am anderen Ende der Straße ziehen einige der berühmten Türme der Stadt den Blick nach oben. Doch außer ihnen und dem würdevollen Duomo San Lorenzo hat Alba nicht viele Attraktionen zu bieten.

### Trüffeln

Alba ist die Heimat der vielgerühmten weißen Trüffel, des *tartufo bianco*. Diese großartige Knolle ist der schwarzen französischen Variante weit überlegen und zugleich der Mittelpunkt vieler Mythen und blinder Verehrung. Der Höhepunkt der Trüffelsaison ist von Oktober bis Dezember, wenn ein samstäglicher Markt in der Via Vittorio Emanuele II die Straße stundenlang mit seinem berauschenden Aroma belegt. Denken Sie aber daran, daß Alba mehr ein Zentrum des kommerziellen Scheins als des echten Handwerks ist. Viele Trüffelhändler in Alba kaufen ihre Ware auf dem täglichen Markt in Asti. Nicht wenige haben auch keine Bedenken, minderwertige *tartufi bianchi* von außerhalb Piemonts anzubieten.

Es gibt bis jetzt noch keine zuverlässige Anbaumethoden für die weiße Trüffel. *Tartufi bianchi* wachsen zwischen den Wurzeln von Waldbäumen, meist Eichen und Pappeln, und werden von speziell darauf abgerichteten Hunden aufgespürt. Selbst unter den Piemontesern wissen nur wenige genau, wo sie zu finden sind. Die jeweiligen Fundorte sind ein streng gehütetes Geheimnis, und die Sammler brechen bereits bei Tagesanbruch auf, um unbemerkt zu den besten Stellen zu gelangen.

Die weiße Trüffel ist ein knorriges, mißgestaltetes Gebilde mit einem stechenden Geruch. Daher werden *tartufi* nicht gekocht, sondern über die Speisen geraspelt. Probieren Sie den Pilz wenn möglich mit *risotto* oder Rührei, Gerichte, die das Aroma aufnehmen und unterstreichen. Trüffeln werden nach Gewicht verkauft, und die Preise sind monströs. Schon geringe Mengen, über ein Gericht verteilt, können dessen Preis mehr als verdoppeln. Je frischer die Knolle, desto besser, da ihr Aroma mit der Zeit verfliegt. Wer eine mit nach Hause nehmen möchte, verpackt sie am besten in ungekochtem Reis.

#### SPEZIALITÄTEN

**Weiße Trüffeln** – Siehe Haupttext. Führende Geschäfte sind: Tartufi Ponzio, Via Vittorio Emanuele 26; Tartufi Morra, Piazza Pertinace 2. Beide verkaufen auch Trüffelprodukte.
**Torrone** – Leckere Nougatsubstanz mit gerösteten Haselnüssen.
**Nutella** – Kaum die Hohe Schule der Gastronomie, dennoch in ganz Italien beliebt. Von Ferrero in Alba.

#### ENOTECHE

Zwei empfehlenswerte Weinstuben sind:
**Fuori Orario**, Corso Torino 4 und **Osteria Lalibera** Via Pertinace 24/a.
**Enoteca Fracchia e Berchialla**
*Via Vernazza 9*
Bezauberndstes Weingeschäft in Alba. Kühle Probierzimmer im Keller.

#### VERANSTALTUNGEN

**Trüffelfest** – Oktober.
**Weinfest** – Ostern.
**Eselrennen** – Oktober. Parodie der ernsteren Veranstaltung in Asti (siehe S. 80). Verspottet die Belagerung Albas im 13. Jh. (durch Asti).

#### EMPFOHLENE ERZEUGER

**Pio Cesare**
*Tel. 01 73/44 03 86*
Früher eines der traditionellsten Güter der Langhe, heute führt ein frischer Wind zu Veränderungen. Empfängt nur ernsthaft an Wein Interessierte. Nur mit Anmeldung.
**Ceretto**
*Tel. 01 73/28 25 82*
Hoch angesehene, stilvolle Tropfen, modern, elegant. Die großen Weine stammen von Einzellagen. Nur mit Anmeldung; Besuche nur wochentags während der Arbeitszeit.
**Alfredo Prunotto**
*Tel. 01 73/28 00 17*
Allmähliche Veränderung bei den sortentypischen Weinen. Neuer Besitzer ist der toskanische Winzergigant Antinori. Nur mit Anmeldung.
**Poderi Colla**
*Tel. 01 73/29 01 48*
Drei zusammengelegte Güter in San Rocco Seno d'Elvio. Auch ein kleines Museum. Tendenz zu organischem Anbau in Lagen mit viel Sonneneinstrahlung; sorgfältige Reberziehung, niedrige Erträge, ausgewachsene ältere Reben. Nur mit Anmeldung.
**Mauro Sebaste**
*Tel. 01 73/26 21 48*
Junges Gut. Trauben aus verschiedenen Zonen von Barolo (Rote) und Roero (Weiße), vinifiziert in modernen Kellern, nicht weit von Gallo d'Alba.

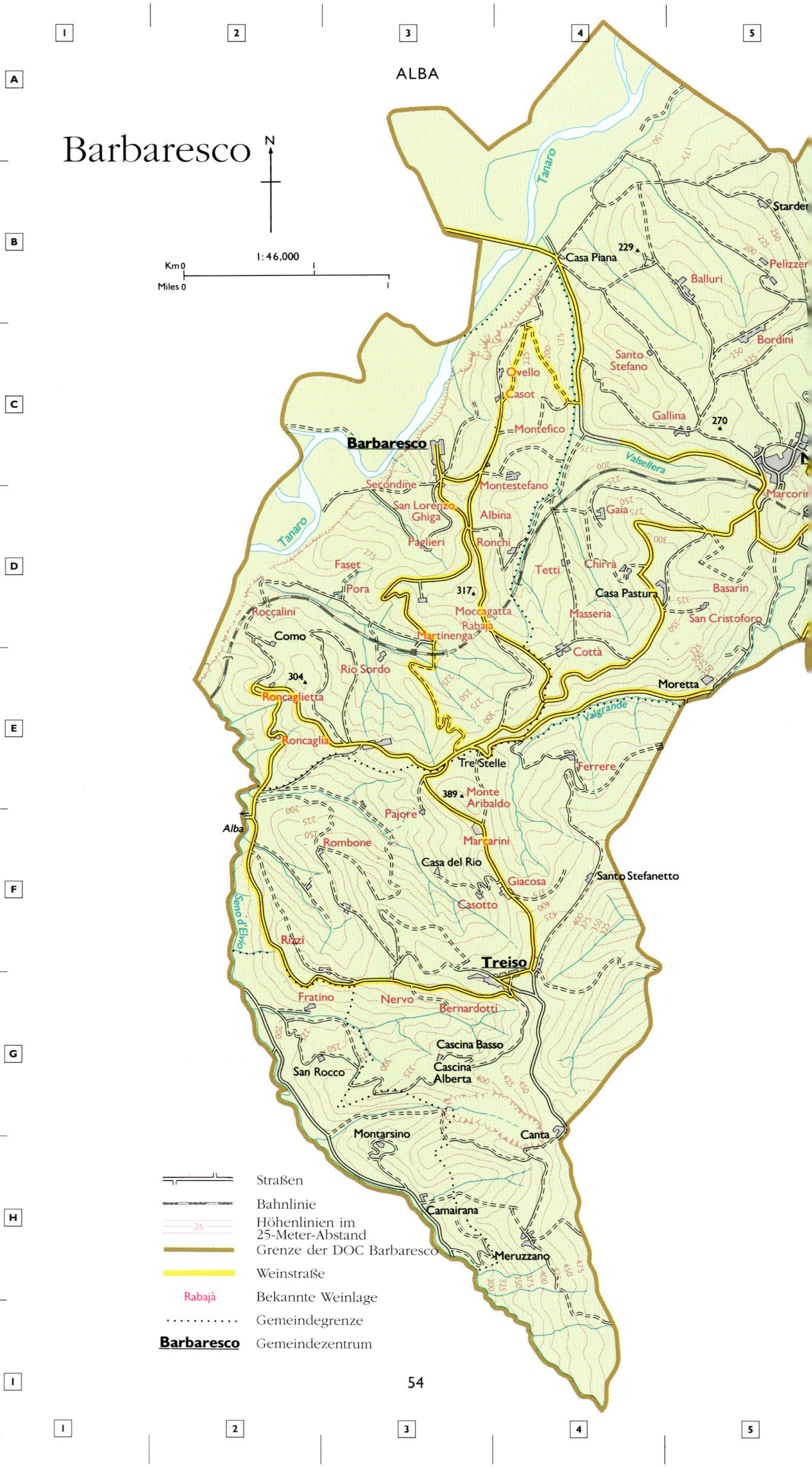
Barbaresco
N
1:46,000
Km 0
1
Miles 0
1
ALBA
Tanaro
Casa Piana
229
Starderi
Pelizzer
Balluri
Bordini
Santo Stefano
Gallina
270
Ovello
Casot
Montefico
Barbaresco
Valsellera
Marcorino
Secondine
Montestefano
San Lorenzo
Ghiga
Albina
Gaia
Paglieri
Ronchi
Faset
Tetti
Chirrà
Pora
317
Casa Pastura
Basarin
Roccalini
Moccagatta
Rabajà
Masseria
San Cristoforo
Martinenga
Como
Cottà
Rio Sordo
304
Moretta
Roncaglietta
Valgrande
Roncaglia
Ferrere
Tre Stelle
389
Monte Aribaldo
Pajorè
Alba
Rombone
Marcarini
Casa del Rio
Santo Stefanetto
Giacosa
Seno d'Elvio
Casotto
Rizzi
Treiso
Fratino
Nervo
Bernardotti
Cascina Basso
San Rocco
Cascina Alberta
Montarsino
Canta
Camairana
Meruzzano
Straßen
Bahnlinie
Höhenlinien im 25-Meter-Abstand
Grenze der DOC Barbaresco
Weinstraße
Rabajà
Bekannte Weinlage
Gemeindegrenze
Barbaresco
Gemeindezentrum

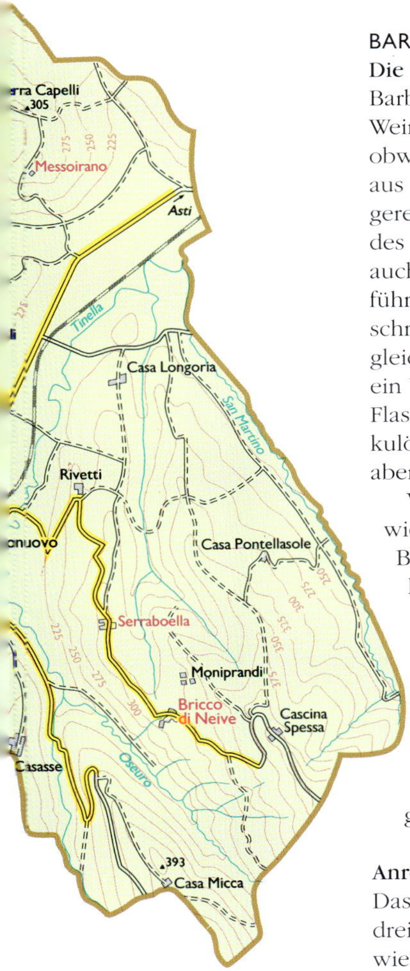


## BARBARESCO

### Die Weine

Barbaresco-Erzeuger müssen es wohl leid sein, daß ihr Wein ständig als Anhängsel des Barolo betrachtet wird, obwohl er keineswegs zweitklassig ist. Die ausschließlich aus Nebbiolo erzeugten Weine stammen von den niedrigeren Hängen; sie reifen also früher, wozu auch die Nähe des Tanarotals beiträgt. Der Kalk-Mergel-Boden enthält auch mehr Ton, was jedoch nicht zu minderer Qualität führen muß. Für den Barbaresco gilt zwar eine vorgeschriebene Faßlagerung von nur einem Jahr – im Vergleich zu zwei Jahren für den Barolo –, aber dies ist eher ein Vorteil, da die Erzeuger den Wein damit länger in der Flasche altern können. Die Weine sind oft weniger muskulös und aggressiv als ihr bekannter Verwandter, was sie aber durch erhöhte Feinheit und Finesse ausgleichen.

Von Barbaresco wird nur ein Drittel so viel erzeugt wie vom Barolo, wobei viele Barolo-Produzenten auch Barbaresco keltern. Beim Barbaresco ist aber die Qualität auf jeden Fall konstanter, und es gibt sicher weniger schwache Winzer.

Die Nebbiolo ist hier, wie überall in Alba, nicht die einzige Rebe. Es gibt größere Flächen von Dolcetto und Barbera, etwas Moscato (hauptsächlich in der Gemeinde Neive) und auch einige «internationale» Sorten. Reben, die nicht zur Erzeugung von Barbaresco verwendet werden, fließen in ein geringes Quantum Langhe Nebbiolo.

### Anreise

Das Anbaugebiet des Barbaresco verteilt sich über die drei Gemeinden Neive, Treiso und Barbaresco selbst, sowie einen kleinen Streifen direkt im Westen von Treiso, der durch das Flüßchen Seno d'Elvio begrenzt wird. Alle diese Bereiche sind nur einen Steinwurf von Alba entfernt. Zahllose Schilder zeigen hier unübersehbar den Weg zu den verschiedenen Barolo-Gemeinden, aber auf Neive, Treiso und Barbaresco gibt es kaum einen Hinweis. Um dennoch hinzufinden, beginnen Sie am besten an der großen Kreuzung bei der Piazza Savona in Alba. Nehmen Sie hier die Straße, auf der Sie diesen Platz und das Hinweisschild zum Hotel Savona direkt hinter sich

Rechts: *Das eindrucksvolle Gut Martinenga inmitten seiner Weinberge in einem der schönsten Gebiete von Barbaresco.*

Oben: *Blick über die Dächer des idyllischen, kleinen Weinorts Barbaresco.*

**BARBARESCO**

RESTAURANTS

**Osteria dell'Unione**
*Treiso, Via Alba 1*
*Tel. 01 73/638303*
Gemütliches, herzliches und beliebtes Lokal, trotz (oder wegen?) selten wechselnder Speisekarte. Einfache Zutaten von hoher Qualität, hervorragend zubereitet. Ergänzt durch exzellente Weinkarte. Angemessene Preise. Tische im Freien. Sonntag abends bis dienstags geschlossen.

**Il Tornavento**
*Treiso, Piazza Baracco 7*
*Tel. 01 73/638333*
Beschwingtes, modernes Restaurant in renoviertem altem Gebäude. Leichte, unprätentiöse lokale Küche. Breite Auswahl an Weinen der Umgebung mit einigen von außerhalb. Terrasse mit Blick auf Weingärten. Reelle Preise. Dienstags geschlossen.

**Rabajà**
*Barbaresco, Via Rabajà 9*
*Tel. 01 73/635223*
Bekanntes, hochgeschätztes Restaurant mit schmackhaften, traditionellen Gerichten und persönlicher Note. Gute Auswahl an meist piemontesischen Weinen. Tische im Freien. Preise angemessen. Donnerstags geschlossen.

**Antica Torre**
*Barbaresco, Via Torino 8*
*Tel. 01 73/635170*
*Trattoria* in Familienbetrieb, die man mehr wegen des Essens, des Weins und der Gastfreundlichkeit aufsucht als wegen der Einrichtung. Einheimische Gerichte, einige Klassiker, auch einige ausgefallenere (z. T. Vorbestellung nötig). Ausschließlich lokale Weine, überwiegend Barbaresco. Mittwochs geschlossen.

lassen. Es dauert nicht lange, bis Sie zu einem weiteren, länglichen Platz und in einen etwas verwahrlosten Teil der Stadt kommen. Kurz danach gelangen Sie zu einer größeren Kreuzung mit Kreisverkehr. An der ersten Ausfahrt aus dem Kreisel, finden Sie dann doch, teilweise verdeckt, einen kleinen Wegweiser zu den Gemeinden des Barbaresco-Gebiets.

Sie überqueren einen kleinen Fluß, dann eine Eisenbahn und sehen schließlich Weinberge (die noch nicht zum Gebiet des Barbaresco gehören). Nach zwei oder drei Minuten auf dieser Straße, die in den Kurven einige bezaubernde Ausblicke bietet, nehmen Sie die ausgeschilderte rechte Abzweigung nach Treiso.

Von der Straße zwischen Asti und Alba gibt es jedoch auch eine einfachere, direktere Route nach Barbaresco, die klar ausgeschildert ist. Aus Asti kommend, ist es die zweite Abfahrt (links) nach Neive, an der Ampel bei dem großen Lebensmittelgeschäft Langa e Roero. Wenn Sie diesen Weg nehmen, beginnt die Route im Dorf Barbaresco. In diesem Fall folgen Sie der Strecke von dort aus durch die Gemeindegebiete von Barbaresco und Neive und biegen dann von der Straße zurück nach Alba ab, um durch die Gemeinde Treiso zu kommen.

### Treiso

In der Gemeinde Treiso sind einige der höchstgelegenen Weingärten des Barbaresco zu finden, und so beginnt die Straße zum Dorf auch rasch nach oben in die Berge anzusteigen. Nach einigen Minuten macht sie eine langgezogene, sanfte Linksbiegung entlang der Lage Rizzi. Kurz danach kommen Sie rechts an dem unglaublich steilen Hang des Nervo vorbei, und links liegt der eindrucksvolle Bricco di Treiso, hoch und steil, mit einem Haus auf der Kuppe. Weitere ein oder zwei Minuten Fahrt bringen Sie nach Treiso. Von hier aus geht es in Richtung Norden, den Schildern nach Alba/Neive folgend, bergab und durch das Herz der Gemeinde Treiso, wo sich links die steilen, geraden Hänge ihrer besten Lagen ausbreiten. Die erste ist Giacosa, unterhalb der ersten größeren Biegung nach links, dann folgt der langgestreckte Marcarino. Casotto liegt darunter, bleibt aber verborgen, bis die Straße noch einmal in weitem Bogen nach links schwenkt und man zurückblickend den Hügel erkennen kann. Als nächstes kommt Pajorè, steil und gut sichtbar, die berühmteste Lage der Gemeinde. Pajorè endet an der scharfen Biegung nach rechts, wo es dann nach Alba und Neive geht.

### Barbaresco

Während Sie auf diese Kreuzung zufahren, kommen Sie ins Gemeindegebiet von Barbaresco und am Ortsteil Tre Stelle vorbei. Folgen Sie den Schildern nach Barbaresco. Links unten liegt die nur wenig bekannte Lage Trifolera. Gleich darauf biegen Sie links ab in die Straße zum Dorf Barbaresco. Auf der linken Seite verläuft hier in sanfterem

Gelände der langgezogene Südwesthang der Lage Rabajà und weit unterhalb davon die kleinere Lage Martinenga.

Der Höhenrücken, auf dem diese beiden Weinberge liegen, ist eine von zwei Hügelketten, deren Ausläufer nordwestlich zum Tanarotal hin abfallen. Nach einem kleinen Einschnitt folgt die zweite, weiter nördlich gelegene Kette und zu beiden Seiten der Straße der Weinberg Moccagatta. Gleich danach teilt sich die Straße, und Schilder weisen in beiden Richtungen zum Dorf Barbaresco. Nehmen Sie die rechte Gabelung. Diese führt in das nördlichste Weinbaugebiet von Barbaresco, mit festeren, stärker rot gefärbten und tonhaltigeren Böden. Zwischen der Gabelung und der nächsten Kreuzung sehen Sie rechts die steile, aber gut geschützte Lage Montestefano. Wer jetzt schon unbedingt das Dorf Barbaresco besuchen will, kann hier die Abzweigung scharf nach links nehmen. Es empfiehlt sich aber, zunächst noch etwas geradeaus zu fahren, um die beiden kurz aufeinander folgenden Lagen Montefico (rechts) und Ovello (auf beiden Seiten) zu sehen. Letztere liegt an einer scharf nach rechts führenden Kurve, die nach Neive ausgeschildert ist. Dies sind die nördlichsten Einzellagen der Gemeinde, und hier ist auch das Ende der Tour für diejenigen, die sie in Barbaresco begonnen haben. Wer von Treiso gekommen ist, kann nun umdrehen und an der Kreuzung die Abzweigung nach rechts ins Dorf Barbaresco nehmen.

Barbaresco ist ein winziges, wohlgepflegtes Dorf, das von seinem lokalen Wahrzeichen, einem wuchtigen, quadratischen Turm beherrscht wird, der von der Straße von Asti nach Alba deutlich sichtbar ist. Wenige Schritte davon entfernt liegt eine Enoteca Regionale mit einer kleinen, schön sortierten Weinsammlung (montags geschlossen).

**Contea di Neive**
*Neive, Piazza Cocito 8*
*Tel. 01 73/67 I 26*
Bestes Lokal des Gebiets. Schon die Erwähnung weckt den Appetit. Frisches Gemüse aus eigenem Garten. Hervorragende Käseauswahl, aber Fleisch kommt nicht zu kurz. Umfangreiche Weinkarte; die gleiche wie in der Enoteca della Contea gegenüber, die demselben Eigentümerpaar gehört. Niveauvolle Einrichtung mit passendem Service. Teuer, aber die Ausgabe wert; erschwinglicheres Festpreismenü für knappere Kassen. Tische im Freien. Geschlossen Sonntag abends und montags außer im Herbst.

ENOTECHE

Siehe Haupttext.

EMPFOHLENE ERZEUGER

Praktisch alle Güter erzeugen auch Dolcetto d'Alba und Barbera d'Alba, manchmal als Einzellagenwein und manchmal, im Fall des Barbera, teilweise oder ganz in Barriques. Viele machen daneben noch andere Weine.

TREISO
**Fiorenza Nada**
*Tel. 0173/638254*
Führendes Gut, das schnelle und bedeutende Verbesserungen bei Rebanbau und Weinerzeugung zeigt. Konzentration auf einfachen Barbaresco. Besuche täglich, jedoch nur nachmittags.

Oben: *Die Dorfkirche von Treiso. Hier liegen einige der höchsten und steilsten Hänge des Barbaresco.*

Links: *In den Hügeln des Weinbaugebiets Langhe beginnt allmählich der Herbst.*

**Orlando Abrigo**
*Tel. 01 73/63 02 32*
Kleines Gut, das ehrliche Weine mit Duft, aber nicht ohne Struktur erzeugt. Experimentiert freimütig mit neuen Techniken und Trauben. Barbaresco (Pajorè, Rongallo, Sorano). Nur mit Anmeldung. Agriturismo.

**Pelissero**
*Tel. 01 73/63 81 36*
Eines von Treisos vielversprechendsten Gütern; Familienbetrieb. Guter Barbaresco Vanotu. Nur mit Anmeldung. Macht Vorschläge zu örtlichen Restaurants, Hotels und Agriturismo-Apartments.

**Eredi Lodali**
*Tel. 01 73/63 81 09*
Kleineres Gut mit uralten Kellern, traditionellen Vorstellungen und Respekt vor Qualität. Barbaresco von der Einzellage Rocche dei 7 Fratelli. Bietet auch Proben von lokalen Käsesorten.

**Villa Ile**
*Tel. 01 73/36 23 33*
Gut organisiertes kleines Gut mit herrlich gelegenen Weingärten. Elegante Weine mit dichter Struktur. Erzeugt auch Marmeladen, Gemüsekonserven usw. Arrangiert Wanderungen, Mountain-Bike-Touren u. ä. Proben gegen Entgelt.

Verlassen Sie die Ortschaft auf der Straße direkt rechts neben der Kirche, und bleiben Sie an der ersten Gabelung auf dieser (höherliegenden) Trasse. Sie führt an den Weinbergen Ghiga (unmittelbar rechts darunter) und Secondine vorbei. Innerhalb von Secondine liegt der Sorì San Lorenzo (im Besitz von Gaja). Kurz vor der nächsten Kreuzung (wer in Treiso losgefahren ist, wird hier bereits vorbeigekommen sein) sehen Sie rechts eine Zubringerstraße, die Sie zu einem ganzen Ensemble von Weinbergen bringt. Biegen Sie hier ein, und fahren Sie hinab in eine der schönsten Landschaften, die Alba zu bieten hat. Die Straße ist schmal und voller enger Kurven. Sie schlängelt sich weit hinunter zu der einspurigen Bahnlinie und anschließend wieder nach oben durch die renommiertesten und am dichtesten bepflanzten Rebflächen von Barbaresco. Verschiedene Fahrwege zweigen von der Straße ab, die meist mit Lagennamen, wie etwa Via Rabajà, ausgeschildert sind.

Im ersten Teil der Abwärtsfahrt kommen Sie rechts an dem steilen, nach Südwesten zeigenden Weinberg Paglieri und links an Moccagatta vorbei. (Aus Treiso kommend, sehen Sie Moccagatta nun zum zweiten Mal aus der Nähe.) Die nächste bedeutende Lage ist Asili (links), und rechts, kurz bevor die Straße einen Bogen nach links schlägt, sehen Sie Faset, eine der besten Lagen von Barbaresco auf einem nach Süden gewandten, muschelförmigen Hügel, und Pora gleich darunter. Dort wo Pora und Asili zusammentreffen, sind die links liegenden Weinberge von den niedrigen Gebäuden des Gutes Tenute

Links: *Ordentlich angelegte, üppig bewachsene Barbaresco-Hänge unterhalb des Dorfes Neive.*

Ganz links: *Lage und Sonneneinstrahlung sind entscheidend für die Entwicklung der Reben – im Vordergrund leuchten bereits die Herbstfarben, während an den gegenüberliegenden Hängen die Weingärten noch grün sind.*

Cisa Asinari der Marchesi di Gresy unterbrochen. Die winzige Lage Gaiun ist die letzte Rebpflanzung nahe der linken Seite der Straße, bevor diese wieder nach rechts schwenkt. Oberhalb von Gaiun liegt Martinenga, danach folgt, bis zur Kuppe des Hügels und auf der anderen Seite der Gutsgebäude wieder hinunter, Rabajà. Zwischen diese beiden zwängt sich der kleine Weinberg Camp Gros.

Die Straße macht nun eine scharfe Rechtskurve über die Bahnlinie, beginnt dann wieder anzusteigen und eröffnet einen herrlichen Ausblick über diesen gesamten, weit ausholenden Bogen von Rebflächen. Nach einer scharfen Wende nach links steigt sie noch steiler an und trifft nach einiger Zeit auf den langgezogenen Hügelrücken der Lage Rio Sordo (rechts), der schon beim Aufstieg sichtbar wird. Fahren Sie neben dem Weinberg fast im Zickzack weiter, bis Sie bei Tre Stelle auf die Straße von Alba nach Neive treffen. Biegen Sie hier links ein und dann sofort wieder rechts (ausgeschildert ist Mango). Dies bringt Sie nach einigen Minuten zwischen dem südlichen Rand der Gemeinde Barbaresco und dem nördlichen von Treiso in die Gemeinde Neive.

## Neive

Die Böden sind in Neive sandiger und die Barbaresco-Weine die kernigsten, gewichtigsten und kräftigsten überhaupt. Obwohl Neive die größte der drei Gemeinden ist und die meisten Winzer hat, wird hier weniger als ein Drittel aller Barbaresco-Weine erzeugt, dafür aber viel Dolcetto und Barbera.

BARBARESCO

**Ca' Romé**
*Tel. 01 73/63 51 26*
Die Keller wurden kürzlich vergrößert und umgebaut. Erzeugt nur Barbaresco und Barolo (von Serralunga), streng traditionell und von guten Jahrgängen. Besuche ausschließlich während der Arbeitszeit. Nur mit Anmeldung. Proben gegen Entgelt.

**Cascina Luisin di Luigi Minuto**
*Tel. 01 73/63 51 54*
Freundliches Gut mit immer besser werdenden Weinen. Südwesthänge mit Nebbiolo (andere sind nach Osten und Westen ausgerichtet). Organischer Anbau. Einfacher Barbaresco und Barbaresco Rabajà.

**Giuseppe Cortese**
*Tel. 01 73/63 51 31*
Traditionell ausgerichtetes, renommiertes kleines Gut in der Via Rabajà. Erzeugt Barbaresco Rabajà.

**Gaja**
*Tel. 01 73/63 51 58*
Die Bemühungen von Angelo Gaja steigerten Prestige und Preise des Barbaresco. Ein unorthodoxer Winzer, dessen Weine durch Kraft, Langlebigkeit und verführerische Geschmeidigkeit bestechen. Baute erstmals Barbaresco in Barriques aus und ersetzte eine Nebbiolo-Pflanzung durch Cabernet Sauvignon. Erzeugt Barbaresco von drei exzellenten Einzellagen (Sorì Tildin, Sorì San Lorenzo, Costa Russi) und einfachen Barbaresco; außerdem Barolo Sperss, Barbera Sitorey, Nebbiolo Sito Moresco, Darmagi, Chardonnay Gaia & Rey und Chardonnay Rossj-Bass. Keller im Zentrum von Barbaresco, gegenüber der Burg, die jetzt Gaja gehört. Wegen Bauarbeiten bis mindestens Ende 1997 keine Besuchsmöglichkeit. Danach Dienstag bis Freitag jeweils vormittags nur mit Anmeldung. Proben müssen extra vereinbart werden.

**Carlo Giacosa**
*Tel. 01 73/63 51 16*
Kleines Weingut mit guten Lagen und sorgfältiger Produktion. Barbaresco Montefico (traditionell) und Narin (aus Barriques).

**Produttori del Barbaresco**
*Tel. 01 73/63 51 39*
Überraschend gute Genossenschaft mit 60 Mitgliedern und 100 ha Land, vieles davon in den besten Lagen von Barbaresco. Mustergültige, sortentypische, geschmackvolle Weine mit hervorragender Persönlichkeit. Große Auswahl von guten Lagen, darunter Moccagatta, Montestefano, Rabajà, Rio Sordo, Ovello. Zentral gelegene Keller. Nur mit Anmeldung.

**Albino Rocca**
*Tel. 01 73/63 51 45*
Kleines, qualitätsbewußtes Gut mit zuverlässig guten Weinen. Keller in der Via Rabajà 15. Barbaresco Brich Ronchi (aus Barriques) und Loreto. Proben gegen Entgelt, außer bei Weinkauf.

**Tenute Cisa Asinari**
*Tel. 01 73/63 52 22*
Äußerst individuelle Weine, leicht, anmutig und hoch anerkannt. Barbaresco von den Lagen Gaiun (aus Barriques), Camp Gros und Martinenga. Nur mit Anmeldung. Besuche wochentags bis 16 Uhr. Große Gruppen zahlen für Proben.

NEIVE

**Cantina del Glicine**
*Tel. 01 73/67 21 5*
Sorgfältig und mit Verständnis für die Jahrgangseigenschaften erzeugte Weine. In den Kalktuffhügel gehauene Keller des 17. Jhs. Barbaresco von den Lagen Curà, Marcorino und Rio Sordo. Nur mit Anmeldung.

Die Straße von Tre Stelle schlängelt sich zunächst durch kleine Wälder und Obstpflanzungen und kommt nach zwei Kreuzungen an den Lagen Basarin und San Cristoforo vorbei. Biegen Sie an der Kreuzung nach Mango rechts ab. Nun fahren Sie den Serraboella-Hügelrücken entlang und dann weiter bis zur zweiten Haarnadelkurve, an der Sie einen herrlichen Blick auf den Sorì Paitin haben, der den nach Südosten ausgerichteten Hügelbogen füllt. Bei der Rückfahrt geht es direkt zum Dorf Neive und dann über den Fluß Tinella. Bald treffen Sie auf die linker Hand parallel verlaufende Bahnlinie. Kurz darauf macht die Straße eine Rechtskurve und überquert wieder die Tinella. Nach einer Anzahl weiterer scharfer Kurven verläuft sie geradeaus in Richtung Südost, man blickt hinab auf Serraboella, mit der Lage Sorì Paitin an der südlichen Ecke und dem Bricco di Neive. Ein Uhrturm markiert das Ende dieses Höhenrückens.

Auf dem Rückweg biegen Sie nach Überquerung der Tinella rechts ab (Richtung Asti), fahren über die Bahnlinie, durch den stärker bebauten Teil von Neive, und nach ein paar Minuten auf dieser Straße drehen Sie an der (ausgeschilderten) Provinzgrenze um. Rechts liegt nun eine Reihe von nach Südosten zeigenden Hügelausläufern, die hauptsächlich mit anderen Rebsorten als Nebbiolo bepflanzt sind: zuerst Montebertotto, dann Messoirano und Pelisseri.

Das moderne und ästhetisch wenig anregende Zentrum von Neive kommt allzu schnell wieder in den Blick. Neive besitzt jedoch auch eine Altstadt, die sehr viel mehr

Oben: *Speisen, Wein und Kultur – ausgeschildert in einer Seitenstraße von Neive.*

Rechts: *Mühselig wird ein altes Faß innen vom Weinstein befreit.*

zu bieten hat. Folgen Sie der Straße in einem weiten Bogen entlang einer Mauer, über der die Lage Marcarino liegt. Biegen Sie dann rechts ab, und fahren Sie steil hinauf in die Altstadt. Richten Sie sich darauf ein, etwas außerhalb zu parken.

Nach dem Abstieg aus Neive fahren Sie weiter auf der Straße nach Alba, an der Sie etwas oberhalb den steilen, langen und schmalen Weinberg Gallina sehen. Gegenüber der nächsten Kreuzung, an der es links nach Barbaresco geht (die Straße auf der Sie herkamen, falls Sie die Tour dort begonnen haben), liegt der Weinberg Santo Stefano, auf den man einen besseren Blick hat, wenn man die kurze Strecke bis zur Gemeindegrenze weiterfährt und dann umkehrt.

Der letzte Höhenrücken liegt an der Straße von Neive nach Treiso. Diese führt zurück in Richtung Westen durch die dichtesten Nebbiolo-Pflanzungen und an beinahe der Hälfte seiner wichtigen Lagen vorbei. Die Straße macht eine Kurve nach rechts, dann links, dann wieder rechts, und schließlich erscheint links eine Senke mit Weingärten. Quer darüber und zum Teil von Bäumen verdeckt, breitet sich die Lage Valtorta aus, und auf einer Anhöhe dahinter Pastura. Gleich danach wendet sich die Straße scharf nach links. Hier beginnt sie, in einem langen Bogen dem Fuß einer rechts verlaufenden, hufeisenförmigen Hügelkette zu folgen. Die wichtigsten Hänge sind nur mühsam zu erkennen, aber unterhalb der Bergkämme zeigen sich mehrere nach Süden gerichtete Weingärten: Gaia, Chirrà und Cottà ganz oben, Masseria und Tetti weiter hinten. Am Ende dieses Hufeisens treffen Sie dann auf die Straße nach Barbaresco.

**Barbaresco (westlicher Rand)**

Folgen Sie nun einfach der Straße nach Treiso/Alba. Hinter Tre Stelle beginnt sie bergab zum Tanaro zu führen und durchquert eine letzte Gruppe von Weinbergen. Jenseits der ersten Abzweigung nach Treiso sehen Sie zum zweiten Mal den Rio Sordo, jetzt aber auf der rechten Seite. Einige Kurven weiter breitet sich links Roncaglia quer über den Hang bis nach unten aus. Die Straße schwenkt nach rechts, und dann besetzt Roncaglietta den Hang, ebenfalls am Hügel zur Linken. Gleichzeitig fällt rechts die nach Südwesten zeigende Lage Sorì Tildin des Weinguts Gaja steil zur Straße hinab. Hier ist nicht weit entfernt eine scharfe Kurve zu sehen sowie hinter und unterhalb der Kurve auch Costa Russi, die andere Südwestlage von Gaja. Die Biegung umschließt den Weinberg Roncaglietta, der nach der Kurve von unten gesehen noch beeindruckender wirkt. Gleiches gilt für Roncaglia, der nächsten großen Rebfläche, die ebenfalls den gesamten Hang zwischen den zwei Straßenabschnitten belegt. Fast unmittelbar danach erscheint die zweite Abzweigung nach Treiso. Alba, der Zielpunkt der Tour, ist jetzt nur wenige Minuten entfernt.

Oben: *Gediegen speisen im Freien – La Contea di Neive, das beste Restaurant im Barbaresco-Gebiet.*

**Castello di Neive**
*Tel. 01 73/67171 oder 67 72 26*
Großes Gut mit sorgfältig bereiteten klassischen Weinen schönen Stils, an erster Stelle Barbaresco Santo Stefano. Auch einer der besten Arneis aus den Langhe. Alte Keller.

**F.lli Cigliuti**
*Tel. 01 73/67 71 85*
Kleines Gut in Familienbetrieb. Erlesene und kraftvolle, langlebige Weine von sehr hoher Qualität. Barbaresco Serraboella.

**Gastaldi**
*Tel. 01 73/67 74 00*
Exzellente Weine. Erzeugt trotz des Standorts keinen Barbaresco. Statt dessen zählt der Dolcetto d'Alba Moriolo zu den besten der Region. Nur mit Anmeldung.

**Bruno Giacosa**
*Tel. 01 73/67 027*
Führender Betrieb von Neive. Früher Zukauf von Trauben aus den besten Lagen. Besitzt heute selbst 9 ha in Barolo (Serralunga). Giacosas Kenntnis der Lagen bleibt aber unübertroffen. Für sein Alter unglaublich energiegeladen, macht Bruno Giacosa noch immer vorbildliche Weine, v. a. Barbaresco Santo Stefano. Nur mit Anmeldung.

**Paitin di Pasquero Elia**
*Tel. 01 73/67 343*
Kleineres, lange etabliertes Gut, dem seit der Vereinigung Italiens die Spitzenlage Sorì Paitin gehört. Unterirdische Keller aus dem 15. Jh., aber Arbeitskellerei moderner. Experimentiert zur Zeit mit guten Nebbiolo-Klonen und neuen Rebsorten.

**Sottimano**
*Tel. 01 73/63 51 86*
Kleines Gut mit Reben auch in Treiso. Flaggschiff ist Barbaresco Brichet.

## BAROLO

### Die Weine

Für Uneingeweihte ist Barolo schlicht ein robuster, adstringierender Nebbiolo-Wein aus der Gegend von Alba, der langsam altert – ein Quell schier endloser Freude. Tatsächlich ist er aber weit mehr, und ein bestimmter Barolo kann sich von einem anderen beträchtlich unterscheiden. Die Unterschiede beruhen zum Teil auf verschiedenen Grundanschauungen der Weinbereitung. Ein Thema, das in den 80er Jahren für hitzige Diskussionen sorgte, war zum Beispiel die Praxis einiger Winzer, die Mazeration der Traubenschalen zu verkürzen, um einen helleren, fruchtigeren Wein zu gewinnen, der allerdings an Struktur einbüßte. Heute ist es mehr der Einsatz von Barriques, der die Erzeuger trennt. Außerdem setzen manche auf die Komplexität von Verschnitten, während die meisten die Individualität reinsortiger Weine vorziehen.

Unabhängig davon spielt natürlich die unterschiedliche Bodenbeschaffenheit eine ganz entscheidende Rolle. Der Anbaubereich ist teilweise durch den Bach Talloria dell'Annunziata, der durch das Tal zwischen Alba und dem Dorf Barolo fließt, in zwei Zonen getrennt. Hier erhebt sich zu beiden Seiten eine Reihe mehr oder weniger paralleler Höhenrücken, die zusammen eine Art Hufeisenform bilden. Im Westen besteht der Boden aus bläulichgrauem, kalkhaltigem Mergel mit hohem Ton-, Magnesium- und Mangangehalt; die Mergelformationen im Osten dagegen enthalten mehr Sand, Kalk, Eisen, Phosphor und Kalium. Die westlicheren Böden um die Gemeinden La Morra und Barolo begünstigen Weine mit viel Aroma, Finesse und einer schnelleren Entwicklung, die östlichen Erzeugnisse (Serralunga und Monforte) zeichnen sich durch Körper, Struktur, Gewicht und Langlebigkeit aus. Dazwischen bewegen sich die Weine aus Castiglione Falletto (östliches Zentrum).

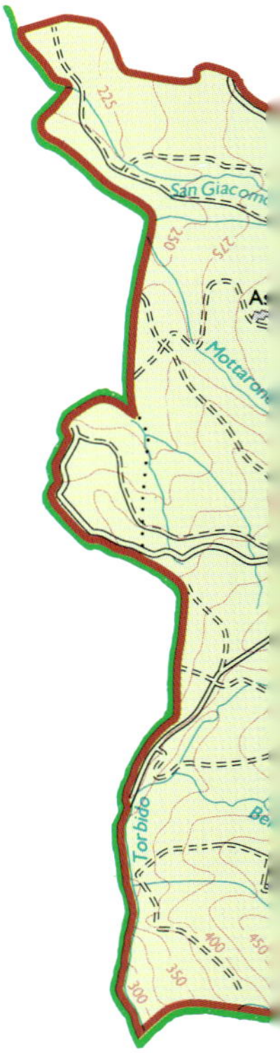

Links: *In La Morra werden Pfirsichbäume gespritzt; der Wein steht hier an erster Stelle, ist aber keineswegs das einzige Produkt der Landwirtschaft.*

# Barolo

- Straßen
- Höhenlinien im 25-Meter-Abstand
- Grenze der DOC Barolo
- Grenze der DOC Verduno
- Briccolina — Bekannte Weinlage
- Weinstraße
- Gemeindegrenze
- **Barolo** — Gemeindezentrum

BAROLO
Monvigliero
Casa Breri
Verduno
Olmo
Plaustra
Ciocchino
Braide
Bettolotti
Castagni
Soprani
466
Serra dei Turchi
Santa Maria
Casa San Biagio
Bric San Biagio
Plicotti
Roggeri
La Bettola
Porretto
Rocchettevino
271
Gattera
Monfalletto
Pozzo
La Morra
Rocchette
Rocche di La Morra
Annunziata
Talloria dell' Annunziata
Parusso
Fornace
537
Torriglione
Montanello
Croera
Fontanazza
Pelorosso
Boschis
La Serra
Brunate
Bricco Punta
Codana
265
Bricco Fiasco
Zonchetta
Bergeisa
Monprivato
Ca' Nere
Cerequio
Castiglione Falletto
Rocche di Castiglione
507
Fossati
Monghisolfo
Vigna Merenda
Cannubi Boschis
Pugnane
Villero
Pira
Bricco Rocche
Fontanin
Sarmassa
Cannubi
Mariondino
Perno
San Pietro
San Lorenzo
La Villa
Cannubi Muscatel
Castello della Volta
Castellero
Bussia Sottana
Vergne
Barolo
Casa Disa
414
Pezzole
Bricco Bussia
Le Coste
Costa di Rose
Bussia
Bussia Soprana
Santo Stefano
Bergera
Pianderie
Monrobiolo
Gabutti
Pressenda
Ciocchini
Dardi
San Grato
Gremolere
Castelletto Monforte
Ravera Sottana
Pianpolvere Soprano
Piane di Barolo
Corini
Ravera Soprana
415
Arnulfo
Grassi
Fantini
Gavarini
Casa Corsini
Ginestra
Panirole
510
Sant' Eligio
545
Mosconi
Novello
Sori del Castello
Le Coste
436
Monforte d' Alba
Santo Stefano
Manzoni
Manzoni
Mondovi
Ornate
Alba
257
Giacco
Gallo d' Alba
Farinetti
Castello di Grinzane
Grinzane Cavour
Talloria
Gallaretto
Talloria di Castiglione
Fontanafredda
325
Bruni
Sorano
Tezzo
San Rocco
Ceretta
Baudana
Meriame
Parafada
La Delizia
Gabutti
Lazzarito
Grignore
Ceratti
Marenca-Rivette
Serralunga d' Alba
Vigna Rionda
Collareto
Briccolina
Falletto
Ornato
Bosco Areto
450
Francia
Arione
N
1:54,000
Km 0 1 2
Miles 0 1

## BAROLO

### HOTELS

**Brezza/Hotel Barolo**
*Barolo, Via Lomondo 2*
*Tel. und Fax 01 73/5 63 54*
Renoviert, bequem, günstig gelegen; Familienbetrieb. Beherbergt das recht gepflegte Restaurant Brezza. Die unermüdliche Familie Brezza erzeugt auch Wein.

**Le Torri**
*Castiglione Falletto, Piazza V Veneto 1*
*Tel. und Fax 01 73/6 29 21*
Zentrales Hotel. Neu, nur wenige Zimmer, schlicht und traditionell möbliert, aber mit modernen Annehmlichkeiten. Die meisten Zimmer mit Kochgelegenheit.

### RESTAURANTS

**La Crota**
*Roddi, Piazza Principe Amedeo 1*
*Tel. 01 73/61 51 87*
Ruhiges Restaurant. Karte auch mit traditionellen, heute seltenen Gerichten. Guter Service. Kleine regionale Weinkarte. Tische im Freien. Montag abends und dienstags geschlossen.

**Gogabigoga**
*Roddi, Piazza Caduta in Guerra 1*
*Tel. 01 73/61 54 54*
Preiswertes, unterhaltsames Lokal. Gutes, kräftiges Essen. Gute Weine, einige auch offen. Nur abends; dienstags geschlossen.

**Albergo Real Castello**
*Verduno, Via Umberto 1 9*
*Tel. 01 72/47 01 25*
Nicht billig. Regionale Gerichte. Hervorragende Käseauswahl,

### Die Weinberge

In der bergigen Landschaft des Barolo-Gebiets hat man immer wieder einen herrlichen Panoramablick über die Täler, und viele Dörfer haben einen als *belvedere* gekennzeichneten Aussichtspunkt. Die besten Weingärten liegen auf einer Höhe von 300 bis 400 Metern. Insgesamt ein Landstrich für ambitionierte Fahrradfahrer und Wanderer, für motorisierte Reisende etwas umständlich; Abstecher auf gut Glück bringen meist nicht viel, die Spitzenlagen sind kaum beschildert.

Die Tour führt nacheinander durch die Weingärten im Westen und Osten und endet schließlich am zentralöstlichen Höhenrücken. Verlassen Sie Alba auf der Straße nach Gallo und Barolo, und folgen Sie der Beschilderung nach Roddi. Der wohlhabende kleine Ort, über den sich eine massive, stattliche Burg erhebt, ist einen kurzen Besuch wert. Anschließend fahren Sie nach Verduno; es gibt eine Straße, die direkt dorthin führt und klar als «Strada Roddi-Verduno» gekennzeichnet ist, auch wenn sie auf den meisten Karten fehlt.

### Verduno

Verduno ist die am weitesten im Nordwesten gelegene Gemeinde von Barolo, von der nur der südliche Rand innerhalb des Gebietes liegt. Sie ist aber das Zentrum der Weinbauzone Verduno Pelaverga (auch einfach Verduno genannt), in der Weine aus der roten Pelaverga-Traube erzeugt werden. Die Straße Roddi-Verduno bringt Sie rasch hinauf zu den Rebflächen. Der erste große Weinberg rechts ist Monvigliero, der wichtigste in Verduno. Nach etwa der Hälfte der Strecke kommen Sie an den winzigen Lagen Massara (links) und Pisapolla (gegenüber) vorbei. Die Straße macht dann einen Rechtsbogen um eine Mauer, hinter der sich das Dorf Verduno verbirgt. Unterhalb davon liegt Riva, eine weitere gute Lage. Das Dorf Verduno, ein recht hübscher kleiner Ort, hat einen markanten Aussichtspunkt, von dem man auf Riva und über das gesamte Tal blickt. Nehmen Sie von dort am besten die Straße nach La Morra.

### La Morra

La Morra ist die Gemeinde im Barolo-Gebiet mit der höchsten Produktion. Sie umfaßt eine große Anzahl wichtiger Lagen, die hauptsächlich in ihrem südlichen Bereich, auf dem muschelförmigen Hügelbogen zwischen der Ortschaft selbst und dem Dorf Barolo, liegen. Folgen Sie jedoch zunächst der Straße von Verduno bis hinauf auf die Kuppe des Hügels, auf der La Morra thront, um den Ort zu sehen und vor allem um zum Aussichtspunkt an der Piazza Castello zu kommen. Durchqueren Sie als nächstes auf der Straße nach Santa Maria (Richtung Alba) die nördlicheren Weinberge der Gemeinde. Nach den Serpentinen auf dem Weg hinunter und der Abzweigung nach Annunziata (in die Sie nicht abbiegen) verläuft die Straße ein kurzes Stück geradeaus, um dann bergab scharf nach rechts und gleich wieder nach links zu schwenken. Hier sehen Sie rechts die Lage Roggeri. Capallotti (links) schmiegt sich an die nächste Rechtsbiegung, gefolgt vom Bricco Chiesa (rechts), der die Straße auf beiden Seiten vor und hinter der scharfen Kurve nach rechts umschließt. Fahren Sie an der *frazione* Santa Maria vorbei, und kurz danach sehen Sie etwas abseits der Straße die langgezogenen Südhänge des Weinbergs Rive.

gute Nachspeisen. Weinkarte hauptsächlich piemontesisch. Tische im Freien; im Winter geschlossen.

**Belvedere**
*La Morra, Piazza Castello 2*
*Tel. 01 73/5 01 90*
Ein Höhepunkt in Barolo. La Morras schönster Panoramablick (Tische im Freien). Sättigende, schmackhafte typische Gerichte. Breite Weinauswahl. Preise im mittleren Bereich, aber angemessen. Sonntag abends und montags geschlossen.

**Locanda del Borgo Antico**
*Barolo, Piazza del Municipio 2*
*Tel. 01 73/5 63 55*
Nehmen Sie das Degustationsmenü, und kosten Sie offene Weine oder einen der über 100 Barolo – es wird Ihren Reiseetat nicht sprengen. Das Essen ist auch gut und preislich ebenso angemessen wie die Weine. Mittwochs geschlossen.

**Del Castello**
*Grinzane Cavour, Tel. 01 73/26 21 59*
Eine weitere Burg, aber eine der besten (siehe Haupttext). Geräumig, elegant, schöner Ausblick. Klassische Kost, umfangreiche Weinkarte, hauptsächlich lokal. Recht kostspielig. Montags geschlossen.

**La Salinera**
*Grinzane Cavour, Via IV Novembre 18*
*Tel. 01 73/26 21 38*
Restaurant, *enoteca*, Bar, Delikatessengeschäft. Speisekarte wird aufgesagt. Mittagstisch schnell und einfach, Abendessen in entspannter Atmosphäre. Tische im Freien. Montag abends und dienstags geschlossen.

Oben: *Weintanks aus rostfreiem Stahl in den Kellern des angesehenen Produzenten Renato Ratti.*

Links: *Reben umgeben das Städtchen La Morra.*

Ganz links: *Dolcetto-Lese bei La Morra. Die Dolcetto-Traube reift bis zu einem Monat früher als Nebbiolo und wird meist in den weniger guten Lagen um Barolo angepflanzt.*

**Antica Trattoria del Castello**
*Serralunga, Fraz. Baudana 63/a*
*Tel. 01 73/61 33 75*
Lebhaftes, geschäftiges Lokal mit allen Klassikern; Zubereitung nicht schlechter als anderswo. Bekanntere Weine empfehlenswert. Mittleres Preisniveau. Mittwoch abends geschlossen.
**Italia**
*Serralunga, Piazza M Cappellano 3/a*
*Tel. 01 73/61 31 24*
Klassische *trattoria* im alten Stil; Essen gut und reichlich. Besitzer hat Reben auf dem Weinberg Vigna Rionda, also wählen Sie den Hauswein. Billig.
**Il Giardino da Felicin**
*Monforte, Via Vallada 18*
*Tel. 01 73/7 82 25*
Barolos erste Adresse. Nichts Exotisches. Nur beste lokale Zutaten für die traditionellen Gerichte. Qualität, Geschmack und spielerische Zubereitung lassen Sie aber wie neu kreiert erscheinen. Gute Weinkarte, außerordentlich reell. Tische im Freien. Auch Fremdenzimmer. Sonntag abends und montags geschlossen.
**Della Posta**
*Monforte, Piazza XX Settembre 9*
*Tel. 01 73/7 81 20*
Alteingesessene, früher etwas schlichte *trattoria*, heute recht chic. Gute Auswahl regionaler Weine. Mittleres Preisniveau. Sehr beliebt. Donnerstags geschlossen.

FEINKOSTGESCHÄFTE

**Panetteria Corino**
*Verduno, Via V Emanuele 16*
Echte piemontesische *grissini* und lokale *sfoglia di Verduno.*
**Fava**
*Verduno, Via Umberto I 34*
Probieren Sie die *salame al Pelaverga.*
**Panetteria Soncin**
*La Morra, Via Roma 4*
Unwiderstehliche Haselnußtorte und *Lamorresi al Barolo.*

Und für ähnliche Leckereien:

**Cogno**
*Via Vittorio Emanuele 18*
**La Contrada**
*Serralunga, Via Roma 48*
Spezialitäten (einschl. Wein) und Originalphotographien der Langhe.
**Antica Dispensa Bricco Bastia**
*Monforte, Via Bava Beccaris 3*
Herrliche, appetitanregende Delikatessen. Gehobener Imbiß.
**Costantino Rocca**
*Monforte, Piazza Umberto 20*
Honig, Käse usw.. Auch lokale Weine und *grappe.*

ENOTECHE

**Cantina Comunale di La Morra**
*Via Carlo*
Weine vom Ort; Proben und Verkauf. Montags und dienstags geschlossen.

Hier verlassen Sie kurz die Gemeinde auf der Straße zurück nach Gallo und wenden sich dann rechts in Richtung Süden nach Barolo. Kehren Sie etwa zwei Kilometer weiter an der Abzweigung nach Annunziata wieder nach La Morra zurück. Oberhalb der Straße liegt der lange, schmale Weingarten Gancia Luciani. Anschließend folgt ein Bogen um einen schönen, muschelförmigen Weinberg, Conca Marcenasco, der auch als Conca dell'Annunziata bekannt ist, und dann schlängelt sich die kurvenreiche Straße durch das kleine Dorf Annunziata. Hier ist eine ehemalige Abtei des 15. Jahrhunderts der Blickfang. Heute beherbergt sie das Museum des Weingutes Renato Ratti mit einer herrlichen und anregenden Sammlung zur Geschichte des Weinbaus in Alba im allgemeinen und des Barolo im besonderen. Der Weg, der hier den Namen Via Antica Annunziata trägt, schmiegt sich an den großen, hochgeschätzten Weinberg Rocche (links), macht einen Bogen hinauf durch den Weiler Pozzo und vereinigt sich schließlich wieder mit der Straße zwischen La Morra und Gallo. Fahren Sie wieder hinab, um zur Gemeinde Barolo abzubiegen.

Während die Straße um das kleine Dorf Croera herumführt, kommt sie links zum «Goldenen Dreieck» von La Morra, einer halbkreisförmigen Kette von Südhängen. Der erste ist La Serra, unter dem sich fächerförmig im Uhrzeigersinn Brunate, Cerequio und Ca' Nere ausbreiten, und noch einmal darunter Sarmassa und Zonchetta (die jedoch beide zur Gemeinde Barolo gehören). Neben La Serra liegt Fossati, der über Ca' Nere thront. Die Lagen Brunate und Cerequio haben unter Weinkennern einen fast magischen Klang. Die Weine aus diesen Edelparzellen sind die Zierde eines jeden gepflegten Weinkellers.

Links: *Bescheidener Geräteschuppen zwischen den Reben für den grandiosen Barolo.*

Unten links: *Die reizende Kirche San Donato im Dorf Barolo.*

Unten: *Weinlese auf der Tenuta La Volta vor der Burg La Volta.*

Barolo

An diesem Punkt kommen Sie in die Gemeinde Barolo, in der die Südspitze von Fossati und jeweils ein kleiner Teil von Brunate, Cerequio und Zonchetta liegen sowie die gesamte Fläche von Sarmassa. Sie umfaßt auch noch viele weitere erstrangige Lagen, darunter Cannubi, die renommierteste von allen. Die Straße zum Dorf kommt am örtlichen Wahrzeichen Castello della Volta vorbei und gewährt im letzten Abschnitt der Talfahrt atemberaubende Blicke auf das faszinierende Schloß von Barolo. Barolo lebt von und für den Wein. Das Schloß beherbergt die Enoteca Regionale und ein kleines Museum. Zahlreiche Gebäude im Dorf sind Weinkeller, und die meisten seiner Bewohner sind in der einen oder anderen Weise mit Wein befaßt. Die Schaufenster der Geschäfte hat man als Flaschenvitrinen dekoriert, und auch die Restaurants preisen ihr Sortiment der Öffentlichkeit an.

**Alberto 2VinBar**
*La Morra, Via Roma 46*
Weinbar. Auch Verkauf, regionale Delikatessen.

**Enoteca Regionale Barolo**
Siehe Haupttext.

**Enoteca Regionale Grinzane Cavour**
Siehe Haupttext.

**Bottega del Vino**
*Serralunga*
Nur an Sommerwochenenden.

**All'Infernòt del Castel**
*Serralunga, Via Roma 2*
Laden mit einigen faszinierenden Delikatessen.

**Infernòt**
*Monforte, Via Palestro 2*
Gutes Weingeschäft, auch Delikatessen.

Rechts: *Die Keller von Fontanafredda spiegeln deutlich die Größe und Bedeutung des Guts.*

Unten: *Statue auf dem Gelände ebendieses unter Weinfreunden bekannten Guts.*

EMPFOHLENE ERZEUGER

Zahlreiche Güter erzeugen auch Dolcetto d'Alba und Barbera d'Alba, manchmal als Einzellagenwein und manchmal, im Fall des Barbera, teilweise oder ganz in Barriques. Viele von ihnen sind Spitzengüter. Fast alle produzieren auch Langhe Nebbiolo und verschiedene andere Weine.

VERDUNO

**Bel Colle**

*Tel. 0172/470196*

Größtes Gut von Verduno. V. a. Barolo Monvigliero und Verduno Pelaverga. Besuche nur während der Arbeitszeit und mit Anmeldung.

**F.lli Alessandria**

*Tel. 0172/470113*

Kleineres Gut in herrlichem Gebäude aus dem 18. Jh. mit original unterirdischen Kellern neben der Burg. Barolo vom Südhang des Monvigliero.

LA MORRA

**Aurelio Settimo**

*Tel. 0173/50803, Fax 0173/509318*

Winziges Gut in Annunziata. Gute Weine in klassischem Stil. Barolo Rocche und einfacher Barolo. Nur mit Anmeldung, möglichst per Fax. Weinbergführungen.

Fahren Sie nun auf der Via Alba, der Straße rechts gegenüber den Kellern des Gutes Borgogno, aus dem Dorf heraus und in nordwestlicher Richtung zurück durch das Herz der Gemeinde. Diese Hauptverbindung zwischen Alba und Barolo durchquert die Ebene und kommt dabei an mehreren Weingütern vorbei. Sie bietet herrliche Ausblicke (links) auf den großen Südosthang des Cannubi. Hier treffen die Bodenformationen des Westens und Ostens zusammen, so daß die Weine des Cannubi Eleganz und Kraft mit Duft und Struktur vereinen. Die Straße folgt dem Weinberg über seine gesamte Länge von über einem Kilometer. Der Teil, der dem Dorf am nächsten liegt, ist als Muscatel bekannt, der nächste Abschnitt in seinem unteren Bereich heißt Valletta, oben dann San Lorenzo. Nach einem halben Kilometer kommt der eigentliche Cannubi und gleich dahinter, nach einem kleinen Einschnitt, in der die Hügel direkt nach Osten zeigen, Boschis (auch Monghisolfo genannt). Hinter Boschis neigt sich der Hügel und geht in die Ebene über, und Sie erreichen die Grenze der Gemeinde Barolo.

### Grinzane Cavour

Als Weinproduzent ist die Gemeinde Grinzane Cavour eher unbedeutend. Es gibt hier nur wenige beachtenswerte Güter und lediglich einen wichtigen Weingarten. Sie besitzt aber eine außerordentliche Burg, einen turmbewehrten Koloß aus dem 14. Jahrhundert mit einem Rundblick, bei dem im Süden auch die einzig wesentliche Lage mit dem passenden Namen Castello zu sehen ist. Eine Tür in der Burg mit der Aufschrift «avanti» (herein!) führt in die Enoteca Regionale, die mit ihrer großen Weinauswahl eine der besten der Region ist. Daneben gibt es auch noch ein teures Burgrestaurant, das Speisen der gehobenen Klasse serviert.

Fahren Sie von Barolo auf der alten Straße in Richtung Alba bis nach Gallo d'Alba, einem betriebsamen, aber etwas verwahrlosten Ort, in dem beinahe sofort ein Schild rechts nach Grinzane Cavour weist.

**Serralunga**

Die Gemeinde Serralunga erstreckt sich über ein langes, schmales Gebiet von Norden nach Süden. Hier findet man den größten Weinbaubetrieb von Barolo, Fontanafredda, sowie zahlreiche kleine Weinbauern, die ihre Trauben verkaufen. Von Grinzane Cavour aus fahren Sie zurück nach Gallo und biegen an der T-Kreuzung links ein. Kaum eine Minute später zeigt eine Linksabzweigung (mit Schild nach Serralunga) den Anfang der Gemeinde an. Der erste Weinberg (links) ist San Pietro. Darauf folgen die Rebpflanzungen Gallaretto, Bianca, Gattinera und La Rosa. Sie alle gehören dem Gut Fontanafredda, dessen Gebäudekomplex gleich unterhalb von Gattinera auftaucht.

Fahren Sie danach weiter nach Serralunga. Die Straße führt bergauf und eröffnet rechts Ausblicke auf das nahe Castiglione Falletto. Unmittelbar nach einer doppelten Haarnadelkurve breitet sich nach rechts der Weinberg Costabella aus, und nur wenige Minuten später kommt die Straße durch die *frazione* Borgata. Rechts unterhalb davon, aber von der Straße aus nicht einsehbar, liegt der erstrangige, nach Süden ausgerichtete Weinberg Sorì Baudana, später kommt noch die Lage Prapò in Sicht.

**Batasiolo**
*Tel. 01 73/5 01 30*
Großes, wichtiges Gut mit Rebflächen im gesamten Gebiet; etliche Barolo-Spitzenlagen. Neuer Berater, dadurch reichere und rundere Weine.

**Ciabot Berton**
*Tel. 01 73/5 02 17*
Kleines Gut mit Rebpflanzungen im richtigen Alter: z. B. auf dem Bricco San Biagio, guter Südhang. Elegante, leichtere, ausgewogene Weine.

**Corino**
*Tel. 01 73/5 02 19*
Gepflegte Weine mit komplexem Aroma und Klasse sowie genug Ausgewogenheit, um jung getrunken zu werden, doch mit großem Reifepotential. Barolo (Rocche, Giachini).

**Dosio**
*Tel. 01 73/5 06 77*
Hoch gelegenes Gut (Loc. Serradenari). Leichte aber feste Weine. Barolo Fossati und einfacher Barolo. Verschiedene Jahrgangsbestände aus den 60er, 70er und 80er Jahren.

Unten: *Das makellos gepflegte Gut Fontanafredda mit den für die Region typischen gestreiften Gebäuden.*

Oben: *Erste Frühjahrsboten vor den steilen Hängen in Serralunga.*

**Cascina Nuova di Elio Altare**
*Tel. 01 73/5 08 35*
Altare, früher herausragender «Modernist», erzeugt heute beeindruckende Weine, fein, komplex, mit guter Frucht und geschmeidig, aber ohne Mangel an Konzentration oder Rückgrat. Barolo am besten vom Vigneto Alborina, aber Vigna Alborina ist in Barriques ausgebauter Nebbiolo von außerhalb des Barolo-Gebiets. Anmeldung erforderlich.
**F.lli Oddero**
*Tel. 01 73/5 06 18*
Altes, angestammtes Gut in Familienbesitz. Groß, mit fast 50 ha Rebfläche in und um Barolo. Traditionelle, aber leichtgewichtige Weine, die zum vollen Glanz gute Jahrgänge benötigen. Beste Lagen Rionda und Mondoca di Bussia Soprana. Proben gegen Entgelt; Besichtigung der Weingärten.
**Gianfranco Bovio**
*Tel. 01 73/5 01 90*
Kleines Gut mit «Weinjuwelen», v. a. Barolo Vigna Arborina.
**Gianni Voerzio**
*Tel. 01 73/5 09 1 94*
Mittleres bis kleines Gut mit eleganten, harmonischen Weinen. Keller nahe Zentrum von La Morra. Barolo La Serra. Nur mit Anmeldung.
**«Monfalletto» di Cordero di Montezemolo**
*Tel. 01 73/5 03 44*
Mittelgroßes Gut mit Kellern in Annunziata. Gute, traditionelle Weine mit Betonung auf Langlebigkeit und Eleganz. Barolo (Monfalletto, Enrico VI). Besuche nur während der Arbeitszeit.
**Poderi Marcarini**
*Tel. 01 73/5 02 22*
Hochangesehenes Gut. Ausgewogene, komplexe, vornehme Weine. Alle Weinberge in La Morra. Barolo (Brunate, La Serra). Nur mit Anmeldung.

Direkt bei dem kleinen Fahrweg nach Gabutti führt die Straße in den herrlichen halbrunden Weinberg La Delizia, auf den rechts gleich Lazzarito folgt. Beide sind im Besitz von Fontanafredda. Anschließend kommen Sie zum letzten Abschnitt vor dem Dorf Serralunga. Die Hänge des Cucco (links) liegen hinter den ersten Straßen des Ortes verborgen.

Die Burg von Serralunga ist kilometerweit zu sehen und durch ihre eigentümlichen Umrisse sofort erkennbar. Sie sieht aus, als wäre sie in einem geheimnisvollen Erdbeben durch den Fels katapultiert worden. Das ruhige, touristisch kaum verfälschte Dorf ist mehr von Wohn- als Gewerbegebieten geprägt und bietet herrliche Ausblicke über die Landschaft. Direkt unterhalb des Dorfes liegen die steilen Hänge der Lage Rivette und gleich darunter Marenca. Beide gehören sie dem Gut Gaja in Barbaresco (siehe S. 59). Unmittelbar unterhalb der Piazza liegt Vigna Rionda, die bekannteste Lage von Serralunga, welche die Südhänge der kleinen Hügelausläufer bedeckt, die man rechts bei dem Schild am Ortsausgang sieht. Anschließend kommt rechter Hand eine Gruppe von Weinbergen. Der erste ist La Serra mit Collaretto darunter; dann folgen nach einer sanften Linkskurve Briccolina, Ornato und Falletto (links hat man Ausblicke zurück nach Serralunga). Nach einer kurzen Strecke ohne bemerkenswerte Rebflächen erscheint rechts wieder eine Reihe von Weinbergen: Bosco Areto, Francia und Arione. Bei Arione liegt die südliche Grenze der Gemeinde Serralunga, von wo die Straße vorübergehend aus dem Barolo-Gebiet heraus nach Roddino führt.

**Monforte-Ost**

Kurz nach Verlassen der Gemeinde Serralunga kommen Sie an der Abzweigung nach Bossolasco vorbei und bald darauf in die Gemeinde Monforte. Der erste Abschnitt durch dieses hoch liegende Gelände verläuft außerhalb von Barolo; kurz bevor Sie zu einer Häusergruppe kommen, aus der ein häßlicher Schornstein herausragt, erreichen Sie aber wieder den Südrand der Zone. Viele bedeutende Weinberge von Monforte liegen auf einer Reihe von kurzen Seitenhügeln im Osten des Gebiets, die sich von dem zentralen Höhenrücken der Gemeinde bis hinunter zum Bach Talloria di Castiglione erstrecken und so eine Folge von Südosthängen ergeben. Straßen führen nicht hindurch, aber es gibt mehrere schöne Aussichtspunkte, mit hervorragenden Blicken über weite Teile von Serralunga jenseits des Bachs. Einen davon erreicht man, indem man etwa gegenüber des Schornsteins scharf rechts abbiegt. Sekunden später ist man an einer Kirche, von der mehrere Straßen abgehen; nehmen Sie die unmittelbar rechts neben der Kirche. Sie führt zuerst zur *frazione* Le Coste, dann zum rechts unten liegenden Weinberg Le Coste und schließlich nach einer Rechtskurve einen steilen Hang hinunter. Dies ist die Grenze zwischen den

Lagen Le Coste (rechts) und Ravera (links). Ein kurzes Stück weiter blickt man von einem unbefestigten Fahrweg aus, mit dem Rücken zur Straßenführung, direkt auf die Lage Mosconi auf dem nächsten Hügelrücken (auf dem auch einige Gebäude stehen). Auf der Anhöhe dahinter liegt Ginestra und auf der nächsten sowohl Gavarini wie auch Grassi. Hinter Grassi kommen nacheinander La Villa, Pressenda und Ceretta, die aber zunehmend schwer erkennbar sind.

Wieder bei dem Schornstein angelangt, fahren Sie weiter in das Dorf Monforte. Den zentralen Platz der Ortschaft schmückt eine herrliche, solide Kirche mit einem Uhrturm gleich dahinter. Eine Wanderung hinauf zur alten Kirche am höchsten Punkt des Ortes ist wegen des großartigen Rundblicks unbedingt zu empfehlen. Verlassen Sie Monforte nach Norden in Richtung Castiglione Falletto, aber zweigen Sie kurz darauf ab nach Perno. Nach der nächsten Kreuzung (beschildert mit Loc. Grassi) hat man gelegentliche schöne Blicke nach rechts auf die östlichen Seitenhügel. Während des gesamten Abschnittes ist links der Weinberg Gramolere zu sehen. Nach einer unerbittlichen Kurvenfahrt erscheint auf einer konisch geformten Anhöhe eine Kapelle aus dem 12. Jahrhundert.

**Renato Ratti – Antiche Cantine dell'Abbazia dell'Annunziata**
*Tel. 01 73/50 1 85*
Gut heute unter Leitung von Pietro Ratti. Weine erlangen allmählich wieder ihren früheren Stil und ihre Individualität. Barolo Rocche Marcenasco, Conca Marcenasco und Marcenasco. Wochenendbesuche nur mit Anmeldung; Proben gegen Entgelt. Weinmuseum nicht auslassen (siehe Haupttext, S. 66)!

**Roberto Voerzio**
*Tel. 01 73/50 91 96*
10 ha Rebfläche, meist in Spitzenlagen von Barolo. Weine von kraftvoller Intensität, aber reichhaltiger Frucht. Barolo (La Serra, Brunate, Cerequio).

**Rocche Costamagna**
*Tel. 01 73/50 92 25*
Keller in La Morra. Gute Besuchereinrichtungen. Weine für Liebhaber von ausgeprägter Eiche. Barolo von Rocche di La Morra und Vigna Francesco (oberer Teil von Rocche).

BAROLO

**Aldo Vajra**
*Tel. 01 73/5 62 57*
Stiller, besonnener Erzeuger von feinen und hochklassigen «Meditationsweinen». Beachtenswerter Barolo Bricco delle Viole. Keine Besuche während der Lese. Einige alte Jahrgangsweine zum Probieren (gegen Entgelt).

**Cantina Mascarello di Bartolo Mascarello**
*Tel. 01 73/5 61 25*
Kleines, standhaft traditionelles Gut ohne Barrique. Keine Lagenweine. Verschneidet statt dessen seine Ernte (von Cannubi und drei anderen Weinbergen) und erzeugt schwungvolle, reichhaltige und intensive Weine, die muskulös, langlebig und teilweise umwerfend sind.

**Francesco Rinaldi e Figli**
*Tel. 01 73/44 04 84*
Kleines, traditionelles Gut mit alten, in den Berg gehauenen Kellern und alten Fässern. Barolo von den Lagen Cannubi und Brunate. Nur mit Anmeldung.

**F.lli Barale**
*Tel. 01 73/5 61 27*
Gegründet 1870, alte unterirdische Keller im Zentrum von Barolo. Barolo Castellero und Bussia.

**Giacomo Borgogno**
*Tel. 01 73/5 61 08*
Seit langem etabliertes Gut. Robuste, langlebige Weine. Besuche wochentags während der Arbeitszeit, am Wochenende vormittags (dann nur mit Anmeldung). August geschlossen. Erster probierter Wein kostenlos.

Links: *Die vom herbstlichen Nebel verhangene, unverwechselbare Burg von Serralunga d'Alba.*

Rechts: *Die Burg von Castiglione Falletto thront über einigen der besten Lagen des Ortes.*

**Giorgio Scarzello e Figli**
*Tel. 0173/56170*
Kleiner, bescheidener Familienbetrieb; sortentypische, mittelschwere Weine.

**Luciano Sandrone**
*Tel. 0173/56239*
Elegante, konzentrierte Weine, u. a. von der Spitzenlage Cannubi Boschis. Neigung zu organischem Anbau. Nur mit Anmeldung.

**Marchesi di Barolo**
*Tel. 0173/56101*
Großes Gut, Weine von zahlreichen Weingärten in Barolo und Barbaresco. Reichhaltige, ausgewogene, volle Weine mit guter Struktur. Bietet die seltene Gelegenheit, Barolo von den Lagen Cannubi, Cannubi Valletta, Sarmassa, Brunate und Coste di Rose zu vergleichen. An Wochenenden und Feiertagen (nur vormittags) nur mit Anmeldung. Erster probierter Wein kostenlos, weitere gegen Entgelt.

**Giuseppe Rinaldi**
*Tel. 0173/56156*
Kleines, traditionelles Familienunternehmen. Barolo-Rebflächen in den Lagen Brunate, Le Coste, Cannubi-San Lorenzo, Ravera. Nur mit Anmeldung, Besuche nur während der Arbeitszeit.

**Sebaste**
*Tel. 0173/56266*
Gut mittlerer Größe. Elegante Weine mit guter Frucht. Keller neben Kapelle aus dem 15. Jh. in San Pietro delle Viole. Nur mit Anmeldung.

**Tenuta La Volta di Bartolomeo Cabutto**
*Tel. 0173/56168*
Gastfreundliches, hochgelegenes Gut mit feinen traditionellen Weinen.

SERRALUNGA

**Gabutti di Franco Boasso**
*Tel. 0173/613165*
Kleines, traditionelles Gut; ausgewogene, klassisch strukturierte Weine vom Weinberg Gabutti in Serralunga. Besuche der Weingärten.

**Giuseppe Cappellano**
*Tel. 0173/613103*
Alteingesessenes Gut, jetzt weniger streng traditionell. Robuste Weine. Auch Barolo Chinato.

**Tenimenti Fontanafredda**
*Tel. 0173/613161*
Größtes Gut der Zone; über 70 ha. 6 Millionen Flaschen. Die Gutsgebäude bilden praktisch ein eigenes Dorf. Entsprechend großes Sortiment von Weinen; am interessantesten Einzellagen-Barolo La Delizia, La Villa, Lazzarito, Gattinera, La Rosa; Barolo Serralunga d'Alba von ausgesuchten Reben. Weinladen täglich geöffnet außer dienstags. Besuche April bis November, mit Anmeldung.

Dieser Hügel ist die Spitzenlage Santo Stefano. Beim Näherkommen erkennen Sie seine längliche Form, und fast unmittelbar dahinter sind Sie schon in Perno.

Im Spätherbst wird man auf dieser gesamten Strecke mehr Reben mit roten Blättern sehen als anderswo im Barolo-Gebiet. Diese Rotfärbung deutet auf Barbera oder Dolcetto hin (das Laub der Nebbiolo-Rebe wird gelb). Beide Rebsorten gedeihen hier ganz hervorragend.

### Castiglione Falletto

Bei der Fahrt bergab von Perno fällt das Dorf Castiglione Falletto ins Auge. Während die Straße weiter hinunter an den Rand von Monforte führt, wird links die hochragende Burg von Castiglione Falletto über den Weinbergen Rivera und Scarrone sichtbar. Direkt unterhalb von Rivera befindet sich der Weinberg Pira, während sich ein Stück weiter hinten am Hügelrücken der wunderbare, lange Südosthang der Renommierlage Rocche erstreckt, die steil zum Tal hin abfällt.

Die Gemeinde ist klein, aber es fehlt ihr weder an hervorragenden Lagen noch an ebensolchen Erzeugern, und sie genießt den Ruf, den ausgewogensten Barolo überhaupt zu produzieren. Um sie zu durchqueren, fahren Sie zunächst nordwärts zurück in Richtung Gallo. An der Straße zwischen Alba und Barolo biegen Sie scharf links

Links: *Sommerlicher Garten in Castiglione Falletto. Das Klima ist so warm, daß sogar Zitronen gedeihen.*

ein (Richtung Barolo), kurz darauf noch einmal links, und dann geht es bergauf in die Hügel der Gemeinde. Dies ist die Straße zwischen Alba und Monforte.

Wenn die anfängliche Reihe der vielen engen Kurven allmählich in eine geradere Strecke übergeht, beginnt sich der Weinberg Parussi über die Erhebungen rechts von der Straße auszubreiten. Nur kurze Zeit später passieren Sie bereits die Lage Bricco Boschis (rechts), deren Südwesthang sich über gut einen halben Kilometer oberhalb der Straße erstreckt. An der folgenden Biegung gibt er die Sicht auf das Weingut Cavallotto frei. Dann kommt die Abzweigung nach Castiglione Falletto. Die Häuser an den engen, gewundenen Straßen der kleinen Ortschaft verdecken teilweise die Burg. An der Kreuzung ist rechts der westlichste Punkt des langen, schmalen, nach Südwest gerichteten Weinbergs Monprivato, den man am besten von einer wenige Meter entfernten Parkbucht sieht. Mit Recht berühmt, erstreckt er sich über die oberen Hänge eines Hügelausläufers, der nordwestlich in Richtung der Straße zwischen Alba und Barolo verläuft.

Einige Meter weiter führen rechts zwei Wege zu den Weinbergen Fiasc' beziehungsweise Villero. Kurz dahinter macht die Straße eine scharfe Wende nach rechts. Von hier aus fällt der Weinberg Rocche neben der Straße nach unten ab (links) und begleitet Sie den gesamten Weg bis

**Vigna Rionda**
*Tel. 01 73/61 31 38*
Mit 2 ha der renommierten Lage Vigna Rionda das beste Gut von Serralunga. Kraftvolle Weine mit fester Struktur, gutem Aroma und geschmeidigem Geschmackseindruck, die ihnen Komplexität und Gleichgewicht geben. Einfacher Barolo und Barolo Vigna Rionda, Vigna Parafada, Vigna Margheria.

MONFORTE

**Parusso**
*Tel. 01 73/7 82 57*
Familienunternehmen. Strebt nach runden Weinen mit Finesse, jung ebenso trinkbar wie voll ausgereift.

**Conterno-Fantino**
*Tel. 01 73/7 82 04*
Hochgeschätztes Gut mit modernster Kellerei am Bricco Bastia. Reichhaltige, ausladende Weine mit viel Gewicht und vollem Geschmack. Barolo Sorì Ginestra und Vigna del Gris, viel bewunderter Monprà (Nebbiolo/Barbera aus Barriques). Keine großen Gruppen.

**Domenico Clerico**
*Tel. 01 73/7 81 71*
Fortschrittliches Gut; versucht ständig gute Weine noch zu verbessern. Zähmt die Sprödigkeit von Monforte mit Duft, weicher Frucht und eleganter Komplexität. Hoch anerkannter Arte (Nebbiolo mit 5 % Barbera, in Barriques ausgebaut). Nur mit Anmeldung.

**Elio Grasso**
*Tel. 01 73/7 84 91*
Arbeitsamer, qualitätsbewußter Erzeuger. Volle, strukturierte Weine mit viel Frucht und großer Klasse. Hervorragende Lagen. Nur mit Anmeldung.

**F.lli Seghesio**
*Tel. 01 73/7 81 08*
Kleines Familienunternehmen. Große Erfahrung im Rebanbau; seit kurzem Erzeugung und Abfüllung von Wein. Sehr zugängliche, jedoch langsam alternde Weine. Nur mit Anmeldung.

**Giacomo Conterno**
*Tel. 01 73/7 82 21*
Traditionelles Gut in Familienbesitz. Hohe und konstante Qualität; großartige Weine mit viel Kraft, Gewicht, Struktur und Komplexität. Erzeugt in guten Jahren Barolo Monfortino von ausgesuchten Trauben. Besuch nur während der Arbeitszeit und mit Anmeldung.

**Poderi Aldo Conterno**
*Tel. 01 73/7 81 50*
Beeindruckende Weine, doch der perfektionistische Erzeuger ist manchmal etwas distanziert, was sich bei Besuchen bemerkbar macht.

**Podere Rocche dei Manzoni di Valentino**
*Tel. 0173/78421*
Kam durch seinen Bricco Manzoni zu Ruhm, dem ersten aufsehenerregenden Nebbiolo/Barbera-Verschnitt; heute mehr Gewicht auf Barolo, fest und vollmundig, mit breiter Geschmacksvielfalt und von erstklassiger Qualität. Nur mit Anmeldung, Proben gegen Entgelt.
**Riccardo Fenocchio di Ferruccio Fenoccio**
*Tel. 0173/78335*
Kleines, traditionell geführtes Gut. Sortentypische Weine mit viel Gewicht und Stil. Barolo Pianpolvere Soprano.

CASTIGLIONE FALLETTO
**Azelia di Luigi Scavino**
*Tel. 0173/62859*
Hochklassiges Gut. Barolo Bricco Fiasco (Bric del Fiasc') und Bricco Punta; ausladend, voll und mit Komplexität in Aroma und Geschmack.
**Cavallotto**
*Tel. 0173/62814*
Mittelgroßes, sehr traditionelles Familiengut. Stolz robuste, langsam alternde Weine, muskulös und reichhaltig. Barolo Bricco Boschis, auch von den Einzellagen Vigna San Giuseppe, Colle Sud-Ovest.
**F.lli Brovia**
*Tel. 0173/62852*
Gastfreundlicher Familienbetrieb; Rebflächen über Spitzenlagen verstreut. Traditionelle Vorstellungen. Reichhaltige, kraftvolle, fachmännisch erzeugte Weine mit jahrgangstypischen Eigenschaften. Hervorragende Einzellagenweine Rocche, Villero und Garblèt Suè.
**Gigi Rosso**
*Tel. 0173/262369*
Großes etabliertes Gut. Kleines Weinmuseum. Barolo Sorì dell'Ulivo von Parzelle mit 50jährigem Olivenbaum, der von ihrer bemerkenswerten Wärme zeugt. Wochenendbesuche und Gruppen nur mit Anmeldung.
**Giuseppe Mascarello e Figli**
*Tel. 0173/792126*
Keller außerhalb der Zone in Monchiero am Tanaro. Zentral gelegene Weinberge. Mauro Mascarello ist Eigentümer von Monprivato, dem weltberühmten Weinberg in Castiglione Falletto, und anderer angesehener Lagen wie Bricco Villero in Castiglione Falletto und Santo Stefano in Monforte. Der Barolo Monprivato hat ein legendäres Reifepotential. Proben nur bei Anmeldung und gegen Entgelt; ausgenommen bereits offene Flaschen.
**Paolo Scavino di Scavino Enrico**
*Tel. 0173/62850*
Beeindruckende Weine von Spitzenlagen; komplex, dicht, elegant. Legen-

zur Gemeindegrenze von Monforte (etwa einen Kilometer). Die Besitzanteile an dieser hochangesehenen Lage sind weit gestreut, so daß man ihre Spitzenweine gleich bei mehreren Erzeugern kosten kann. Der erste Weinberg oberhalb der Straße ist La Serra, der meist als Teil von Rocche betrachtet wird; sein höchster Punkt heißt denn auch Bricco Rocche. Jenseits davon liegt Mariondino (ebenfalls rechts), während sich unten Rocche weiter fortsetzt. Nach hinten blickend, erkennen Sie rechter Hand den Weinberg Villero. Schließlich kommen Sie zu einer kleinen Kreuzung und damit zur Grenze zwischen den ausgezeichneten und weithin berühmten Weinbaugemeinden Castiglione Falletto und Monforte.

### Monforte-West

Wieder in Monforte angekommen, führt die Straße noch ein Stück bergab. Rechts liegt der Weinberg Bussia Sottana, hinter dem gleich ein Fahrweg noch einmal nach rechts zu der hochrangigen Lage Bussia Soprana abzweigt. Links zieht ein isoliertes, leicht sichtbares Gebäude den Blick auf sich, das Gut Aldo Conterno, das mit der Linksbiegung der Straße näherkommt. Anschließend folgt eine scharfe Rechtskurve, und die Straße führt zum Weinberg Gabutti, dessen Westhänge (rechts) sie kurz streift, bevor ein Grenzpfad den Beginn des südwestlich ausgerichteten Hangs Pianpolvere anzeigt. Diesen begleitet die Straße noch bis zur nächsten größeren Biegung nach rechts. Von hier an gibt es kaum mehr Weingärten von besonderer Bedeutung, und Sie können wieder nach Monforte, dem südlichsten Punkt des Barolo-Gebiets, zurückkehren, wo die Tour endet.

Oben: *Aldo Conternos Keller in Monforte.*

Oben links: *Der Perfektionist Aldo Conterno beaufsichtigt das Pressen der Trauben.*

Links: *Die stattliche Kirche von Monforte.*

däre Lagen Bric del Fiasc' (Castiglione Falletto), Cannubi (Barolo), Rocche dell' Annunziata (La Morra). Nur während der Arbeitszeit.

**Terre del Barolo**
*Tel. 01 73/26 20 53*
Barolos wichtigste Genossenschaft; über 500 Mitglieder, Trauben von 800 ha Rebfläche in der gesamten Zone. Weine von guter Qualität, mit jeweils typischem Terroir. Mehrere Spitzenlagen. Geöffnet Montag bis Samstag während der Arbeitszeit und Sonntag vormittag; nur mit Anmeldung, außer zum Weinkauf.

**Vietti**
*Tel. 01 73/6 28 25*
Klassische Weine mit Intensität und einem Hauch von Eleganz. Großartige Auswahl von Barolo aus Spitzenlagen, jeder mit eigenen Charakteristika: Rocche, Brunate, Lazzarito, Castiglione, Villero. Besuche während der Arbeitszeit, nicht sonntags.

## DOLCETTO-GEBIET

RESTAURANTS

**Albero Fiorito**
*Dogliani, Piazza Confraternità*
*Tel. 01 73/7 05 82*
Einfache *trattoria*, gute Auswahl der besten Dogliani-Weine. Auch Fremdenzimmer. Mittwochs geschlossen.

**Del Peso**
*Belvedere Langhe, Via Merlati 26*
*Tel. 01 73/79 71 05*
Lang etablierte *trattoria*. Essen wie hausgemacht. Gute Weinauswahl. Mittagstisch, Abendessen nur mit Reservierung. Auch Zimmer in kleinem Hotel. Mittwochs geschlossen.

**La Coccinella**
*Serravalle Langhe, Via Provinciale 5*
*Tel. 01 73/74 82 20*
Reelle, bescheidene und beliebte *trattoria*. Gute lokale Gerichte. Recht gute Weinkarte, breite Palette. Montags geschlossen.

**Locanda dell'Arco**
*Cissone, Piazza dell'Olmo I*
*Tel. 01 73/4 82 00*
Freundliches Restaurant; exzellente Weinkarte mit Betonung auf Barolo. Leichte, schmackhafte Gerichte der Saison. Dienstags geschlossen.

**La Pedaggera**
*Cerreto Langhe, Loc. La Pedaggera*
*Tel. 01 73/52 03 73*
Einfaches Lokal; schlichte, leichte Gerichte; gute Weinauswahl. Dienstags geschlossen.

**Antica Trattoria del Centro**
*Diano d'Alba-Ricca*
*Via Alba-Cortemilia 91*
*Tel. 01 73/61 20 18*
Preiswerte, bequeme *trattoria*, Stil und Gerichte traditionell. Käse aus der Region. Gut ausgewählte Weine. Montag abends und dienstags geschlossen.

## ALBAS DOLCETTO-ZONE UND ALTA LANGA

### Die Weine

Dolcetto wird in weiten Teilen der Barbaresco- und Barolo-Gebiete angebaut, und für viele sind die Dolcetto-Weine dieser Zonen (vor allem der Dolcetto d'Alba) die besten ihrer Art. Andere halten den lebendigeren, fruchtigeren Dolcetto, der aus anderen Anbaubereichen kommt, für eine getreuere Ausdrucksform der Traube. Zu diesen zählen etwa die Weine aus den Zonen Dogliani und Langhe Monregalesi sowie der aristokratische Diano d'Alba, ganz zu schweigen von den Dolcetto aus Ovada, Acqui und Asti. Probieren Sie sie selbst.

### Die Weinberge

Fahren Sie von Monforte nach Süden in Richtung Dogliani. Beinahe sofort ändern sich die Hügelformationen, die ordentlichen Barolo-Reihen gehen über in urwüchsigere Rebhänge und größere Waldflächen. Nach ungefähr fünf Minuten Fahrt, etwa auf halbem Weg zwischen den beiden Dörfern, endet der Bereich des Dolcetto d'Alba, und der des Dolcetto di Dogliani beginnt. Bevor Sie Dogliani erreichen, sind aber praktisch keine Weingärten zu sehen. Das enge mittelalterliche Ortszentrum mit seinem Kopfsteinpflaster und den Säulengängen ist friedlich, aber voller Leben, sogar Sonntag morgens: die Geschäfte sind geöffnet! Es glänzt auch mit einer großen, majestätischen Kirche.

Von Dogliani nehmen Sie zunächst die *statale* nach Monchiero. Die Straße ist flach und eintönig, zeigt aber gelegentlich Weinberge rechts an den massigen Hügeln. Bei der Rückkehr nach Dogliani fahren Sie hinauf bis hinter die Kirche (Richtung Savona), an einem Friedhof und dann rechts auch an dem führenden Weingut Einaudi vorbei, bis Sie nach Belvedere Langhe kommen. Hier hat man von der Höhenlage der Straße hervorragende Rund-

Oben: *Der beliebte piemontesische Weinort Diano d'Alba.*

Rechts: *Gepflegte Weinberge in den Langhe südlich von Alba.*

Links: *Das Land des Dolcetto.*

blicke über die Weinberge. In Belvedere Langhe beginnt das Anbaugebiet des Dolcetto delle Langhe Monregalesi, ein großer, weiträumiger Landstrich, der westlich bis zum Tanaro und im Süden praktisch an die Grenze zu Ligurien reicht. Sein Mittelpunkt liegt in Richtung des Flusses um Mondovì und Vicoforte. Die Weinproduktion ist jedoch minimal, also fahren Sie besser weiter durch seine Außenbereiche hinauf nach Murazzano, einem hinreißenden Dorf mit einem großartigen mittelalterlichen Turm und einer herrlichen Kirche aus dem 8. Jahrhundert. In Murazzano hat man die Möglichkeit, nach Ceva abzubiegen und dann auf der *autostrada* nach Savona und zur ligurischen Küste zu gelangen (siehe S. 94-109). Diese Tour führt aber weiter nach Bossolasco, aus den Weinzonen heraus. Von hier aus ist die Strecke landschaftlich eine reine Wonne, wenn auch ohne Reben. Sie durchschneidet das Herz der Alta Langa, die in weiten Teilen auf über 700 Meter ansteigt und manches eindrucksvolle Gebirgspanorama bietet. Bossolasco ist das Zentrum und ein beliebter Anziehungspunkt für Besucher. Fahren Sie weiter den Kamm entlang, bevor bei Serravalle Langhe allmählich der Abstieg beginnt.

Unmittelbar hinter der Abfahrt nach Cerreto Langhe, kommen Sie wieder in das Gebiet des Dolcetto d'Alba, und nach einigen Minuten gesellen sich bei der Abzweigung nach Sinio Weingärten des Barbera d'Alba dazu. Fahren Sie weiter durch Montelupo Albese, wo Sie schöne Ausblicke über die Barolo-Zone haben. Anschließend erreichen Sie die Gemeinde Diano, in der Dolcetto di Diano d'Alba den Dolcetto d'Alba ersetzt. Unvermittelt finden Sie sich noch einmal von Rebflächen umgeben, die sich über die umliegenden kantigen Hügel ausbreiten. Zahlreiche ihrer weinbaufreundlichen Südhänge gelten schon seit langem als Spitzenlagen.

Diano ist nur einen Katzensprung von Alba entfernt, und die Tour bietet herrliche Fernblicke über das Barbaresco-Gebiet. Zwei Stunden reichen für die Rundfahrt.

### FEINKOSTGESCHÄFTE

**Manzone**
*Dogliani, Via V Emanuele 29*
*Salumi* und guter regionaler Käse.

**Co Zo Al**
*Murazzano, Loc. Crovera*
Hauptverkaufsstelle der örtlichen Käsereigenossenschaft.

### SPEZIALITÄTEN

**Murazzano** – Der örtliche Käse, eine Art Robiola.

**Haselnüsse** – In der Alta Langa ist die Qualität überragend.

### ENOTECHE

**Griva**
*Dogliani, Via V Emanuele 43*
Gute Auswahl von Dolcetto di Dogliani. Auch verführerische regionale Delikatessen.

**Enoteca Regionale di Diano d'Alba**
*Palazzo del Municipio*
*Via Umberto I 22*

### EMPFOHLENE ERZEUGER

**Poderi Luigi Einaudi**
*Dogliani, Tel. 01 73/70 19 1*
Gut mit herrlicher Panoramasicht. Dolcetto Vigna Tecc und Auslese I Filari sowie einfacher Dolcetto di Dogliani. Ungewöhnlicher Weißer von der hier nicht heimischen Rebsorte Tocai rosso und anderen Trauben. Proben nur für Kaufinteressenten. Agriturismo.

**F. lli Pecchenino**
*Dogliani, Tel. 01 73/70 68 6*
Konstant gute Weine, gepflegte Reben, kenntnisreiche Weinbereitung. Dolcetto (Sirì d'Yermu, Pizabò).

**Quinto Chionetto**
*Dogliani, Tel. 01 73/71 17 9*
Kleines Gut mit liebevoll und intensiv gepflegten Weingärten. Das Ergebnis sind konzentrierte, volle, elegante und komplexe Weine; spürbarer Unterschied zwischen den beiden Dolcetto von den Lagen Briccolero und San Luigi.

**Gillardi G. Battista**
*Farigliano, Tel. 01 73/76 81 3*
Sehr kleiner, guter Familienbetrieb. Dolcetto Cursalet und Maestra mit charakteristischen Merkmalen.

**Ca'Viola**
*Montelupo Albese, Tel. 01 73/61 75 70*
Recht neues, kleines Gut, das bereits qualitativ hochstehende, konzentrierte Weine von Rebflächen mit viel Sonneneinstrahlung erzeugt.

**Rossetto di Destafanis Gianpaolo**
*Montelupo Albese, Tel. 01 73/61 72 40*
Kleiner Familienbetrieb. Weingärten auf 550 m Höhe mit herrlichem Ausblick. Traditioneller Dolcetto d'Alba.

# Asti und südliches Piemont

Trotz der verbreiteten Vorstellung von sprudelndem Wein bezeichnet Asti zunächst einmal eine Stadt, und zwar eine angenehme. Sie ist nicht zu groß, aber groß genug, um alles Notwendige zu bieten, und sie spiegelt ihre traditionellen Verbindungen zum Wein auf unverkrampfte Art. Doch für die Bewohner von Asti ist es immer wieder enttäuschend, daß man ihre Weine oft nur als Anhängsel zu denen der Langhe betrachtet.

Die wichtigsten Anbaubereiche liegen im Süden und Osten der Stadt. Hier und in den angrenzenden Gebieten spielen fünf Rebsorten die Hauptrollen, und auch wenn keine davon irgendwo ausschließlich angebaut wird, so hat doch jede ihren eigenen Hoheitsbereich.

Die wichtigste ist Barbera, die in der gesamten Provinz anzutreffen ist und deren Lebensnerv darstellt. Ihre Vorzüge werden von den zahlreichen Fürsprechern vollmundig gepriesen (mehr zu Barbera auf S. 128). Dann gibt es die herrlich traubige Moscato. Anders als Barbera ist diese Rebe sehr beliebt, geradezu volkstümlich. Die Trauben für den Asti spumante und den stillen Moscato d'Asti wachsen in einem großen, hufeisenförmigen Gebiet südöstlich von Asti. Die besten Moscato-Weine werden jedoch in dem viel kleineren Bereich zwischen dem Belbotal und dem Flüßchen Tinella erzeugt. Landschaftlich ist es hier herrlich. Hügelketten ziehen sich in alle Richtungen, und die leuchtenden Farben und harmonischen Formen der Rebpflanzungen sind allgegenwärtig.

Im Osten des Gebiets ist dagegen die Dolcetto-Rebe zu Hause. Innerhalb ihres etwa 20 Kilometer breiten Bereichs wandelt sich der Stil ihrer Weine beträchtlich, vom leichten, zart fruchtigen Dolcetto d'Asti über den Dolcetto d'Acqui bis hin zum östlichsten Streifen des kraftvollen Dolcetto di Ovada. Der elegante Cortese und der ausgefallene Brachetto, ideal als Einleitung beziehungsweise Abschluß einer Mahlzeit, vervollständigen die Liste.

Links: *Kleine Weinbergparzellen unterhalb von Moncalvo.*

Oben: *Reichhaltiges Angebot auf dem Markt von Moncalvo.*

Oben: *Kastanien auf dem Markt von Asti.*

## ASTI

### HOTELS

**Lis**
*Via F.lli Rosselli 10*
*Tel. 01 41/59 50 51, Fax 01 41/35 38 45*
Astis freundlichstes Hotel. Zentral, modern, mit geräumigen, bequemen Zimmern. Umgängliches, hilfsbereites und weininteressiertes Personal.

**Salera**
*Via Mons Marello 19*
*Tel. 01 41/41 01 69, Fax 01 41/41 03 72*
Von der gleichen Familie geführt wie Lis; etwas außerhalb der Stadt. Eine Qualitätsstufe höher; mit Restaurant.

**Rainero**
*Via Cavour 85*
*Tel. 01 41/35 38 66, Fax 01 41/59 49 85*
Gutes Drei-Sterne-Niveau. Garage.

**Reale**
*Piazza Alfieri 6*
*Tel. 01 41/53 02 40, Fax 01 41/34 357*
Historisches Hotel (1793), das eleganteste in Asti, sehr zentral. Modern renovierte Zimmer. Garage.

### RESTAURANTS

**L'Angolo del Beato**
*Via Guttuari 12, Tel. 01 41/53 16 68*
Einfache Einrichtung; regionale Gerichte. Gute Weinauswahl. Mittlere Preislage. Sonntags geschlossen.

**Barolo & Co**
*Via Cesare Battisti 14*
*Tel. 01 41/59 20 59 1*
In mittelalterlichem Gebäude im Zentrum; mit *enoteca*. Zwei Degustationsmenüs. Auch offene Weine. Sonntag abends und montags geschlossen.

**Il Convivio – Vini e Cucina**
*Via G. B. Giuliani 4/6*
*Tel. 01 41/59 41 88*
Schickes Restaurant mit vielfältiger Weinauswahl. Gute Qualität, schön angerichtetes Essen. Geöffnet am späten Nachmittag, serviert offene Weine. Sonntags geschlossen.

Nach Osten und Süden hin beginnt sich das Klima fast unmerklich zu wandeln, ebenso wie die Landschaft und, noch offensichtlicher, die Speisen, bis die warmen, trokkenen Brisen in Ovada auf die Nähe Liguriens und der Küste hindeuten.

## DIE STADT ASTI

Wer sich gerne an einem bestimmten Ort als Ausgangspunkt für weitere Fahrten niederlassen möchte, wird dafür keinen besseren finden als Asti. Nicht nur sind die meisten Weinbaugebiete von hier aus problemlos zu erreichen, sondern die Stadt ist auch ein freundlicher, offener und attraktiver Ort, für den man sich schnell erwärmt. Einen Parkplatz zu finden, ist zwar kein Kinderspiel, aber letztlich doch überraschend unkompliziert. Es gibt gute Hotels, und das kaum vorhandene Nachtleben bedeutet, daß man sogar im Zentrum ruhig schlafen kann. Wenn Sie die Stadt im Herbst besuchen, können Sie zudem den echten Trüffelmarkt erleben (und riechen), der täglich auf der Piazza Alfieri abgehalten wird.

Die in Form eines Dreiecks angelegte Piazza Alfieri ist der zentrale Platz der Stadt, ein eleganter, von Säulengängen geschmückter Treffpunkt der Einheimischen. An ihrer Spitze mündet der Corso Dante mit einer Reihe von Geschäften, während quer dazu der Corso Alfieri den Platz der Breite nach streift. Dies ist die Haupteinkaufsstraße, an der aber auch reichlich faszinierende alte Stadthäuser und Kirchen zu finden sind. Hinter der Piazza Alfieri liegt der Campo del Palio, der große, sechseckige Platz, der alljährlich zum Schauplatz des Palio wird (siehe unten). Ähnlich wie in Turin spielen die stilvollen Kaffeehäuser eine wichtige Rolle im sozialen Leben. Mittelpunkt der Kaffeekultur war einst die Bar Dante an der Piazza Alfieri, und sie scheint es auch noch immer zu sein. Der wahre Treff aber ist längst die Bar Ligure am Corso Alfieri.

Astis Attraktivität erreicht im September einen deutlichen Höhepunkt, wenn die Stadt von einer Reihe feuchtfröhlicher Feste vereinnahmt wird. An vorderster Stelle steht dabei der Palio.

### Der Palio

Zwar glauben viele Nicht-Italiener, daß in Italien nur Siena einen Palio hat. Doch es gibt durchaus noch andere, und der von Asti liegt dabei an der Spitze. Er wird jedes Jahr am dritten Sonntag im September abgehalten, drei Tage nach einer farbenprächtigen Darbietung von Fahnenschwingern. Der Palio beginnt mit einem großen, nicht weniger farbenfrohen Umzug in historischen Kostümen. Dann kommt das Pferderennen. Wie in Siena sind die begleitenden Zeremonien langwierig und genauestens vorgeschrieben. Sobald aber das Rennen beginnt, ist – so scheint es – alles erlaubt. Danach steht mit der Verleihung des Palio, eines besonderen Tuchs als Siegprämie, ein weiteres Schauspiel auf dem Programm.

## Die Sagra

In vielen italienischen Dörfern gibt es ein Volksfest namens Sagra, das einmal im Jahr zu Ehren der bedeutendsten Feldfrucht des Dorfes gefeiert wird; es ähnelt einem besonders ausgelassenen Erntedankfest. Dabei ist die in Asti am zweiten Septemberwochenende stattfindende Feier die Spitzen-Sagra schlechthin. Aus den umliegenden Ortschaften kommen die Menschen zu einem stürmischen Gelage und tragen jeweils eine andere Spezialität bei. Sie bauen eigene Stände und Küchen auf. Selbstredend bekommt jedermann genug zu essen und zu trinken, und an eine frühe Nachtruhe ist nicht mehr zu denken. Am nächsten Morgen ziehen Trachtengruppen aus den einzelnen Dörfern auf schön geschmückten Festwagen durch die Stadt.

## Die Douja d'Or

In dieser «Stadt der Feste» wäre es sehr ungewöhnlich, wenn der Wein, der eigentlich im Mittelpunkt des Lebens und der Kultur steht, im Festtagskalender leer ausginge; und so findet zwischen der Sagra und dem Palio die Douja D'Or statt. Mehrere Tage lang werden Weine aus ganz Italien verkostet und bewertet, und die etwas zu auffälligen Urkunden für prämierte Weine schmücken die Keller des gesamten Landes. Selbstverständlich kann man die guten Tropfen auch kaufen. Für die Dauer der Douja steht Asti ganz im Zeichen des Weines.

**Da Dirce**
*Loc. Caniglie, Via Valleversa 53*
*Tel. 0141/272949*
Alteingesessene *trattoria* mit traditionellem Essen. Kleine, aber hervorragende Weinkarte. Montags und Dienstag mittags geschlossen.

**Gener Neuv**
*Lungotanaro 4, Tel. 0141/557270*
Am Ufer des Tanaro. Teuer, gediegen, gedämpfte Atmosphäre. Degustationsmenü empfehlenswert. Jeweils drei Weine inklusive.

### FEINKOSTGESCHÄFTE

**Gastronomia San Secondo**
*Corso Dante 6*
Riesiges Angebot erstklassiger Waren; Gerichte zum Mitnehmen; Käse, Wurst u. a. Montags geschlossen.

**Obst- und Gemüsemarkt**
Lebhaft und sauber; in einem Gebäude an der Piazza Libertà. Außer donnerstags auch am Nachmittag geöffnet.

**Laboratorio Caseario Artigiano**
*Corso Matteotti 150/a, Viale Pilone 3*
Der frischeste Käse von allen.

**Macelleria Piero Rosso**
*Via Giobert 36*
Gutes Fleisch von kleinen Bauernhöfen; leckere Wurstwaren.

**Pasticceria Giordanino**
*Corso Alfieri 254*
Die besten Leckereien der Stadt.

**Ponchione**
*Corso Alfieri 149*
Breite Palette an Spezialitäten und Weinen. Selbstgerösteter Kaffee.

### SPEZIALITÄTEN

Nur wenige Spezialitäten sind in der Stadt Asti heimisch, aber es gibt **Castelmagno** – einen exzellenten Käse, weich und zugleich körnig, ähnlich dem *grana*.

### ENOTECHE

**Boero**
*Corso Dante 7*
Weinladen mit Probierraum nebenan. Auch Weinutensilien.

**La Cantina**
*Via Pallio 15*
Weingeschäft mit großer Auswahl.

### VERANSTALTUNGEN

Neben den drei wichtigsten Festen, feiert Asti am ersten Dienstag im Mai seinen Schutzpatron San Secondo. Am Samstag davor Probefeier für die jährliche Verleihung des Palio-Tuchs. Im Sommer findet auch ein Theaterfestival statt.

Links: *Beschauliche Szene am Markttag in Asti.*

# Asti

- Autobahn
- Hauptverkehrsstraße
- Sonstige Straßen
- Bahnlinie
- Regionalgrenze
- Provinzgrenze
- Weinstraße

DOC-Grenzen

- Moscato d'Asti
- Barbera d'Asti
- Barbera del Monferrato
- Brachetto d'Acqui
- Cortese dell' Alto Monferrato
- Dolcetto d'Acqui
- Dolcetto d'Asti
- Freisa d'Asti
- Freisa di Chieri
- Gabiano
- Grignolino d'Asti
- Grignolino del Monferrato Casalese
- Malvasia di Cosorzo d'Asti
- Malvasia di Castelnuovo Don Bosco
- Rubino di Cantavenna
- Ruchè di Castagnole Monferrato
- Monferrato
- Langhe
- Loazzolo

Links: *Landschaft bei Canelli, das für seine* Spumante-*Produktion und als Sitz einiger bedeutender Wermuterzeuger bekannt ist.*

**MOSCATO-LAND**

AGRITURISMO

**Antico Borgo del Riondino**
*Trezzo Tinella, Via dei Fiori 13*
Mittelalterliches Bauernhaus.
Nur sechs Zimmer. Mit Mahlzeiten.
Biologischer Anbau.

RESTAURANTS

**Ristorante del Castello**
*Mango, Piazza XX Settembre*
*Tel. 01 41/89 141*
Geräumig und elegant; klassische Küche mit modernen Anklängen; gute Auswahl lokaler und regionaler Weine. Dienstags geschlossen.

**Della Stazione**
*Santo Stefano Belbo, Piazzale Mango 6*
*Tel. 01 41/84 42 33*
Bewährte *trattoria*. Regionale Gerichte der Saison. Akzeptable Weinauswahl. Dienstags geschlossen.

**Da Palmira**
*Castiglione Tinella*
*Piazza XX Settembre 18*
*Tel. 01 41/85 51 76*
Bekannte *trattoria*, traditionelle Gerichte. Gute lokale Weine. Montag abends und dienstags geschlossen.

**Trattoria della Posta «da Camulin»**
*Cossano Belbo, Via Negro 2*
*Tel. 01 41/88 126*
Regionales Essen; dazu passende Weinkarte. Sonntag abends und montags geschlossen.

**San Marco**
*Canelli, Via Alba 136*
*Tel. 01 41/82 35 44*
Modern eingerichtetes, bequemes Restaurant. Essen auf traditioneller Grundlage. Mittwochs geschlossen.

**Del Belbo da Bardon**
*San Marzano Oliveto, Via Valle Asinari 25 (Straße Nizza-Canelli)*
*Tel. 01 41/83 13 40*
Großes, legeres, freundliches Restaurant, das aus guten Zutaten schwungvoll bereitete Gerichte serviert. Immens umfangreiche Weinkarte; Hauptgewicht auf Piemont, umfaßt aber die gesamte Welt. Äußerst reell. Tische im Freien. Mittwoch abends und donnerstags geschlossen.

**Enoteca Ristorante I Caffi**
*Cassinasco, Loc. Caffi 28*
*Tel. 01 41/85 11 21*
Gerichte mal mehr, mal weniger traditionell. Degustationsmenü; passende Weine von der Karte oder aus der gut bestückten *enoteca* am Eingang. Anständige Preise. Sonntag abends und mittwochs geschlossen.

## MOSCATO-LAND

### Die Weine

Moscato wächst zwar im gesamten Südosten Piemonts, aber in der Zone östlich des Barbaresco-Bereichs, die langsam zum Belbotal hin abfällt, findet die Traube am meisten Verbreitung. Ein Großteil davon liegt im Anbaugebiet von Alba und nicht von Asti, doch unabhängig davon werden die Weine trotzdem Asti oder Moscato d'Asti genannt.

Früher hat man sich darin gefallen, ein wenig die Nase über den Asti-Wein zu rümpfen. Der erfrischende und belebende Schaumwein war vielen zu süß. Asti ist süß, aber er ist kein abstoßend klebriges Zuckerwasser, auch wenn immer noch große Mengen erzeugt werden, die ziemlich armselig sind. Zur Herstellung der meisten Schaumweine wird der Traubensaft vollständig zu einem trockenen Grundwein vergoren. Anschließend wird durch Zugabe von Hefe und Zucker eine zweite Gärung eingeleitet und die entstehende Kohlensäure eingeschlossen. Asti erzeugt man dagegen in einem Schritt. Der Traubenmost gärt zunächst nur teilweise, dann wird der Behälter verschlossen. Die weitere Gärung erfolgt unter Druck und läßt dabei den Schaum entstehen. Der Wein ist bereits voll schäumend, lange bevor der Zucker verbraucht ist, und so erhält er seine delikate Süße vom Restzucker der Trauben. Aufgrund der unvollständigen Gärung bleibt zudem der Alkoholgehalt relativ niedrig, und der Wein wird leicht und schwungvoll.

Moscato d'Asti ist noch besser. Er ähnelt dem Asti spumante, allerdings «ohne *spumante*». Gewöhnlich verwendet man die besten Trauben für Moscato d'Asti. Sie werden vor der Abfüllung ungefähr bis zur Hälfte vergoren. Heraus kommt dabei manchmal ein stiller, meist aber ein etwas perlender Wein, auf jeden Fall ein leichter, frischer und traubiger Hochgenuß.

Es gibt jedoch auch Erzeuger, die reichhaltige, aromatische Dessertweine aus getrockneten Moscato-Trauben herstellen, denen allerdings die Herkunftsbezeichnung Moscato d'Asti nicht zusteht. Andererseits hat man speziell für diese Weine aus dem kleinen Bereich um den Ort

Rechts: *Ein Glas Moscato ist der beflügelnde Abschluß einer Mahlzeit, besonders mit Kuchen, Keksen oder Schmalzgebäck wie dieser Karnevalsspezialität.*

Loazzolo eine ensprechende neue DOC ins Leben gerufen. Dieses Gebiet am Ostufer des Belbo reicht auch in die Zone des Dolcetto d'Asti hinein, deren westliche Grenze etwa entlang der Talsohle verläuft.

### Die Weinberge

Die Fahrt durch das recht überschaubare Gebiet dauert etwa zweieinhalb Stunden und läßt sich problemlos an die Barbaresco-Tour anhängen: Auf der Straße von Tre Stelle nach Alba biegen Sie noch vor Alba und kurz vor Überquerung der Bahnlinie scharf links ab nach Benevello. Wahlweise können Sie als Ausgangspunkt auch Alba wählen und die Stadt auf der oben beschriebenen Strecke in Richtung Barbaresco (S. 56) verlassen, um dann hinter der Bahnlinie bei dem Schild nach Benevello rechts einzubiegen. Von Asti aus geht es am schnellsten, wenn Sie zunächst nach Alba fahren.

Die Abzweigung nach Benevello führt hinauf in die Weinberge, und schon bald wachsen Reben, so weit das Auge reicht. Das gesamte Gebiet ist bemerkenswert dicht mit ausgedehnten Rebflächen überzogen. Man erkennt eine faszinierende Vielfalt verschiedener Anbaumethoden: mal mehr, mal weniger nah beieinander stehende Reben, einige hoch und andere niedrig erzogen. Zwar dominiert die Moscato-Rebe, aber sie ist bei weitem nicht die einzige Sorte; vor allem in diesem ersten Abschnitt sind Barbera und Dolcetto ebenfalls weit verbreitet. Doch viele Winzer haben in letzter Zeit von Barbera auf Moscato umgestellt, und die marktbeherrschenden Kellereien kaufen die Trauben in großen Mengen auf.

Biegen Sie nach fünf bis zehn Minuten an der nächsten Kreuzung links in Richtung Treiso ab, und folgen Sie anschließend den Schildern nach Trezzo Tinella. Fahren Sie durch das Dorf Trezzo und an terrassenförmig abgestuften Weinbergen vorbei weiter in Richtung Neviglie

Oben: *Keine leichte Wahl.*

Ganz oben: *Weinberge bei Rocchetta Palatea.*

FEINKOSTGESCHÄFTE

**Ferrero**
*Valdivilla*
Gute Wurst.
**Bosca Canelli**
*Piazza Amedeo d'Aosta 3* und
**Giovine Canelli**
*Piazza Gancia*
Beide verkaufen Gebäck; verschiedene Auswahl, aber ähnlich verlockend.
**Ezio Canelli**
*Piazza Gancia*
Speiseeis (probieren Sie das mit Moscato-Geschmack).

ENOTECHE

**Enoteca Regionale Mango**
Siehe Haupttext.
**Bottega del Vino**
*Castagnole Lanze, Via Ener Bettica 15*
Klein, angenehm, nur lokale Weine; meist auch an Wochenenden und Feiertagen geöffnet.

**Enoteca Regionale Canelli**
Wird zur Zeit verlegt und umorganisiert; Neueröffnung Ende 1996.

REISETIP

Südlich und westlich von Loazzolo liegt die Alta Langa Astigiana, ein landschaftlich herrliches Gebiet v. a. um Monastero Bormida, Olmo Gentile und Roccaverano.

VERANSTALTUNGEN

**Haselnußfest** in Castagnole Lanze – August.
**Assedio di Canelli** – Juni. Historische Turniere in Kostümen des 17. Jhs.

EMPFOHLENE ERZEUGER

**Fratelli Bera**
*Neviglie, Tel. 01 73/630194*
Angesehenes Gut auf kleinem Hügel. Feiner Moscato d'Asti Su Reimond.
**Cascina Fonda di Barbero Secondino**
*Mango, Tel. 01 73/677156*
Zunehmend beachtenswertes Familienunternehmen. Rebflächen in den höheren Lagen um Mango und Neive, fast alle für Moscato d'Asti. Erzeugt geringste Mengen von hoch angesehenem Asti. Anmeldung für Wochenendbesuche.
**Vignaioli di Santo Stefano**
*Santo Stefano Belbo*
*Tel. 01 73/282582*
Im Besitz von Ceretto. Die *vignaioli* sind vier Winzer mit Weingärten nahe Santo Stefano. Eleganter, hocharomatischer Moscato von reinem Geschmack. Melden Sie Besuche bei Ceretto an.
**La Morandina Castiglione**
*Tinella, Tel. 01 73/855261*
Moscato-Experten. Der herrlich frische Moscato d'Asti mit viel Finesse kommt von extrem steilen Hängen.

Oben: *Moscato-Trauben in einem Knäuel von Reben.*
Rechts oben: *San Damiano d'Asti.*

und von dort nach Mango. Von allen Dörfern an dieser Strecke ist Mango das sehenswerteste. Enge Kurven, gepflasterte, steile Straßen und Rundbögen wetteifern mit gepflegten, oft überhängenden Häusern. Über dem Dorf thront ein Schloß, das heute ein elegantes Restaurant und eine kleine Enoteca Regionale beherbergt.

Von Mango fahren Sie über Camo in Richtung Santo Stefano Belbo. Sie kommen dabei durch eine etwas urwüchsigere Hügellandschaft mit größeren Waldflächen und großartigen Panoramablicken, bevor sich die Straße von Camo steil nach unten ins Belbotal windet. Bei einer Überflutung verwandelt sich der Belbo mitunter in einen reißenden Strom, gewöhnlich aber ist er kaum mehr als ein Rinnsal. Biegen Sie unten im Tal links auf die *statale* und in das nur wenig reizvolle Santo Stefano Belbo ein, das sich aber rühmen darf, der Geburtsort des italienischen Schriftstellers Cesare Pavese zu sein.

Von hier aus führt die Route nun nach Norden und zurück in Richtung des Tanaro. Verlassen Sie das Zentrum von Santo Stefano, indem Sie den Wegweisern über den Fluß nach Asti/Alba folgen, und biegen Sie dann links nach Valdivilla und gleich wieder rechts nach Castiglione Tinella ab. Die Straße führt wieder bergauf in eine von Büschen bewachsene Landschaft und bietet schöne Ausblicke hinunter auf Santo Stefano. Fahren Sie bei der nächsten Kreuzung links, an Castiglione Tinella vorbei und weiter nach Valdivilla. Dort nehmen Sie die scharfe Rechtsabzweigung nach Castagnole Lanze und kommen in wenigen Minuten über die Provinzgrenze nach Asti.

Der Rest der Strecke verläuft durch die Provinz Asti. Als einzige Veränderung fällt jedoch die relativ dichte Besiedlung vor allem im stark bebauten Bereich um Castagnole Lanze auf. Hier ändert sich noch einmal die Richtung, und die Route führt nun neben links aufsteigenden Weinbergen das Tinellatal entlang nach Boglietto. Kurz vor Boglietto kommt eine T-Kreuzung, bei der Sie rechts einbiegen (ausgeschildert ist Santo Stefano), um dann links abzuzweigen und ein kurzes Stück nach Südosten bis Calosso und Canelli weiterzufahren; wahlweise können Sie dabei auch einen Umweg über San Marzano Oliveto machen.

### Canelli

Canelli liegt wie Santo Stefano Belbo ebenfalls am Belbo und ist auch ähnlich reizlos. Nicht jeder Weinort kann voller zauberhaftem Charme sein. Canelli spielt dennoch für Piemont und ganz Italien eine besondere Rolle. Zum einen sind hier so wichtige Asti-Kellereien wie Contratto, Bosca, Gancia und Riccadonna ansässig, und zum anderen versorgt der Ort die italienische Weinindustrie mit der notwendigen Grundausstattung, wie etwa Korken, Flaschen oder Abfüllanlagen. Die gewaltigen, nur wenig attraktiven Betonbauten der Weinzulieferindustrie kann man von der *statale* aus sehen.

Ästhetische Erholung bringt dagegen das Castello Gancia, das, auf einem Vorsprung thronend, über die Ortschaft wacht. Von der Piazza Cavour folgen Sie zunächst der Straße nach rechts an der Tankstelle vorbei und anschließend den Wegweisern hinauf zur Burg.

**Loazzolo**

Das Loazzolo-Gebiet liegt auf der anderen Seite des Belbo. Es befindet sich zwar noch innerhalb der DOCG-Bereiche Asti und Moscato d'Asti, hat aber seine eigene Herkunftsbezeichnung für einen Moscato passito, der nur in kleinsten Mengen erzeugt wird. Einen Umweg ist es aber in jedem Fall wert. Wenn Sie es trotzdem lieber auslassen möchten, dann überqueren Sie hinter der Ortsmitte von Canelli den Fluß, und folgen Sie den Schildern nach Nizza Monferrato. Andernfalls fahren Sie hinter dem Fluß links (in Richtung Bubbio), bis Schilder nach Loazzolo weisen. Sobald Sie das Tal hinter sich gelassen haben, steigt die Straße an vereinzelten Weingärten vorbei steil und kurvenreich nach oben. In den zentralen Weinbaubereich kommen Sie nach einer weiten Linkskurve, hinter der Wegweiser auf eine Zubringerstraße zur Azienda Loazzolo zeigen. Fahren Sie weiter durch die beinahe alpine Landschaft und dann wieder bergab zum Dorf Loazzolo mit einem herrlichen Aussichtspunkt.

Kehren Sie von hier aus wieder um, aber nehmen Sie gleich die nächste Gabelung rechts nach Cassinasco. Nach kurzer Zeit kommen Sie an einer merkwürdigen, freistehenden Kirche in arabischem Stil vorbei, einem beliebten Touristenziel. Nach einer zweiten, zerfallenden Kirche folgen Sie dem Wegweiser nach Canelli und fahren dann bei einer Kapelle in die erste Straße rechts. Die kurvenreiche, einspurige Trasse führt durch ein Waldgebiet, in dem Haselnüsse wachsen, die mit zu den besten Italiens zählen. Schließlich endet die Straße an einer Kreuzung. Biegen Sie hier rechts ein, und fahren Sie an Calamandrana vorbei weiter nach Nizza Monferrato.

Auch Barbera. Bei der Anmeldung kann man als Imbiß Salami, *Tuma*-Käse und Holzofenbrot bestellen.

**Scagliola**
*Calosso, Tel. 01 41/85 31 83*
Sorgfältig ausgebauter, lang anhaltender und ausgewogener Moscato d'Asti «Volo di Farfalle». Weinbergführungen.

**F.lli Gancia**
*Canelli, Tel. 01 41/8301*
Bekannter Name mit zuverlässig hoher Qualität, trotz der Größe. Breite Palette von Schaumweinen, die meisten trocken, in unterschiedlichen Stilen. Besuche nur Montag bis Donnerstag während der Arbeitszeit. Nur mit schriftlicher Anmeldung und Bestätigung: *Corso Libertà 66, 14053 Canelli (AT).*

**Luigi Coppo e Figli**
*Canelli, Tel. 01 41/82 31 46*
Obwohl ihr Betrieb im Mittelpunkt des Moscato-Gebiets liegt (mit Kellern in der Via Alba) und einen feinen Moscato d'Asti erzeugt (Moncalvina), konzentrieren sich die Aktivitäten der Gebrüder Coppo auf Barbera d'Asti mit den drei Typen L'Avvocata (traditionell), Pomorosso (aus Barriques, alte Reben), Camp du Rouss (in Fässern gealtert, die zuvor für Pomorosso verwendet wurden). Besuche nur während der Arbeitszeit und mit Anmeldung. Gruppen zahlen für Proben.

**Forteto della Luja**
*Loazzolo, Tel. 01 41/83 15 96*
Der Besitzer, Giancarlo Scaglione, war die zentrale Figur bei der Anerkennung des Loazzolo-Weins. Der Wein ist nicht zu süß, mit einem klarem Eichengeschmack, der seine sanften Moschusanklänge überlagert. Spazierwege durch die schönsten Waldgebiete des Gutes sind markiert. Nur mit Anmeldung. Gelegentlich werden Weinproben mit traditionellem Essen organisiert. Fragen Sie bei der Anmeldung danach. Besuche am dritten Wochenende des Monats mit dem Antiquitätenmarkt in Nizza abgestimmt (siehe S. 90).

**Michele Chiarlo**
*Calamandrana, Tel. 01 41/7 52 31*
Hauptniederlassung dieses großen Guts. Weine aus 135 ha Reben. Am besten bekannt als einflußreiche Erzeuger von Barbera d'Asti, v. a. Valle del Sole; der Barolo (Cerequio und Cannubi) erregt ebenfalls großes Interesse. Besuche nur während der Arbeitszeit.

**Elio Perrone Castiglione**
*Tinella, Tel. 01 41/85 51 32*
Schwerpunkt auf zwei Moscato d'Asti (Clarté und Sourgal), die die Bandbreite der möglichen Stilvarianten verdeutlichen. Besuche nur während der Arbeitszeit.

## NIZZA BIS OVADA

### RESTAURANTS

**Farinata da Gianni**
*Acqui Terme, Via Mazzini 32*
*Tel. 01 44/32 42 83*
Ältestes Speiselokal in Acqui, immer noch mit dem ursprünglichen Holzofen für *farinata*. Kleine Karte mit einer Mischung piemontesischer und ligurischer Gerichte. Nicht teuer. Nur abends geöffnet, mittwochs geschlossen.

**Parisio 1933**
*Acqui Terme, Via C. Battisti 7*
*Tel. 01 44/5 70 34*
Zuverlässig gute Küche mit ligurisch-piemontesischen Zutaten; gute Weinauswahl. Angemessen, nicht teuer. Montags geschlossen.

**La Schiavia**
*Acqui Terme, Vicolo della Schiavia 1*
*Tel. 01 44/5 59 39*
Das schickste Lokal von Acqui, untergebracht in eindrucksvollem, 250 Jahre altem Gebäude. Das Essen ist die für dieses Gebiet typische ligurisch-piemontesische Mischung, schmackhaft, mit guter Konsistenz und anregenden Kombinationen. Breite Auswahl an regionalen und internationalen Weinen; im Mittelpunkt steht aber der Wein in der *enoteca* im Obergeschoß. Mittlere Preislage, reell. Sonntags geschlossen.

**Cacciatori**
*Cartosio, Via Moreno 30*
*Tel. 01 44/4 01 23*
Weit draußen auf dem Land, etwa 14 km von Acqui. Alteingesessener Familienbetrieb, bequem und freundlich. Klassische regionale Küche mit viel Gemüse, schmackhaft und schön angerichtet. Gute Weinkarte, nicht nur lokal. Mittlere Preislage. Donnerstags geschlossen.

**Osteria del Nonno Carlo**
*Montechiaro d'Acqui, Via delle Scuole 1*
*Tel. 01 44/9 23 66*
Rund 20 km südlich von Acqui, an einer steilen, kurvenreichen Straße. Regionales Essen. Anchovis in origineller Spezialsauce. Hausgemachte Pasta, qualitätsvolle, einfach zubereitete Fleischgerichte und *stoccafisso*; guter Ziegenkäse und die regional bekannte Haselnußtorte. Hauptsächlich lokale Weine, auch von weniger bekannten Erzeugern. Dienstags geschlossen.

## VON NIZZA BIS OVADA

### Die Strecke Nizza - Acqui

Nizza Monferrato, am Zusammenfluß des kleinen Flüßchens Belbo und der noch kleineren Nizza, ist kaum eine aufregende Stadt, sondern eher ein funktionelles Handelszentrum für die umliegenden Dörfer. Früher war die Ortschaft ein bedeutender Marktflecken mit einem wichtigen Rindermarkt auf dem Hauptplatz. Heute findet man hier zumindest noch kunstgewerbliche Erzeugnisse. Der Ort liegt im Gebiet des Cortese dell'Alto Monferrato, und so sind hier eine Anzahl von Weinproduzenten zu Hause.

Die Cortese-Rebe liefert die Trauben für den Gavi (siehe S. 112-117). Angebaut wird sie aber auch noch in einer fast rechteckigen Zone, die sich von einer Nord-Süd-Linie direkt im Westen von Canelli nach Osten bis zum Rand des Gavi-Bereichs erstreckt und einen Teil des Alto Monferrato bildet (Näheres zum Monferrato siehe S. 126-135). Die Cortese ergibt feste Weißweine mit einem intensiven mineralischen Geschmack. In ihrer Jugend haben sie eine zarte Blume; in Gavi können sie zu würzigen, abgerundet fruchtigen Weinen reifen.

Rechts: *La Bollente, die dampfende heiße Quelle von Acqui Terme, entspringt unter dem Brunnenhaus.*

Links: *Kostbare alte Flaschen lagern in der Stille von kühlen unterirdischen Kellern.*

Nizza liegt auch am Rand der Zone des Dolcetto d'Asti, eines Weins, der in seinen besten Versionen leicht, erfrischend und süffig ist. Sein Anbaugebiet erstreckt sich über einen schmalen Streifen im südwestlichsten Bereich der Provinz, dessen östlicher Rand in etwa dem Belbo folgt und somit auch Canelli und Nizza berührt.

Von Nizza aus fahren Sie durch sanfte, von Reben bedeckte Hügel weiter in Richtung Acqui Terme. In der Ferne können Sie links vielleicht die glänzende Kuppel der Kirche in Fontanile sehen. Etwa an diesem Punkt, kurz bevor es rechts an einer Abzweigung nach Castel Boglione geht, kommen Sie in den Bereich des Brachetto d'Acqui, der im Nordwesten durch das Belbotal und im Süden und Osten vom Tal der Bormida begrenzt wird. Zwar wächst die Brachetto-Rebe auch in anderen Gebieten, aber dieser DOC-Bereich ist ihre zentrale Anbauregion. Die Brachetto-Rebe liefert Weine, die genau das Gegenteil dessen sind, was man von einer roten piemontesischen Traube erwartet. Am meisten Ähnlichkeit haben sie noch mit Asti und Moscato d'Asti (die ebenfalls beide hier erzeugt werden, aber meist etwas fetter sind als die Moscato-Weine von der anderen Seite des Belbo.) Brachetto-Weine sind von blaßroter bis hellrosa Farbe und in der Regel *frizzante* oder Schaumweine; mitunter kommen sie aber auch in stillen Varianten vor. Sie haben wenig Alkohol und sind süß oder lieblich mit einem Duft von Erdbeeren und Muskateller-Trauben, gelegentlich auch von Veilchen und Rosen.

**La Volpina**
*Ovada, Strada Volpina 1*
*Tel. 01 43/8 60 08*
Mehr ligurisch als piemontesisch, mit viel Gemüse und reichlich Fisch; leichte, aber sättigende Gerichte. Hausgemachte Pasta. Speisekarte bietet Tagesgerichte und Tagesweine. Tische im Freien. Nicht überteuert. Sonntag abends, montags geschlossen.

**Bel Soggiorno**
*Cremolino, Via Umberto 1*
*Tel. 01 43/87 90 12*
Restaurant in altem Landhaus mit eher piemontesischer als ligurischer Küche. Bringen Sie einen großen Appetit mit. Guter Service, ausführliche regionale Weinkarte. Mittlere, angemessene Preislage. Mittwochs geschlossen.

## FEINKOSTGESCHÄFTE

**Centrale**
*Acqui, Corso Italia 15*
Acquis beste Wurst, aber probieren Sie auch den Ziegen- oder den gemischten Ziegen-Schafskäse.

**Pasticceria Bellati**
*Acqui, Piazza San Francesco 2*
Etwas Besonderes als Mitbringsel: speziell geformte Kuchen und Konfekt zur Erinnerung an die alten Heilwasserträger.

## SPEZIALITÄTEN

**Konfekt** – Auch andere Süßigkeiten.
**Kalbslende** – Am besten in Nizza.
**Kardonen** – Gemüse, bekannt als *Gobbo di Nizza.*
**Obst** – Pfirsiche, Äpfel u. a.; auch Konserven.
**Haselnußtorte**
**Stoccafisso** – Hinter Acqui zeigt sich der Einfluß Liguriens immer deutlicher, v. a. durch diese Spezialität, getrockneten Stockfisch; außerdem Anchovis und andere getrocknete, gepökelte oder auch frische Fische. Es werden auch merklich mehr Gemüse, Olivenöl und aromatische Gewürze verwendet.

## ENOTECHE

**Enoteca Regionale di Acqui Terme**
*Tel. 01 44/77 02 73*
Kostenlose Proben für Weinliebhaber. Siehe auch Haupttext. Öffnungszeiten vor Ort zu erfahren.

**Enoteca Dionisos**
*Acqui Terme, Vicolo della Pace 7*
Bietet alles, was das Herz begehrt, von Wein aus Chile bis zu Whisky und Delikatessen; und natürlich auch eine gute Auswahl italienischer Weine.

**La Schiavia**
*Acqui Terme*
Siehe Restaurants.

## SEHENSWÜRDIGKEITEN

**Bersano-Museum** in Nizza, Piazza Dante 24, Tel. 01 44/72 12 73 – Exponate aus dem Leben der Landarbeiter sowie alte Drucke zum Thema Wein. Geöffnet März bis Oktober, nur mit Anmeldung.

## VERANSTALTUNGEN

**Antiquitätenmarkt** in Nizza – Besonders interessant für Münzen, Medaillen, Briefmarken, Oldtimer-Autos und Landwirtschaftsmaschinen. Jeweils dritter Sonntag im Monat.
**Weinlesefest** in Nizza – Ende August bis Anfang September.
**Dolcetto-di-Ovada-Markt** in Ovada – Ende August bis Anfang September.
**Trüffeltag** in Nizza – November.
**Kälbermarkt** in Ovada – Oktober.
**Ritterspiele** in Nizza – Juni.

## EMPFOHLENE ERZEUGER

**Guasti Clemente e Figli**
*Nizza Monferrato, Tel. 01 41/72 13 50*
Mit unterirdischen Kellern in der Ortsmitte von Nizza, besitzt fünf Anwesen in den umgebenden Hügeln, die v. a. Barbera d'Asti erzeugen (einer davon in Barriques ausgebaut). Kauft auch Trauben zur Produktion zahlreicher anderer Weine. Starke Beziehungen nach Amerika, da der Ahnherr Secondo Guasti 1881 nach Kalifornien ausgewandert ist und dort einen großen Weingarten mit Barbera-Setzlingen angelegt hat. Besuche während der Arbeitszeit; an Wochenenden nur mit Anmeldung.

**Cascina La Barbatella**
*Nizza Monferrato, Tel. 01 41/70 14 34*
Im Besitz eines Weinliebhabers aus Mailand, der viel in neue, moderne Keller investiert hat. Zeichnet sich aus durch fein entwickelten, fruchtigen Barbera d'Asti mit guter Struktur, besonders von der Spitzenlage La Vigna dell'Angelo. Nur mit Anmeldung. Große Gruppen zahlen für Proben.

Bald darauf kommen Sie an Castel Rocchero vorbei, das etwas rechts von der Straße liegt; die runden Gebäude der Genossenschaftskellerei Torre di Castel Rocchero stören aber ein wenig die schöne Aussicht. Gleich dahinter schwenkt die Straße nach rechts und bringt Sie damit in die Provinz Alessandria sowie in den DOC-Bereich Dolcetto d'Acqui, der hier den Dolcetto d'Asti ablöst. Der Dolcetto aus Acqui ist dem von Asti nicht allzu unähnlich, gelegentlich aber etwas voller und von reichhaltigerer Frucht. Die Hügel sind auch hier noch sanft und abgerundet, fallen nun aber in das östlichere Bormidatal ab und nicht mehr zum Belbo hin.

Diese Straße führt weiter durch eine ruhige und reizvolle Landschaft nach Acqui Terme, das Sie etwa zehn Minuten später erreichen. Sie können aber auch einen raschen Abstecher nach links durch Alice Bel Colle machen und noch ein kurzes Stück weiter in Richtung Ricaldone und Maranzana fahren, bevor Sie nach rechts abbiegen und auf einer engen, malerischen Straße zurück auf die *statale* von Nizza nach Acqui kommen; oder Sie erweitern den Umweg ein wenig und nehmen auf dieser kleinen Straße die Gabelung nach Strevi, um dann erst

durch das Bormidatal nach Acqui zu gelangen. Die gesamte Strecke dauert eine knappe halbe Stunde.

**Acqui Terme**

Anders als die recht eintönigen Ortschaften des Belbotals ist Acqui eine reine Freude. Das lebendige kleine Städtchen am Ufer der Bormida ist ein wohlhabendes Heilbad, das sich heute aber bei weitem nicht mehr so extravagant gibt wie in den 50er Jahren, als es noch zu den bedeutendsten Kurorten Italiens zählte. Im Kopfsteinpflaster der Hauptstraße weisen farbig abgesetzte Steine in Form eines Springbrunnens den Weg zur Quelle, die beständig dampfend in einem von Rundbögen geschmückten Brunnenhaus entspringt. Acqui besitzt auch eine geräumige und gut bestückte Enoteca Regionale. Sie befindet sich neben einer kleinen Gasse am anderen Ende der Piazza Levi beim Rathaus. Nicht auslassen sollte man die alteingesessene und immer noch unveränderte Bar Pasticceria Voglino an der Piazza Italia (abseits des Corso Dante). Den großen Innenraum mit seinen kleinen Tischen und den hohen, mit Leckerbissen besetzten Büfetts zu betreten ist fast ein Schritt in eine vergangene Zeit.

**Scarpa**
*Nizza Monferrato, Tel. 01 41/72 13 31*
Absolut traditionalistisches Gut (barriquefreie Zone) unter der Leitung des qualitätsorientierten Mario Pesce. Bekannt sowohl für guten Barolo Tettimorra (aus La Morra), Barbaresco Tettineive (Neive) und besonders Rouchet (Ruché) aus der Nähe von Castagnole Monferrato als auch für Barbera d'Asti und ungewöhnlich trockenen Brachetto, auch wenn die Keller in Nizza sind und größere Rebflächen südlich von Castel Rocchero, nahe Acqui, liegen. Proben in alten Kellern, begleitet von Imbiß aus regionalen Spezialitäten. Nur mit Anmeldung.

**Bersano**
*Nizza Monferrato, Tel. 01 41/72 12 73*
Gigant unter den Erzeugen Piemonts, der jährlich Millionen von Flaschen aus allen Zonen der Region produziert. Gutseigenes Museum angeschlossen (siehe S. 90).

**Araldica Vini**
*Castel Boglione, Tel. 01 41/76 21 15*
Großes Gut mit innovativem Konzept; breite Palette von ausgefeilten Weinstilen.

**Marenco**
*Strevi, Tel. 01 44/36 31 33*
Größeres, von Giuseppe Marenco aufgebautes Gut, das heute unter der Leitung seiner Töchter steht. Reben in sieben verschiedenen Lagen, meist um Strevi. Schwerpunkt auf leichten, erfrischenden Brachetto d'Acqui Pineto und Moscato d'Asti Scrapona.

**Banfi**
*Strevi, Tel. 05 77/84 01 11*
Örtliche Niederlassung des großen toskanischen Erzeugers zur Produktion von Brachetto d'Acqui, Dolcetto d'Acqui, Moscato d'Asti, Gavi, trockenen Schaumweinen u. a. Informationen: 05 77/84 01 11 (Zentrale in der Toskana).

**Cascina Bertolotto di Traversa Giuseppe e Fabio**
*Spigno Monferrato, Tel. 01 44/9 12 23*
Etwa 25 km südlich von Acqui in 400 m Höhe über dem Bormidatal. Veranstaltet großangelegte Probiertage mit speziell zu den Weinen ausgesuchten Käsesorten von lokalen Herstellern. Zwei verschiedene Dolcetto d'Acqui, Ca Muietti e Ca Cresta; Cortese dell'Alto Monferrato Il Barigi; Piemonte Brachetto (Gut außerhalb der Brachetto-d'Acqui-Zone). Pläne zur Errichtung eines Agriturismo-Betriebs.

Links: *Traditionelle* botti *in einem großräumigen, funktionell eingerichteten Keller. Diese Fässer sind meist aus slawonischer Eiche und fassen 25 Hektoliter oder mehr.*

Rechts: *Reben während der winterlichen Ruhezeit in der Nähe von Ovada.*

### Die Strecke Acqui – Ovada

In Acqui spürt man schon deutlich die Nähe Liguriens; das Klima wird trockener, windiger, sonniger, und es gibt weniger Winternebel. Nicht weit im Süden liegen die ersten Anhöhen des Apennin, der beiderseits von Genua steil zur Küste hin abfällt. Eine Spazierfahrt durch diese herrliche Landschaft südlich von Acqui kann ein bezauberndes Erlebnis sein. Um aber nach Ovada zu kommen, verlassen Sie Acqui auf der Straße in Richtung Genua. Überqueren Sie den Fluß, und folgen Sie anschließend den Schildern nach Ovada.

Nach wenigen Minuten kommen Sie durch Visone und sind dann schon wieder im Weinland. Bei der nächsten Kreuzung mit vier gelben Straßenschildern überqueren Sie die Grenze vom Bereich des Dolcetto d'Acqui zu dem des Dolcetto di Ovada. Dieses Anbaugebiet umgibt kreisförmig die Stadt Ovada. Es erstreckt sich im Süden bis zur Grenze nach Ligurien und überschneidet sich im Osten mit der westlichen Flanke von Gavi. Der hier erzeugte robuste, reichhaltige Dolcetto ist gutstrukturiert und altert sehr schön, Eigenschaften, die er den trockenen ligurischen Winden und dem äußerst kargen Boden verdankt, der die Erträge niedrig hält. Relativ wenige Erzeuger machen sich jedoch die Mühe, unter diesen Voraussetzungen hier zu investieren, und schlagen lieber den weniger beschwerlichen Weg der unkomplizierten, leichten Weine ein, die sie innerhalb des ersten Jahres verkaufen können. Die besten Weingärten liegen nur wenig nördlich der *statale* zwischen Acqui und Ovada. Sie können daher entweder direkt auf der *statale* (über Cremolino) nach Ovada fahren oder, noch besser, einen Umweg nach Norden machen. In beiden Fällen erreichen Sie Ovada in weniger als einer halben Stunde. Für die längere Strecke biegen Sie bei den gelben Schildern links ab (Richtung Orsara und Rivalta). Dies ist auch ein Gebiet der Trüffelsammler, und in den Wäldern wachsen gute Haselnüsse. Kurz darauf geht es nach rechts in eine schmale Straße, die sich nach Morsasco hinaufschlängelt. Biegen Sie dort links ab, und fahren Sie durch die sauber angeordneten Weingärten nach Trisobbio.

**La Guardia**
*Morsasco, Tel. 01 44/73 07 6*
Mittelgroßes Gut mit Weingarten auf halbrundem, sonnigem Hügel und sorgfältig erzeugten Weinen. Drei Dolcetto di Ovada. Bricco Riccardo ist am typischsten, sowohl für den Ovada-Stil wie auch für die Produktion des Gutes: groß, robust, lebendig und lang, voller Frucht und langlebig. Il Gamondino kommt von sehr alten Reben, Villa Delfini wird in Barriques ausgebaut. Auch attraktiver, guter Cortese dell'Alto Monferrato. Behagliche Probierstube. Besichtigung der Villa Delfini aus dem 18. Jh. und ihrer in den Fels gehauenen Keller möglich.

**Cascine Olive-Scarsi di Ratto Giuseppe**
*Rocca Grimalda (Loc. San Lorenzo) Tel. 01 43/83 18 88*
Giuseppe Ratto demonstriert stolz die bekannte Langlebigkeit des Dolcetto di Ovada; seine kraftvollen, fest strukturierten Weine können nach seiner Aussage bis zu 30 Jahre lagern. Zwei Dolcetto (Gli Scarsi, Le Olive). Das Gut wurde bei der Überschwemmung von 1994 stark beschädigt und wird allmählich wieder hergestellt. Nur mit Anmeldung.

**Castello di Tagliolo**
*Tagliolo Monferrato, Tel. 01 43/8 91 95*
Drei Dolcetto di Ovada, Barbera u. a. Probierzimmer mit Ausstellung alter Weine. Weingeschäft. Anmeldung nicht erforderlich.

**Contero**
*Strevi, Tel. 01 43/68 21 32*
Brachetto, Dolcetto und herrlicher Moscato; im Besitz des gleichen Weinunternehmens wie Tenuta La Giustiniana in Gavi, wo sich auch die Kontaktstelle für Besucher befindet.

Ein Stück weiter kommen Sie nach Santo Stefanodi mit einer weiteren Auswahl an Routen. Folgen Sie entweder den Wegweisern direkt nach Ovada, oder zweigen Sie rechts nach Cremolino ab, um wieder auf die *statale* zu kommen. Eine dritte Straße bringt Sie links hinauf zur landschaftlich reizvollen Rocca Grimalda, von wo eine schmale Straße dem Orbatal entlang nach Ovada führt. Die Stadt ist ein wichtiges Handelszentrum.

Überqueren Sie die Orba, und fahren Sie in Richtung Lerma. Wer jetzt noch nicht nach Ligurien möchte, kann diese Straße weiter bis nach Gavi nehmen (siehe S. 112). Gleich nach der Überführung über die *autostrada* kommen Sie nach Tagliolo Monferrato. Hier liegt der erste der beiden bedeutendsten Anbaubereiche. Der zweite ist Lerma selbst, ein hübscher Ort, den man nur kurze Zeit später erreicht. Drehen Sie hier wieder um, und folgen Sie den Wegweisern zur *autostrada*.

Unten: *Sommerfarben schmücken den Balkon über einer sonnengebleichten Holztüre.*

# Ligurien

Genua liegt am Scheitelpunkt des langgestreckten Küstenbogens der ligurischen Riviera. Dicht dahinter erhebt sich schützend der Apennin und fängt die rauhen kontinentalen Winde ab, während unten am Meer ein herrliches, mildes Klima herrscht. Sogar im tiefsten Winter, wenn sich kalter und feuchter Nebel über weite Teile Piemonts ausbreitet, sind die Temperaturen in der klaren Sonne der ligurischen Küste angenehm warm.

Der schmale Küstenstreifen läßt nicht viel Raum für Straßen, und so sind die Aurelia und die *autostrada* die einzigen Fernverbindungen. Vor allem im Westen gibt es aber auch schöne Strecken landeinwärts, hinauf in den kühleren Apennin mit seinen eindrucksvollen Fernsichten und abgeschiedenen Dörfern.

Am besten fährt man zur Erkundung Liguriens von Genua aus auf der Autobahn in den Westen (*ponente*) oder Osten (*levante*) der Region und kommt dann langsam und mit Abstechern ins Umland auf der *statale* zurück. Die Hinfahrt auf der Autobahn dauert in beiden Richtungen jeweils etwa eine Stunde und die Rückfahrt mindestens das Dreifache.

Die *autostrada* von Ovada erreicht bei Voltri, etwa 15 Kilometer westlich von Genua, die Küste. Hier können Sie gleich weiter an die Riviera di Ponente (westliche Riveria) fahren. Wer aber zuerst noch Genua sehen möchte, sollte dazu auf der *autostrada* bleiben, denn so schön die übrige Küste Liguriens auch sein mag, der Abschnitt zwischen Voltri und Genua ist stark bebaut, industrialisiert und schlicht häßlich.

Links: *Die Spitze der Halbinsel von Portofino und dahinter die Bucht – ein wahres Paradies.*

Oben: *Die berühmte Bucht von Portofino leuchtet in der hellen Morgensonne.*

## GENUA

### HOTELS

Als großes Wirtschaftszentrum ist Genua reichlich mit Hotels ausgestattet. Die folgenden sind eine Auswahl der angenehmsten Etablissements.

**Bristol Palace**
*Via XX Settembre 35*
*Tel. 010/592541, Fax 010/561756*
Hoch angesehen. Für den, der wahren Luxus sucht. Traditioneller Stil. Garage.

**Cairoli**
*Via Cairoli 14/4*
*Tel. 010/206531, Fax 010/280041*
Am Rand der Altstadt. Sehr komfortabel. Terrasse mit Blick auf die Stadt. Nicht teuer. Garage.

**Capannina**
*Via Tito Speri 7*
*Tel. 010/363205, Fax 010/3622692*
Östlich des Zentrums. Charmante, bequeme Zimmer. Nicht teuer. Kleine Garage.

### RESTAURANTS

**Antica Osteria del Gaia**
*Vico dell'Argento 13/r*
*Tel. 010/2461629*
Am Rand der Altstadt. Freundlich und jung. Herzhafte Portionen, schmackhaftes Essen; sorgfältig ausgewählte Weine von kleinen Gütern (auch aus Ligurien). Sonntags geschlossen.

**Da Maria**
*Vico Testadoro 14/r, Tel. 010/581080*
In der Altstadt. Genuesisches Essen, einfach und gut. Nur Hauswein. Freitag abends und samstags geschlossen.

**Per Bacco**
*Piazza del Cavalletto 9-11/r*
*Tel. 010/540889*
In der Neustadt. Kleiner, freundlicher Familienbetrieb. Hervorragende Qualität, frische Zutaten. Schwerpunkt auf Fisch. Kleine Weinauswahl. Sonntag mittags geschlossen.

**Gran Gotto**
*Via Brigata Bisagno 69*
*Tel. 010/564344*
Hübsches Restaurant in der Neustadt. Herrlich zubereitetes Essen; viel Gemüse, gut gewürzt. Sorgfältig ausgewählte Weine. Etwas teuer. Samstag mittags und sonntags geschlossen.

### FEINKOSTGESCHÄFTE

Die interessanten Geschäfte sind in der Altstadt (siehe Haupttext), aber nicht versäumen sollte man:

Pasticceria Romanengo
3 Geschäfte in der Stadt; das beste in der Via Orefici. Das Geschäft selbst ist uralt und mit schön verzierter Originaleinrichtung. Aufmerksame, persönliche Bedienung und köstliche Leckereien.

## GENUA

Es heißt, die Menschen in Ligurien seien verschlossen und schweigsam und neigten zum Separatismus. Aber weit gefehlt. Sie mögen sich zwar vom restlichen Italien etwas abwenden, doch das zwingt ihnen schon ihre geographische Lage auf. Durch den rauhen Gebirgszug des Apennins von den anderen Teilen des Landes weitgehend abgeschnitten, ist ihr wesentlicher Orientierungspunkt schon immer die See gewesen.

Ein typisches Beispiel dafür ist Genua. Der Lebenssaft der Stadt, die früher eine selbständige Republik und bedeutende Seemacht war, ist das Meer. Mit dem Abflauen des Warenverkehrs verlagerte sich der Schwerpunkt des pulsierenden Handelshafens, der noch immer der wichtigste Italiens ist, auf Kreuzfahrten im europäischen Raum. Heute finden solche Fahrten hauptsächlich in der Karibik statt, und die Ankunft eines Luxusdampfers ist zu einem eher seltenen Ereignis geworden. Die Schiffahrt konzentriert sich jetzt auf Fähren nach Sardinien, Neapel oder Sizilien, die Einnahmen durch die kauffreudigen Passagiere großer Schiffe bleiben also aus. Dennoch trägt die Stadt immer noch eine Atmosphäre des Wohlstands.

Genua erstreckt sich über einen langen, schmalen Streifen zwischen der Küste und den Bergen und steigt halbkreisförmig empor bis zu den Gipfeln der hügeligen Ausläufer und an den Rand einer dahinter liegenden Ebene. In dieser landschaftlichen Lage sind heftige, gelegentlich frische Brisen keine Seltenheit.

Einen ersten Gesamteindruck bietet eine Fahrt auf der *sopraelevata*, einer modernen Stadtautobahn, von der man aus der Vogelperspektive die Küste und Teile des alten Genuas und des neuen Innenstadtbereichs überblicken kann. Das neue Genua mit seinen breiten, von Bäumen und eleganten Bauwerken gesäumten Prachtstraßen, ist einfach umwerfend. Die Häuser sind zum Teil jüngeren Datums, andere dagegen im typischen Genueser Stil erbaute ehemalige Sommerresidenzen. Zwischen der Piazza della Vittoria und der äußerst belebten Piazza de Ferrari verläuft die Via XX Settembre, die Haupteinkaufsstraße der modernen Stadt.

Das dichte Netz von Straßen und Gassen in der Altstadt hinter dem alten Hafen ist dagegen eine andere Welt. Bis vor kurzem galt dieser Teil der Stadt als nicht ungefährlich, Überfälle waren an der Tagesordnung. Mittlerweile ist allerdings etwas Ruhe eingekehrt. Aus den Arkaden gleich hinter dem Hafen weht wie seit Generationen ein unwiderstehlicher Duft gebratener Speisen. Das verwirrende Labyrinth kleiner Gassen ist in verschiedene geschäftliche Hoheitsbereiche eingeteilt: die Straße der Metzger etwa oder der Bezirk der *Stoccafisso*-Händler. Auch der wichtigste Lebensmittelmarkt befindet sich hier (Piazza Banchi). Hierher geht man, um irgendeinen geschickten Handwerker oder besondere Delikatessen zu finden. In der dunklen Zeit der Altstadt wurden zwar

Oben: *Die Piazza Banchi, der berühmte Marktplatz in der Altstadt von Genua.*

Links: *Das herrliche Rathaus von Genua an der Piazza Caricamento.*

viele Geschäfte geschlossen, doch sie blieb weiterhin ein beliebtes Einkaufsviertel. Für geschichtlich und architektonisch Interessierte gibt es außerdem eine Menge zu sehen, allen voran den Palazzo Reale gegenüber dem Hafen.

Von seiner stolzen, weltstädtischen Seite zeigt sich Genua vor allem an der Küste. Von Ost nach West folgen hier nacheinander der Flughafen mit seiner in die Bucht hinausgebauten Landebahn, der alte und der neue Hafen, getrennt durch die «Laterne» (eigentlich ein Leuchtturm), das Wahrzeichen der Stadt, die Werftanlagen, das Aquarium, das zum 500jährigen Jubiläum der Entdeckung Amerikas errichtete Kolumbusdenkmal und das moderne Kongreßzentrum. Ganz im Westen schließlich treffen Stadt und Meer aufeinander.

Schließlich gibt es noch das Genua an den Hügeln, den traditionellen Wohnsitz der hiesigen Hautevolee. Mit der zunehmenden Ausbreitung der Stadt kamen aber an den unteren Hängen immer mehr normale Wohngebiete

## SPEZIALITÄTEN

Genua ist bekannt für seine Imbiß-Spezialitäten, *farinata, focaccia,* Gemüsekuchen, Fisch usw.

**Farinata** – Aus Kichererbsenmehl, Olivenöl, Wasser und Salz, in flachen Formen gebacken (z. T. mit Rosmarin, Zwiebeln usw.). Am besten heiß und frisch.

**Focaccia** – Leicht öliges, flaches Brot ähnlich wie Pizzaboden. Teils dünn und knusprig, teils dicker; beide Versionen unwiderstehlich. Die besten bekommt man u. a. bei:
Antica Osteria della Foce, Via Ruspoli 72/r;
Da Guglie, Via S. Vincenzo 64/r;
Sa Pesta, Via dei Giustiniani 16/r;
Sciamadda, Via Ravecca 19/r;
Spano, Via Sta. Rita 35/r.

## ENOTECHE

**Vinoteca Sola**
*Piazza Colombo 13/r*
Gut ausgesuchte Weine; Proben.

**Sola, Cucina e Vino**
*Via Barabino 120/r*
Ähnlich gute Weine, auch regionale Gerichte.

## ITALIENISCHE RIVIERA

### HOTELS

An der Küste gibt es keinen Mangel an Hotels, aber viele schließen im Winter und sind im Sommer ausgebucht. Die folgenden zählen zu den angenehmeren Etablissements in weniger bekannten Badeorten.

**Stella Maris**
*Levanto, Via Marconi 4*
*Tel. 01 87/80 82 51, Fax 01 87/80 73 51*
Große, mit Antiquitäten möblierte Zimmer; elegantes altes Gebäude in der Stadt, modernes Nebenhaus an der Küste.

**Bristol**
*Lavagna, Corso Mazzini 23*
*Tel. & Fax 01 85/39 56 00*
Zentral gelegener Familienbetrieb, hübsche Zimmer; äußerst reelle Preise.

**Cenobio dei Dogi**
*Camogli, Via N Cuneo 34*
*Tel. 01 85/77 00 41, Fax 01 85/77 27 96*
Schönes, elegantes Hotel in einer Villa aus dem 16. Jh. an der Küste. Schwimmbad, Tennisplatz, Privatstrand, Restaurant. Kostspielig.

**Villa Pagoda**
*Nervi, Via Capolungo 15*
*Tel. 0 10/32 32 00, Fax 0 10/32 12 18*
Alte Villa mit Park, neu renoviert. Freundlich.

### RESTAURANTS

Restaurants gibt es in großer Zahl, oft aber von schlechter Qualität und überteuert. Wer länger bleibt, sollte sich einen guten Restaurantführer besorgen.

### SPEZIALITÄTEN

**Pesto** – Bekannte Sauce aus Pinienkernen, Olivenöl, Knoblauch und Basilikum.
**Gewürze** – Viele verschiedene aus den Hügeln der Umgebung.
**Trofie** – Kleine Mehlklöße, werden mit Sauce gegessen.
**Olivenöl extra vergine** – An der Küste werden große Mengen von Oliven angebaut. Das Olivenöl ist oft hervorragend: reichhaltig, aromatisch; perfekt für Fischgerichte.
**Fisch** – Natürlicher Reichtum an der Küste; im Landesinneren gesalzen oder getrocknet.
**Minestrone** – Die echte Gemüsesuppe mit reichlich Gemüse.
**Polpettone** – Das Gericht, das im Ausland zum Fleischkloß degeneriert ist. Auch aus Kartoffeln und *fagioli.*
**Focaccia di Recco** – Käse zwischen zwei Schichten *focaccia*, im Ofen erhitzt; Spezialität in Recco.

dazu. Einige dieser Stadtteile sind durch regelmäßig verkehrende Seilbahnen mit dem Zentrum verbunden. Auf den Anhöhen findet man auch einige schöne Aussichtspunkte mit Blick hinab auf die verschiedenen Stadtviertel.

Alles in allem ist Genua ein wunderschöner Platz, den die meisten Italientouristen aber nur selten aufsuchen und daher kaum kennen.

## DIE ITALIENISCHE RIVIERA

Die Küstenorte Liguriens sind im Sommer von Touristen überlaufen, im Winter aber bleiben sie den Einheimischen überlassen, die dann die Ruhe genießen, spazierengehen oder, lebhaft diskutierend, auf einem sonnigen Plätzchen sitzen.

Portofino ist ein solches Städtchen. Die Halbinsel mit dem beliebten Ferienort ist ein Treffpunkt gutsituierter Jachtbesitzer, der sommers so viele Besucher in das kleine Zentrum lockt, daß Parkplätze nur für eine halbe Stunde vergeben werden. Im Januar aber stehen die Parkflächen fast leer, die Stimmung ist entspannt, und Fischer flicken am Ufer ungestört ihre Netze.

Keineswegs aber lohnt sich ein Besuch der Riviera nur außerhalb der Saison. Frühling und Herbst sind hinreißend, und auch der Sommer ist ein Erlebnis für sich, sofern man genug Geduld für die häufig überlasteten Küstenstraßen aufbringt.

Rechts: *Bereit für das Tagesgeschäft in Portofino.*

Die Urlaubsorte im Westen haben sich meist dem Kommerz unterworfen – zum Beispiel Alassio, Diano Marina und San Remo. Am frustrierendsten ist San Remo mit seinem alptraumhaftem Verkehr das ganze Jahr über. Die meisten anderen haben sich den gelassenen Charme guter Seebäder bewahrt. Ventimiglia und Bordighera, beide unweit der französischen Grenze, sind besonders reizvoll und einladend. Etwas weniger bekannt und daher nicht so überlaufen ist der Küstenabschnitt zwischen Savona und Genua. Hier sticht vor allem das hübsche Arenzano hervor. Landschaftlich erweist sich der Westen aber als recht uneinheitlich. Man findet wunderbare Stellen, gelegentlich mit einer beinahe südseehaften Idylle oder auch von atemberaubender Dramatik. Dazwischen folgen jedoch immer wieder Strecken von eher durchschnittlicher Ausstrahlung, die fast dazu verleiten, auf der *autostrada* an den übrigen Gebieten vorbeizufahren. Bei Voltri schließlich, wo das dicht besiedelte Hinterland von Genua einsetzt, sinkt die landschaftliche Reizskala auf den Nullpunkt.

Die wirklichen Perlen der Riviera liegen im Osten. Sestri Levante, Chiavari, Rapallo und Santa Margherita sowie nicht zuletzt auch Portofino sind zauberhafte Orte mit eigenem Charakter. Es gibt weniger Sandstrände auf dieser Seite, aber zahlreiche Jachthäfen und viele kleine Küstendörfer, die sich oft unterhalb von steilen Felsabhängen in winzige Buchten schmiegen. Westlich von Portofino rücken immer mehr Gärtnereien ins Blickfeld, die sich von hier aus über die gesamte Küste bis an die Grenze zu Frankreich erstrecken; nicht umsonst wird Ligurien auch Riviera dei Fiori (Blumenküste) genannt. Beinahe überall gewahrt man einen gewissen individuellen Stolz. Die alten Häuser werden sorgsam gepflegt und regelmäßig gestrichen und oft auch mit überraschenden Trompe-l'œils geschmückt.

ENOTECHE

**Bottega del Vino**
*Sestri Levante, Via Nazionale 530*
Umfangreiches Sortiment, alles gut gelagert. Breites wöchentliches Angebot offener Weine; faire Preise. Guter Imbiß. Nur abends, geöffnet bis 3 Uhr.

**Enoteca Grazia**
*Sestri Levante, Via Nazionale 529*
Weingeschäft mit großer Auswahl. Auch Schnäpse, Olivenöl, Kaffee usw.

**Bisson**
*Chiavari, Corso Gianelli 28/r*
Weingeschäft mit faszinierender Auswahl aus Ostligurien und einigen weniger bekannten aus Piemont. Erzeugt auch guten lokalen Wein.

**Piccolo Ristorante**
*Chiavari, Via Bontà 22*
Gutes Weingeschäft mit verschiedenen Weinstilen. Angeschlossenes Restaurant.

VERANSTALTUNGEN

**Fischfest** in Camogli – 2. Sonntag im Mai. Große Mengen Fisch in riesiger Pfanne gebraten. Helfen Sie mit beim Essen – umsonst.

Links und oben: *Zwei Ansichten des noblen Badeorts Santa Margherita.*

# Ligurien

Unten und rechts: *Dolceacqua hat nicht nur wunderbare Ausblicke zu bieten, sondern auch einige seltene und markante Weine.*

## RIVIERA DI PONENTE

Wenn Sie jemandem in Italien erzählen, daß Sie sich die Weinberge im westlichen Ligurien ansehen möchten, dann werden Sie damit unter Umständen größte Verwunderung auslösen. Denn nach allgemeiner Überzeugung existieren hier praktisch keine nennenswerten Weine, und die wenigen doch abgefüllten Flaschen tragen zwar schöne Etiketten für die Touristen, von ihrem Inhalt halten die meisten Italiener indes nicht viel. In Wirklichkeit gibt es durchaus etliche Weinberge. Leider sind sie meist so klein, daß der Wein oft nur an Freunde verkauft wird.

### Dolceacqua

Das Anbaugebiet des Dolceacqua (auch Rossese di Dolceacqua genannt) ist ein kleiner Bereich in der Nähe der französischen Grenze, der sich von der Küste bei Ventimiglia und Bordighera bis in das Bergland des Apennins

erstreckt. Die Weinberge konzentrieren sich aber hauptsächlich in den Tälern der Nervia und der Crosia im Zentrum der Zone auf einer Höhe unter 600 Metern. Die folgende Tour durch die beeindruckende Landschaft des Gebiets dauert eine gute Stunde.

Verlassen Sie die *autostrada* bei der Abfahrt nach Ventimiglia, und fahren Sie in die Stadt hinein. Biegen Sie dann ein Stück hinter der Ortsmitte links in die nach Apricale und Dolceacqua ausgeschilderte Abzweigung. Sie bringt Sie hinauf in das Nerviatal. Die niedrigeren Hänge sind mit farbenprächtigen Blumen und verschiedensten Pflanzen bedeckt, die hier zum späteren Verkauf angepflanzt werden. Man sieht auch Zitronenbäume und zahlreiche an den Felsen wachsende Kräuter und Gewürze; weiter oben stehen fast überall Olivenbäume. Dazwischen gibt es kleine, meist terrassierte Weinberge mit der heimischen roten Sorte Rossese, aus der reife, geschmeidige Weine mit viel Frucht und Tiefe entstehen. Am dichtesten wachsen die Reben gegenüber dem Dorf Dolceacqua an den steil ins Tal abfallenden Hängen auf der anderen Seite des Flusses.

Fahren Sie weiter das Tal hinauf vorbei an Dolceacqua bis Isolabona und von dort nach Apricale. Wer die luftigen Höhen dem Trubel von San Remo vorzieht, kann von hier aus einen längeren Umweg durch die Berge einschlagen. In diesem Fall biegen Sie hinter

## WESTLICHES LIGURIEN

### HOTELS

**Kaly**
*Ventimiglia, Lungomare Trento e Trieste 67*
*Tel. 01 84/29 52 18, Fax 01 84/29 51 18*
Eine Stufe über anderen Drei-Sterne-Häusern, direkt am Meer. Nicht teuer.

**Enrica**
*Bordighera, Via Novaro 1*
*Tel. 01 84/26 34 36, Fax 01 84/26 13 44*
Nahe der See. Klein, freundlich, familiär. Angenehme Zimmer. Nicht teuer.

**Corallo**
*Imperia, Corso Garibaldi 29, Loc. Porto Maurizio*
*Tel. 01 83/66 62 64, Fax 01 83/66 62 65*
Direkt am Meer. Mittelgroße Zimmer. Große Terrasse, Park. Freundlich.

**Holiday**
*Finale Ligure, Loc. Varigotti, Via Ulivi 45bis, Tel. 0 19/69 81 24*
Sauber, einfach, freundlich und billig. Offiziell zwei Sterne, aber geräumig. Ruhig, nahe der See. Gutes Frühstück; gemütliches Abendessen.

**Miramare**
*Noli, Corso Italia 2*
*Tel. 0 19/74 89 26*
Umgebaute Festung; alte Mauern in Hotelbau integriert. Kühle, geräumige Zimmer mit Seeblick. Garten.

**Garden**
*Savona, Loc. Albissola Marina, Via Fareggiana 6*
*Tel. 0 19/48 52 53, Fax 0 19/48 52 55*
An der Küste. Modern und freundlich. Große, schöne Zimmer mit Klimaanlage. Schwimmbecken. Park.

**Grand Hotel**
*Arenzano, Lungomare Stati Uniti 3*
*Tel. 0 10/9 10 91, Fax 0 10/91 09 44*
Große, klimatisierte Zimmer. Privatstrand, Fitneßraum. Rezeption und Barbereich sehr elegant. Für das Gebotene nicht übermäßig teuer.

### RESTAURANTS

**Gastone**
*Dolceacqua, Piazza Garibaldi 2*
*Tel. 01 84/20 65 77*
Klassische, einfache Kost aus dem Landesinneren. Kleine Auswahl lokaler Weine. Nicht teuer. Montag abends und dienstags geschlossen.

**La Casa del Priore**
*Andora, Via Castello 34*
*Tel. 01 82/8 73 30*
In 200 Jahre altem ehemaligem Priorat. Ligurisch geprägte Küche. Sehr ausführliche Weinkarte. Mit Bierkeller und Pianobar. Teuer. Montags geschlossen.

**Moisello**
*Ranzo, Via Umberto I*
*Tel. 01 83/31 80 73*
Einfache lokale Gerichte, fachkundig zubereitet. Pigato empfehlenswert.

Apricale links ab und fahren hinauf nach Baiardo, von wo es dann durch Ceriana wieder hinab nach Poggio an der Küste hinter San Remo geht. Die Weintour führt aber hinter Apricale zunächst geradeaus weiter an Perinaldo vorbei. Ein kleiner Abstecher nach oben in das Bergdorf selbst bietet einen herrlichen Rundblick über die umliegende Landschaft. Anschließend fahren Sie weiter bergab und kommen, nun dem Crosiatal folgend, an Soldano vorbei und dann zurück auf die Küstenstraße. Weingärten sind hier zwar selten, aber einige wenige gibt es doch.

### Riviera Ligure di Ponente

Die meisten Weine aus dem westlichen Ligurien tragen die Herkunftsbezeichnung Riviera Ligure di Ponente. Dies wird kaum überraschen, da die Zone fast den gesamten Küstenbogen westlich von Voltri umfaßt, einschließlich des Dolceacqua-Gebiets, so daß sich hier die Erzeuger die Bezeichnung ihrer Weine aussuchen können. Die Weine der Riviera Ligure di Ponente kommen von vier Rebsorten: Rossese, Ormeasco (der örtliche Name der Dolcetto), der duftigen weißen Vermentino und der heimischen, kräftigen, ebenfalls weißen Pigato. Die Ormeasco liefert auch einen *rosato* namens Sciac-trà. In dieser Zone konzentriert sich der bei weitem größte Teil der Produktion auf zwei oder drei Bereiche. Ihr westlicher Teil in der Provinz Imperia bildet die Unterzone Riviera dei Fiori, mit hervorragenden Weißweinen. Die relativ wenigen Weinberge liegen hauptsächlich zusammengedrängt in den Hügeln hinter der Provinzhauptstadt Imperia und dem Seebad Diano Marina.

Diano Marina ist der beste Ausgangspunkt für eine kurze Fahrt landeinwärts durch diese Unterzone. Fahren Sie zuerst hinauf nach Diano Castello, das mit seiner schön restaurierten mittelalterlichen Burg auch selbst

Links: *Ein stilles Eckchen mit typisch tropischen Akzenten.*

Ganz links: *Der Vollmond steigt über der Landschaft Liguriens auf.*

Unten: *Ein Fischer flickt seine Netze.*

einen Besuch wert ist. Noch etwas weiter bergauf erreichen Sie das Hauptanbaugebiet, ein recht großes Areal mit niedrig erzogenen Reben. Bald danach teilt sich die Straße. Nehmen Sie hier die rechte Gabelung nach Diano Borello. Nun sind Sie mitten in einem Olivengebiet und sehen ein Meer von Olivenbäumen, das bis zum Horizont reicht. Fahren Sie an der nächsten Gabelung wieder rechts (nicht nach Evigno) und steil bergab ins Tal, dann über den Fluß und gleich noch einmal nach rechts zurück in Richtung Küste. Hier wachsen die Reben auf den kleinen Flächen zwischen den Hügeln und nicht wie sonst üblich an den Hängen. In diesem geschützten, hoch gelegenen Gebiet beherrschen immer noch Olivenpflanzungen die Landschaft, und sie setzen sich bis kurz vor dem tieferen Land hinter der Küste fort, von wo es nur noch ein kurzes Stück zurück nach Diano Marina ist.

Eine weitere Unterzone ist Albenga, beziehungsweise das Albenganese. Sie ist in erster Linie für die Rebsorten Pigato und Rossese bekannt, die in den Hügeln hinter Andora und in der Nähe der Ortschaft Albenga wachsen.

Hintergrundmusik. Angemessene Preise. Montag abends und mittwochs geschlossen.

**Lilliput**
*Noli, Loc. Zuglieno 49, Fraz. Voze*
*Tel. 019/748009*
Küche beruht auf frischen Zutaten aus der Region; klassische Zubereitung. Gute Weinkarte. Etwas kostspielig. Nur abends (außer am Wochenende); montags geschlossen.

**Vino e Farinata**
*Savona, Via Pia 15/r*
Bewährtes Lokal in Alt-Savona. Typisch regionales Essen, darunter *farinata* u. a. Empfehlenswert der *rosato* des Hauses. Nicht teuer. Sehr beliebt, oft voll und kein Telephon – also persönlich reservieren. Sonntags und montags geschlossen.

**Bacco**
*Savona, Via Quarda Superiore 17-19/r*
*Tel. 019/8335350*
Ausgefallenes Lokal am Hafen. Hauptsächlich Fisch und Meeresfrüchte. Kleine Auswahl lokaler Weine, guter Hauswein. Nicht teuer. Sonntags geschlossen.

## FEINKOSTGESCHÄFTE

**Olivenöl** – Gute Erzeuger mit Direktverkauf sind:
Frantoi Roi Badalucco, Via Argentina 1, traditionelle Ölmühle aus Granit; Bensa, Dolcedo; Marco Romagnoli, Castello di Perinaldo.

**Anchovis** – Pescheria Ü Balinciu, Calata Cuneo 77; Persico, Via Cuneo 39; beide in Imperia.

**Käse und andere Milchprodukte** – Aus Landmilch von der Region bei Cons. Coop. Valle Stura, Via Roma 69.

**Honig** – Von lokalen Imkern erhältlich bei Apicoltura Antonio Ferrari, Cisano sul Neva, Via Gramsci 33, und Apicoltura Fernandez, Finale Ligure, Loc. Perti, Via Calice 186.

## SPEZIALITÄTEN

**Stoccafisso** – Getrockneter Stockfisch.

**Oliven**, **Olivenpastete** und anderes aus Oliven.

## ENOTECHE

**Bacchus**
*San Remo, Via Roma 65*
Guter Imbiß; auch Mittagessen auf hohem *Trattoria*-Standard. Dazu Weine nach Wunsch.

**Enoteca Marone**
*San Remo, Via San Francisco 61*
Weingeschäft mit großer Auswahl aus Ligurien, dem übrigen Italien und der ganzen Welt. Auch Olivenöl.

**Pane e Vino**
*Imperia, Via Des Geneys 52*
Erkunden Sie die Weine Italiens und der Welt, oder wählen Sie eines der 5 täglichen Angebote; dazu kleine Spezialitäten.

**Enoteca Lupi**
*Oneglia, Via Monti 3*
Weingeschäft. Breites Angebot aus ganz Italien und Sauternes.
Siehe Empfohlene Erzeuger.

**San Giorgio**
*Cervo Alta, Via Alessandro Volta 19*
Weingeschäft mit hauptsächlich ligurischen Weinen und Olivenöl.

**Del Vascello**
*Albenga, Via G. M. Oddo 16*
Weingeschäft. Viele Weine aus der ganzen Welt. Zahlreiche Schnäpse. Gutes Sortiment von Olivenöl, Essig u. a. Mit Probiermöglichkeit.

Rechts: *Dolceacqua: Zeit, die Welt an sich vorbeiziehen zu lassen.*

Unten: *Oberhalb von Dolceacqua liegt Apricale, eines der Bergdörfer im kühleren Landesinneren der Riviera Levante.*

Diese Unterzone gilt nicht für Ormeasco, dessen Hauptanbaugebiet hinter Albenga beginnt und sich in westlicher Richtung entlang dem Tal der Arroscia bis weit ins Landesinnere erstreckt. Diesen Bereich kann man auf zwei verschiedenen Strecken erkunden. Von Albenga aus folgen Sie zuerst den Schildern nach Turin und anschließend denen nach Pieve di Teco. Sie kommen dann durch das Arrosciatal, das zunächst breit und flach und intensiv kultiviert ist, unter anderem mit Reben.

Allmählich beginnt sich das Tal zu verengen und langsam anzusteigen, und gelegentlich sieht man auch einige Weingärten. In diesem Teil der Strecke ist die Landschaft mitunter etwas gleichförmig, aber nach einer Weile kommen Sie an Ranzo vorbei, und etwa 35 Minuten nach Verlassen von Albenga erreichen Sie Pieve di Teco. Von hier an führt die Straße in einem steilen Anstieg hinauf nach Pornassio, dem Kerngebiet des Ormeasco-Anbaus nur wenige Kilometer von der Grenze zu Piemont. Kehren Sie in Pornassio um, und fahren Sie zurück nach Albenga.

Wenn Sie nicht den gesamten Rückweg auf der gleichen Strecke zurücklegen möchten, können Sie wahlweise auch nach der Fahrt durch das Hinterland von Diano Marina nach Imperia fahren und von dort aus beginnen. In diesem Fall nehmen Sie von Imperia die Straße in Richtung Norden nach Pieve di Teco. So müssen Sie nur den Abschnitt zwischen Pieve di Teco und Pornassio in beiden Richtungen befahren und kommen außerdem durch einen größeren Bereich des Ormeasco-Gebiets; an den Rebflächen im Arrosciatal fahren Sie dann im zweiten Teil

der Fahrt vor Albenga vorbei. Der Nachteil dieser Route ist natürlich, daß Ihnen ein besonders schöner Küstenabschnitt entgeht.

Wenn Sie von Albenga aus an der Küste weiterfahren, kommen Sie nach kurzer Zeit durch das Dorf Pietra Ligure und dann über Finale Ligure nach Noli. Über die Hügel hinter diesen drei kleinen Ortschaften erstreckt sich die Unterzone Finale, auch Finalese genannt; diese gilt ebenfalls nur für Pigato, Vermentino und Rossese. Beachtenswerte Erzeuger sind hier aber kaum anzutreffen.

### Savona

Noli ist nur etwa zehn Minuten von Savona entfernt. Die Anfahrt wird etwas getrübt durch den vom Hafen aufsteigenden Dunst, aber Savona an sich ist auf eine zurückhaltende Art elegant. Mit seinen engen Gassen und dem Kontrast zwischen dem alten Zentrum hinter dem Hafen und den neueren Vierteln wirkt die Stadt manchmal ein wenig wie eine kleinere Schwester von Genua. Betrachtet man aber ihre von Kolonnaden gesäumten Straßen und den im Schachbrettmuster angelegten Grundriß, dann erinnert sie wiederum eher an Turin. Andrerseits fehlt ihr etwas von der Weitläufigkeit und Lebendigkeit dieser Städte; sie wirkt in vielem altmodisch, so als gehörte sie in eine andere Zeit. Es gibt kunstvoll verzierte Gebäude und einige ruhige und stilvolle Plätze, aber man hat beständig das Gefühl, daß sich das wahre Savona dem Besucher eher entzieht.

## VERANSTALTUNG

**Stoccafisso-Fest** in Badalucco – 3. Sonntag im September. Der Stockfisch kommt aus Norwegen, und eine norwegische Abordnung beteiligt sich an der Veranstaltung.

## EMPFOHLENE ERZEUGER

**Terre Bianche**
*Dolceacqua, Loc. Arcagna*
*Tel. 01 84/3 14 26*
Runde Weine mit viel Gewicht von jungem, fortschrittlichem Gut. Vielversprechender Pigato. Hübsche Agriturismo-Wohnungen; kleines Restaurant. Nur mit Anmeldung. Für große Gruppen Proben gegen Entgelt.

**Enzo Guglielmi**
*Soldano (Dolceacqua)*
*Tel. 01 84/28 90 42*
Sorgfältige Kultivierung des gut gelegenen, sonnigen Weinbergs und fortschrittliche Kellertechniken haben dieses Gut zu einem der interessantesten in Dolceacqua gemacht.

**Mauro Feola**
*Diano Marina, Tel. 01 83/49 50 49*
Von den aus Sizilien stammenden Großeltern der Besitzer aufgebaut. Sorgfältig gekelterte Weine in gut ausgestattetem Keller. Besuche nur nachmittags.

**Cascina Feipu dei Massaretti**
*Albenga, Fraz. Bastia, Tel. 01 82/2 01 31*
Führendes, hoch angesehenes Gut mit Reben auf dem sandigen Boden nahe der Küste. Flaggschiff ist Pigato. Gutes Olivenöl.

**Anfossi**
*Bastia di Albenga, Tel. 01 82/2 00 24*
Großes Gut mit Villa als Hauptgebäude in 500 m Höhe. Produziert auch Saucen im Glas (z. B. Pesto) aus eigener Landwirtschaft. Nur während der Arbeitszeit; keine Proben.

**Vio**
*Vendone, Tel. 01 82/7 62 97*
Familienunternehmen mit nach Süden ausgerichteter Weinbergterrasse in 300 m Höhe. Kleiner, aber durchdacht angelegter Keller. Nur Pigato und Vermentino; vollmundige Weine mit intensivem Duft und viel Gewicht.

**A Maccia**
*Ranzo, Tel. 01 83/31 80 03*
Aufstrebendes Gut. Eleganter Pigato und Rossese. Auch Olivenanbau und -verarbeitung.

**Tommaso e Angelo Lupi**
*Pieve di Teco, Tel. 01 83/3 61 61*
Lupi ist der große Name in Westligurien. Die Familie betrieb zuerst eine *enoteca*, beschloß dann aber, selbst bessere Weine zu machen. Traubenankauf von guten Lagen und zuverlässigen Winzern. Gute, charaktervolle Weine; traditionell erzeugtes Olivenöl. Neuer Agriturismo-Betrieb.

## RIVIERA LEVANTE

### HOTELS

**Firenze e Continentale**
*La Spezia, Via Paleocapa 7*
*Tel. 01 87/71 32 00, Fax 01 87/71 49 30*
In Bahnhofsnähe (aber ruhig); bequem, reichhaltiges Frühstück. Mittlere Preislage.

**Marina Piccola**
*Manarola, Via Discovolo 38*
*Tel. 01 87/92 01 03, Fax 01 87/92 09 66*
Klein, attraktiv, mit Seeblick. Nicht teuer.

**Doria Park**
*Lerici, Via Doria 2*
*Tel. 01 87/96 71 24, Fax 01 87/96 64 59*
Hoch gelegen mit herrlichem Ausblick. Fünf Preisstufen (keine übertrieben teuer, besondere Angebote außerhalb der Saison). Hervorragender Service.

### RESTAURANTS

**La Pettegola**
*La Spezia, Via del Popolo 39*
*Tel. 01 87/51 40 41*
Hauptsächlich Fisch. Hausgemachte Nachspeisen. Ausgewogene, preislich akzeptable Weinkarte. Tische im Freien. Sonntags geschlossen.

**Antica Osteria da Caran**
*La Spezia, Via Genova 1*
*Tel. 01 87/70 37 77*
Große, gemütliche *trattoria*, in der man sich auch ohne Italienischkenntnisse wohl fühlt. Kleine Speisekarte und Weinauswahl; Hauswein Colli di Luni. Reelle Preise. Dienstags geschlossen.

**La Pia**
*La Spezia, Via Magenta 12*
Bewährtes Lokal für hervorragende *farinata*.

## RIVIERA DI LEVANTE

### Colli di Luni

Der Weinbaubereich Colli di Luni umfaßt die gesamte südöstliche Spitze Liguriens und reicht noch ein kurzes Stück in die Toskana hinein. Sehr viele Weinberge sind hier nicht zu finden, und man sieht etwa so viele aufgegebene Terrassen wie kultivierte Rebflächen. Die Bewohner von La Spezia haben aber ein besonderes Verhältnis zu den Weinen aus diesem Gebiet und ziehen sie oft dem unweit von hier erzeugten Cinqueterre vor. Die Nähe der Toskana hat deutliche Auswirkungen auf die angepflanzten Rebsorten. Die Rotweine stützen sich auf die toskanische Supertraube Sangiovese, während die Weißen hauptsächlich aus Vermentino entstehen, allerdings meist mit Unterstützung der Trebbiano toscano. Ein reinsortiger Vermentino wird auch erzeugt.

Als Ausgangspunkt für die Erkundung dieser Zone eignet sich am besten La Spezia, der Mittelpunkt der Colli di Luni. Fahren Sie dazu auf der *autostrada* von Genua bis zur Ausfahrt Brugnato, und nehmen Sie dann die Aurelia bis La Spezia. Informieren Sie sich aber vorher unbedingt über den Zustand der Straße; im Winter ist die Aurelia in diesem Gebiet immer wieder durch Erdrutsche unpassierbar. Die Straße folgt zunächst der *autostrada* und verläuft dann Richtung Südwesten durch das interessante Kernland der Luni.

Den Osten des Gebiets erreichen Sie, indem Sie von La Spezia nach Lerici, dann über die Magra nach Sarzana und weiter hinauf ein kleines Stück in die Toskana nach Fosdinovo fahren. Kehren Sie anschließend wieder zu-

rück nach Sarzana, und nehmen Sie kurz die Küstenstraße (wieder die Aurelia), um dann links nach Castelnuovo Magra abzubiegen. In diesem Ort sind die meisten wichtigen Erzeuger im ligurischen Teil der Colli di Luni zu finden (neben einigen guten Restaurants). Ein weiterer kurzer Abstecher entlang der Küste führt zum östlichsten Punkt Liguriens und zur Ausgrabungsstätte von Luni, die dem Wein und dem umliegenden Landstrich, der Lunigiana, den Namen gegeben hat. Luni war zu Zeiten des alten Römischen Reiches die Marmorstadt der Region, eine Rolle, die inzwischen in vollem Umfang an das toskanische Carrara übergegangen ist.

### Cinqueterre

Der Küstenabschnitt der Cinqueterre, der «fünf Länder», ist mit seinen direkt ins Meer stürzenden Felsen die eindrucksvollste Landschaft in ganz Nordwestitalien. Die Straße ist von La Spezia gut ausgeschildert: folgen Sie einfach den Wegweisern nach Riomaggiore oder Cinqueterre. Kurz hinter einer Abzweigung nach Portovenere beginnt die Straße anzusteigen. Nach einigen engen Kurven durch die Berge und einem kurzen Tunnel blicken Sie plötzlich auf die ehrfurchtgebietende Erscheinung der Cinqueterre. Die Aussicht ist schier unglaublich: winzige Terrassen, in die steilsten Abhänge gehauen und von Trockensteinmauern gestützt, dazu die Bahnlinie, die ihre Spur durch die Hügel zieht. Die Weinberge sind untereinander durch kräftige Seile verbunden, an denen Gerät und Trauben über die schroffen Hänge gehievt werden, und gespickt mit kleinen Hütten für Arbeiter und Aus-

**Il Moccia**
*Pegazzano, Via Chiesa 30*
*Tel. 01 87/70 70 29*
In altem Stadtviertel, altmodische Einrichtung mit treuen Stammkunden. Essen wie hausgemacht; traditionelle Gerichte; auch vegetarisch. Tische im Freien unter Pergola. Äußerst reell. Mittwochs geschlossen.

**Locanda dell'Angelo**
*Ameglia, Viale XXV Aprile 60*
*Tel. 01 87/6 43 91*
Einer der großen Namen der italienischen Küche, daher immens teuer. Degustationsmenü empfehlenswert. Delikat abgestimmtes Essen. Klimaanlage, Tische im Freien. Montags geschlossen (nicht im Sommer). Mit gutem Hotel.

**Dai Pironcelli**
*Ameglia, Loc. Montemarcello, Via delle Mura 45*
*Tel. 01 87/60 12 52*
Freundliche *trattoria* mit ligurisch-toskanischem Essen, falls die Reisekasse nicht für Locanda dell'Angelo reicht. Gute Auswahl von Colli di Luni. Nur Abendessen, außer an Wochenenden. Mittwochs geschlossen.

**Vallecchia Bianchi Livia**
*Castelnuovo Magra, Loc. Vallechia*
*Tel. 01 87/67 41 04*
Familienbetrieb; traditionelle *trattoria* mit herrlichem Blick über die Küste. Herzhafte Kost für den großen Appetit. Kleine Auswahl von Colli di Luni. Dienstags geschlossen.

**Osteria a Cantina De Manan**
*Corniglia, Via Fieschi 117*
*Tel. 01 87/82 11 66*
Freundliche *trattoria* mit frischem Fisch und traditionellen Gerichten. Hausgemachter Wein, auch Cinqueterre von der Genossenschaft und Rote aus Piemont und der Toskana. Dienstags und an den Abenden geschlossen (aber nicht im Sommer).

**Il Maestrale**
*Lerici, Loc. Zanego 8*
*Tel. 01 87/96 69 52*
Beliebtes Fischrestaurant mit eindrucksvoller Weinkarte; sehr reelle Preise. Dienstags geschlossen.

**La Palmira**
*Lerici, Loc. San Terenzo, Via A. Trogu 13*
*Tel. 01 87/97 10 940*
Weiteres sehr reelles, zwangloses Fischlokal; herzhafte Portionen, ungewöhnliche Nachspeisen. Mittwochs geschlossen (nicht im Sommer).

Links: *Vernazza, neben Corniglia, Manarola, Monterosso al Mare und Riomaggiore eine der fünf Ortschaften der Cinqueterre.*

Ganz links: *Sonnenuntergang über Vernazza.*

**Miranda**
*Lerici, Loc. Tellaro, Via Fiascherino 92*
*Tel. 01 87/96 81 30*
Lericis schickes Lokal; recht kostspielig, aber hohe Qualität. Gutes Degustationsmenü auf Fischbasis. Exzellenter Service. Tische im Freien. Montags geschlossen.
**Osteria del Monsignore**
*Sarzana, Via Cisa 98*
*Tel. 01 87/62 41 95*
Gute, unkomplizierte lokale Speisen. Eigenes Olivenöl, hausgemachte Nachspeisen. Kleine Weinkarte, hauptsächlich toskanische Rote. Tische im Freien. Populär. Nur abends. Mittwochs geschlossen.

FEINKOSTGESCHÄFTE

**Panificio-Pasticceria Meg**
*Castelnuovo Magra, Loc. Colombiera*
Rosinenkuchen und, im Winter, Leckereien aus Nüssen.
**Pasticceria Oriani**
*San Terenzo*
Herrlich süße *focaccia* in verschiedenen Geschmacksrichtungen. An der Promenade.
**Paneficio Brondi e Cargioli**
*Lerici, Via Petriccioli 58*
Brot und Kekse, auch lokale Spezialitäten.
**Gelateria-Bar Paolo Biagi**
*Sarzana, Via Genova*
Das beste Eis weit und breit.

SPEZIALITÄT

**Mes-ciüa** – Herzhafte Suppe mit Nudeln, grünen Bohnen, Olivenöl und Gewürzen. Sättigend und erfrischend.

ENOTECHE

**Franco Baroni**
*Lerici, Via Cavour 18*
Rund 100 offene Weine; verschiedene Spezialitäten.
**Bar-Enoteca Franco Lanata**
*Lerici, Fraz. Solaro, Via Militare 72*
Hervorragende Weine, guter Imbiß, verführerische Süßigkeiten.
**Er Botteghin**
*Sarzana, Fraz. San Lazzaro, Via Aurelia 312*
Weitere Gelegenheit, abends ein Gläschen zu trinken; sehr gute leichte Mahlzeiten.
**Mulino del Cibus**
*Castelnuovo Magra, Loc. Canale, Via Canale 46*
Immense Weinkarte, zumeist lokal; herzhafte Spezialitäten, gutes Brot und sehr guter Käse. Nur abends; lange geöffnet. Montags geschlossen.
**Enoteca Internazionale**
*Monterosso Mare, Via Roma 62*
Bestes Geschäft für Cinqueterre-Weine; v. a. von kleinen Erzeugern.

rüstungen. Allmählich werden dann auch die verschiedenen Stufen sichtbar, über die man im Bedarfsfall von einer Terrasse zur anderen kommt.

Von hier aus geht es nun zu den fünf Dörfern der «fünf Länder» – Riomaggiore, Manarola, Corniglia, Vernazza und Monterosso al Mare. Nach einer Reihe enger Kurven erreichen Sie einen Parkplatz, der zu Riomaggiore gehört. Der Ort besetzt die Hügel am Ufer einer kleinen Bucht und verleitet zu einem kurzen Spaziergang. Fahren Sie anschließend wieder hinauf auf die Straße durch die Weinberge und dann nach einigen Minuten wieder hinab nach Manarola, das ebenfalls an einer kleinen Bucht liegt. Auch hier gelangen Sie zu einem Parkplatz, von dem aus Sie das Dorf zu Fuß besuchen können, um dann wiederum auf die weiter oben verlaufende Straße zurückzukehren. Diese steigt hinter Manarola noch höher hinauf, verengt sich zusehends und verwandelt sich schließlich in einen schmalen, gewundenen Fahrweg. Die nach unten führenden Seitenstraßen werden nun seltener und länger (bis 15 oder 20 Minuten); eine Fahrt auf ihnen erfordert starke Nerven und gute Bremsen. Vertrauen Sie Ihrer Landkarte, wenn sie hier nur noch Feldwege und kleine Pfade anzeigt. Das Auto ist kein adäquates Verkehrsmittel für diese Region. Die Cinqueterre kann man eigentlich nur per Boot oder Mountainbike erforschen – oder zu Fuß.

Wer sich dennoch mit dem Auto durchkämpfen möchte, sollte dafür einen ganzen Tag ansetzen. Man muß aber mit langen Strecken auf schwierigen Straßen rechnen, bevor die Aurelia oder die *autostrada* schließlich wieder in Reichweite sind.

## Die Weine

Insgesamt existieren hier nicht sehr viele Weine; über die meisten gibt es auch kein Wort zu verlieren. Es werden nur Weiße erzeugt, und von den drei verwendeten Rebsorten zeigen die heimische Bosco (Verschnittanteil mindestens 60 Prozent) und die Albarola kaum echtes Potential. Am besten sind die Weine dann, wenn sie möglichst viel Vermentino enthalten. Daneben gibt es noch die überaus seltene, und gelegentlich sogar gespritete *Passito*-Variante Sciacchetrà.

Links: *Reben für den Cinqueterre wachsen auf den Terrassen von Manarola.*

Unten: *Trompe-l'œil am Kolumbushaus in Genua.*

Unten links: *Blick auf La Spezia von der Straße zu den Cinqueterre.*

### Weitere Weine Ostliguriens

Rebpflanzungen ziehen sich die gesamte Küste zwischen La Spezia und Genua entlang, wobei die erzeugten Weine örtliche Namen tragen und meist in der unmittelbaren Umgebung getrunken werden. Die Vielfalt der Traubensorten, Stile und Qualitätsunterschiede lassen aber kaum allgemeine Beschreibungen zu, so daß man sie am besten einfach dort probiert, wo man sie antrifft.

### La Spezia

La Spezia liegt am innersten Bogen einer tief ins Land einschneidenden Bucht, die einen großen natürlichen Hafen bildet. Überraschenderweise fehlt dem Hafenviertel die andernorts oft etwas rauhe Atmosphäre. La Spezia ist wie die meisten Orte Liguriens zwischen dem Meer und den Bergen eingezwängt. An dem langgestreckten Küstenstreifen der Stadt verläuft eine herrliche Promenade mit Geschäften. Da nahezu ausschließlich Einbahnstraßen durch die Innenstadt führen, bleibt der Verkehr relativ überschaubar; allerdings ist die Suche nach einem Parkplatz nicht immer einfach.

### EMPFOHLENE ERZEUGER

COLLI DI LUNI

**Il Monticello**
*Sarzana, Loc. Bratia*
*Tel. 01 87/62 14 32*
Kleines Gut über Sarzana. Hauptsächlich Vermentino: saubere, sortentypische Weine. Auch *grappa* und Olivenöl. Nur mit Anmeldung. Agriturismo.

**Cascina dei Peri**
*Castelnuovo Magra*
*Tel. 01 87/67 40 85*
Hügellage über Castelnuovo Magra. V. a. Vermentino, etwas robust, aber duftig. Mit Landwirtschaft; bietet auch Mittag- und Abendessen (nur mit Anmeldung). Agriturismo (mit Mahlzeiten).

CINQUETERRE

**Cooperativa Agricola di Riomaggiore, Manarola, Corniglia, Vernazza e Monterosso**
*Manarola, Tel. 01 87/92 04 35*
Der Betrieb, der den Standard in den Cinqueterre aufrechterhält und zu verbessern sucht; wenn der Wein eine Wiederauferstehung feiern sollte, dann durch diese Genossenschaft.

**Walter de Battè**
*Riomaggiore, Tel. 01 87/92 01 27*
Neues Weingut, mit viel Hingabe von dem Weinliebhaber de Battè aufgebaut. Winzige Parzellen auf Terrassen an steilen Hängen. Gibt Bosco, mit einem Anteil an Albarola, ungewöhnlicherweise den Vorzug vor Vermentino. Strebt nach Verbesserung von Struktur und Duft. Nur mit Anmeldung; Proben gegen Entgelt; zu klein für große Gruppen (und nur wenig Zeit für kleine).

**Forlini e Cappellini**
*Manarola, Tel. 01 87/92 04 96*
Duftiger, gut strukturierter Cinqueterre; Weinbergpflege an den steilen Felsen über Manarola und Riomaggiore von Hand.

# Der Osten: Die Weine von Alessandria und Pavia

Das östliche Piemont hat einen ganz eigenen Charakter. Sein Klima ist wärmer und milder, auch wenn sich der Winter mitunter genauso so eisig zeigt wie weiter im Westen. Die Landschaft wirkt ruhig und ländlich; sanfte Hügel wechseln sich mit schrofferem, urwüchsigem Gelände ab, und zahlreiche Flußtäler durchziehen das Land in nördlicher Richtung zum Po hin.

Die Region teilt sich in drei Hauptanbaugebiete. Gavi reicht dabei am weitesten nach Süden und Westen und schmiegt sich westlich des Flusses Scrivia an die Ausläufer des Apennins, noch bevor diese zu dem Gebirgsmassiv emporwachsen, das Piemont von Ligurien trennt. Die hier aus der Cortese-Traube erzeugten Weine sind höchst begehrt und zählen zu den beachtenswertesten Weißen Piemonts. Trotz der Vorherrschaft der Cortese ist sie jedoch keineswegs die einzige in Gavi gezogene Rebe.

Östlich der Scrivia und etwas weiter im Norden liegt die weniger bekannte Zone der Colli Tortonesi. Der Anbau der Cortese verbindet zwar diesen Bereich mit Gavi, doch weitaus wichtiger ist hier die Erzeugung von Barbera. Allerdings wird das Potential dieser reizvollen Hügel noch immer nicht voll ausgeschöpft.

Das Verbreitungsgebiet der Cortese setzt sich noch einmal ein Stück weiter nach Osten und Norden fort, bis zum Oltrepò Pavese in der Lombardei. Aber auch in dieser Anbauzone ist sie nur eine von vielen Rebsorten, und wiederum spielt die Barbera die Hauptrolle. Der Po selbst bestimmt mehr als alle seine Nebenflüsse das Bild des Oltrepò Pavese, und gleich die ersten Hänge am Rand seines breiten, flachen Tals sind von ausgedehnten Rebflächen bedeckt.

Links: *Der abgelegene Weiler Parodi Ligure im Südwesten der weitläufigen Hügel von Gavi.*

Oben: *Teilansicht der Certosa di Pavia – außerhalb des Gebiets, aber einen Besuch durchaus wert.*

Oben: *Ordentliche Rebzeilen bei der Tenuta la Meirana in der Gavi-Zone.*

## GAVI

### Die Weine

Vor einigen Jahren wurde der Gavi zu einem der besten Weißweine Italiens erklärt – sein Beliebtheitsgrad schnellte in die Höhe, die Preise ebenfalls. Dann aber wendete sich das Blatt, plötzlich galt er als überteuert. Die Wahrheit liegt wohl in der Mitte.

Gavi wird aus der Cortese-Traube erzeugt, die hier, in ihrem klassischen Anbaugebiet, attraktive, blumige Weine mit festem Rückgrat liefert. Sie sind angenehm, jung zu trinken und zeigen gelegentlich sogar Finesse, selten jedoch ausgesprochene Größe. Von den besten Erzeugern kommen kernige, würzige, durchaus körperreiche Weine von intensivem Geschmack. Manche sind reichhaltig und kraftvoll, andere eher elegant und komplex; doch in beiden Fällen schmecken sie hervorragend. Sie brauchen aber Zeit, um sich zu entwickeln, ein Luxus, den der italienische Markt, der von möglichst jungen Weißen geradezu besessen ist, nur selten gestattet.

Einige Güter versprechen sich zusätzliches Ansehen durch die Bezeichnung ihrer Weine als «Gavi di Gavi», obwohl dies qualitativ keinerlei Bedeutung hat. Andere verwenden die Kennzeichnung zur deutlichen Unterscheidung ihres eigenen Spitzenprodukts von ihren alltäglicheren Erzeugnissen. Strenggenommen dürften aber nur Weine, die direkt aus der Gemeinde Gavi stammen, den Doppelnamen tragen. Außerdem gibt es geringe Mengen von Gavi spumante.

### Die Weinberge

Die Anbauzone von Gavi umfaßt ein sehr ausgedehntes Gebiet von insgesamt elf Gemeinden. Tatsächlich aber liegen die meisten Weinberge in einem sehr viel kompakteren Bereich nördlich des Dorfs Gavi in den Gemeinden Gavi, Tassarolo und den angrenzenden Teilen von Novi

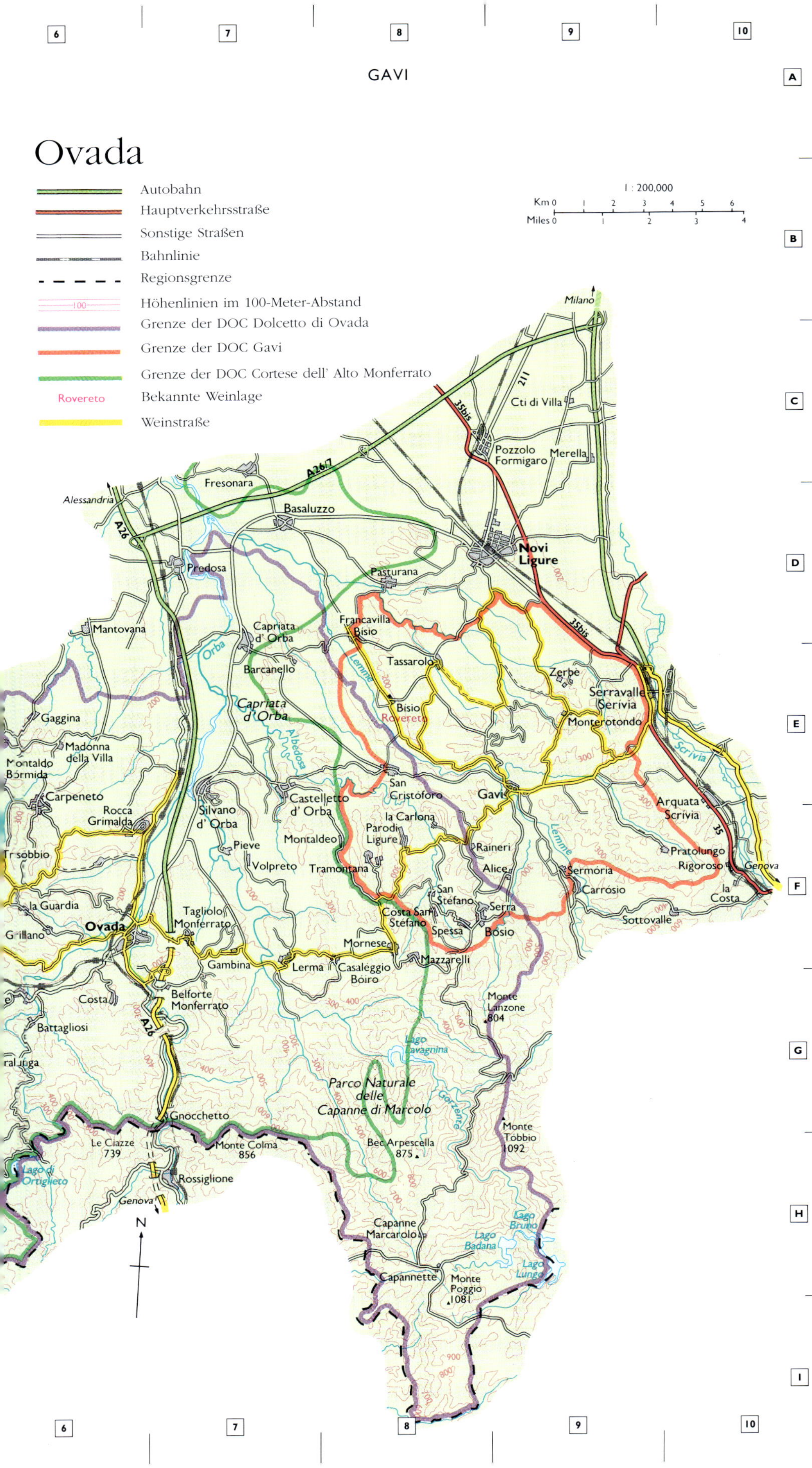

Ovada
Autobahn
Hauptverkehrsstraße
Sonstige Straßen
Bahnlinie
Regionsgrenze
Höhenlinien im 100-Meter-Abstand
Grenze der DOC Dolcetto di Ovada
Grenze der DOC Gavi
Grenze der DOC Cortese dell' Alto Monferrato
Rovereto
Bekannte Weinlage
Weinstraße
1 : 200,000
Km
Miles
Milano
Cti di Villa
Pozzolo Formigaro
Merella
Fresonara
Alessandria
Basaluzzo
Novi Ligure
Predosa
Pasturana
Mantovana
Capriata d' Orba
Francavilla Bisio
Tassarolo
Barcanello
Zerbe
Serravalle Scrivia
Gaggina
Bisio
Rovereto
Monterotondo
Madonna della Villa
Montaldo Bormida
Carpeneto
Rocca Grimalda
Silvano d' Orba
Castelletto d' Orba
San Cristoforo
Gavi
Arquata Scrivia
la Carlona
Parodi Ligure
Montaldeo
Pieve
Raineri
Pratolungo
Rigoroso
Genova
Volpreto
Tramontana
Alice
Sermória
Carrósio
la Costa
la Guardia
San Stéfano
Serra
Tagliolo Monferrato
Costa San Stéfano
Sottovalle
Ovada
Grillano
Spessa
Bosio
Mornese
Gambina
Lerma
Casaléggio Boiro
Mazzarelli
Belforte Monferrato
Costa
Monte Lanzone 804
Battagliosi
Lago Lavagnina
Parco Naturale delle Capanne di Marcolo
Gnocchetto
Monte Tóbbio 1092
Le Ciazze 739
Monte Colma 856
Bec Arpescella 875
Lago di Ortiglieto
Rossiglione
Genova
N
Capanne Marcarolo
Lago Bruno
Lago Badana
Lago Lungo
Capannette
Monte Poggio 1081
Orba
Lemme
Albedosa
Scrivia
Gorzente
A26
A26/7
35bis
35
211

Rechts: *Neben Wein wird in Gavi auch Getreide angebaut, wie hier in der Nähe von Parodi Ligure.*

## GAVI

### HOTEL

**Sereno di Gavi**
*Gavi, Loc. Cheirasca*
*Tel. 01 43/64 32 32, Fax 01 43/64 24 28*
Vier-Sterne-Hotel in ehemaligem Kloster. Große, ruhige Zimmer, ansprechend möbliert. Tennisplätze, kleiner Fitneßraum, Sauna. Gutes Frühstück.

### RESTAURANTS

**Cantine del Gavi**
*Gavi, Via Mameli 67*
*Tel. 01 43/64 24 58*
Fast überladene Einrichtung, aber sorgsam zubereitete, elegant servierte Speisen, stark ligurisch geprägt. Weinkeller mit breiter Palette regionaler und nationaler Weine (sowie einiger ausländischer) kann besichtigt werden. Montags geschlossen.

**Tramontanino**
*Parodi Ligure, Fraz. Tramontanino*
*Tel. 01 43/68 11 09*
Kleine *trattoria* etwa 10 km westlich von Gavi. Meist klassische, lokale Gerichte, einfach und gut; ligurischer Einfluß zeigt sich bei den Gewürzen. Nur Hauswein, aber nicht zu verachten. Nicht teuer. Montags und Dienstag abends geschlossen.

**Locanda San Martino**
*Pasturana, Via Roma 26*
*Tel. 01 43/5 84 44*
Kleines, freundliches Restaurant mit typisch piemontesischer Küche; einige Gerichte entschieden untraditionell. Sehr gute Weinkarte; großes Gavi-Sortiment. Tische im Freien. Montag abends und dienstags geschlossen.

### SPEZIALITÄT

Im Lemmetal wird hochwertiger Honig erzeugt.

### SEHENSWÜRDIGKEIT

**Castello di Tassarolo** – Ursprünglich um einen Turm (11. Jh.) errichtet, mehrfach um- und ausgebaut. In der Münze nebenan prägte die Familie Spinola, auch heute noch Besitzer, im 14. Jh. Geld. Die Spinolas, denen auch das gleichnamige Gut gehört, kamen durch eine Wegesteuer für die vorbeiführende Straße, seinerzeit die einzige Verbindung zwischen Genua und Nordeuropa, zu Reichtum.

Ligure und Francavilla. Das Gemeindegebiet von Gavi ist recht groß; in den Wegbeschreibungen wird mehrfach sein wichtigster Vorort Rovereto erwähnt, der jedoch auf vielen Karten nicht verzeichnet ist. Das kann zwar die Orientierung erschweren, aber dafür sind die meisten Güter wiederum gut beschildert. Rechnen Sie etwa anderthalb Stunden für die Tour. Sollten Sie eine Kellerei besuchen wollen, müßten Sie mehr Zeit veranschlagen.

Wenn Sie Ligurien ausgelassen haben und direkt aus Ovada anreisen, dann fahren Sie zunächst durch das Dorf Gavi und biegen kurz dahinter von der Straße nach Serravalle Scrívia links nach Monterotondo ab. Von Ligurien aus nehmen Sie dagegen die phänomenale *autostrada* Genua-Mailand, ein weiteres Meisterwerk italienischer Ingenieurskunst; die beiden Fahrbahnen werden nicht selten getrennt und oft sogar über Kreuz durch die enge Schlucht der Scrivia geführt. Fahren Sie bei Serravalle Scrívia von der Autobahn ab und durch die Stadt hindurch in Richtung Genua. Ein Stück außerhalb der Ortschaft nehmen Sie dann die Abzweigung rechts bei dem ersten Schild nach Gavi. Die Straße beginnt nun anzusteigen und kommt bald durch einen kurzen Tunnel. Nach etwa fünf Minuten biegen Sie scharf rechts nach Monterotondo ab. Sie können hier auch geradeaus weiter direkt nach Gavi fahren, aber der Blick auf das Dorf ist,

von der anderen Richtung kommend, weitaus eindrucksvoller – wie Sie am Ende dieser Tour sehen werden.

Die schmale, kurvenreiche Straße überquert einen kleinen Bach und führt durch üppigen Wald steil bergauf. Schließlich öffnet sich der Blick, und es erscheinen die Weinberge des Gutes Villa Sparina. Fahren Sie weiter bis zum Uhrturm, und zweigen Sie nach links in Richtung Novi Ligure ab. Diese einspurige Straße windet sich durch steile, teilweise von Reben bedeckte Hügel und kommt nach etwa fünf Minuten an der rückwärtigen Zufahrt des großen Gutes La Raja vorbei. Kurz dahinter nimmt der sandsteinhaltige Boden eine fast künstlich erscheinende, eigelbähnliche Farbe an, und bald darauf kommt links ein langgezogener Hang, der vollständig von sauber in Reih und Glied angeordneten Rebstöcken bedeckt ist; hier wächst der Principessa Gavia des toskanischen Großproduzenten Banfi. Nach weiteren fünf Minuten Fahrt erreichen Sie ein Stoppschild, bei dem Sie scharf nach links abbiegen, fast wieder in die entgegengesetzte Richtung. Hier zeigt ein Wegweiser nach Lomellina, den Sie aber erst nach der Biegung sehen.

An dieser Stelle weist eine Gruppe von Schildern auf zahlreiche Weingüter in der näheren Umgebung hin. Zweigen Sie bei der nächsten Kreuzung links ab, immer noch in Richtung Lomellina. Nach zwei weiteren Guts-

## VERANSTALTUNGEN

**Cortese-Fest** in Gavi – September.
**Honig-Fest** in Gavi – Erste Septemberwoche; Honig aus dem Lemmetal.

## EMPFOHLENE ERZEUGER

**Villa Sparina**
*Gavi, Fraz. Monterotondo*
*Tel. 01 43/63 48 80*
Eindrucksvolles Gut mit sorgfältig gepflegten Weinbergen und funktionellen, aber harmonisch gestalteten Kellern. Der normale Gavi und der Riserva La Villa, letzterer reichhaltig und butterig, mit lebendiger Säure und gutem Reifepotential. Auch lang gereifter Gavi Brut, langlebig, fest, elegant und rund, sowie Cortese dell'Alto Monferrato u. a.

**Tenuta San Pietro**
*Tassarolo, Loc. San Pietro*
*Tel. 01 43/34 21 25*
Kleines Gut unter der entschlossenen Leitung von Maria Rosa Gazzaniga, die fest in den Traditionen der Region verwurzelt ist. Weinberge an steilen, sonnigen Hängen. Gute, ungewöhnliche Weine. Gavi Normalversion und Bricco del Mandorlo, von 30jährigem Weinberg unterhalb eines Jahrhunderte alten Mandelbaums (*mandorlo*); Vigneto La Gorrina, von 2 ha großem Weinberg, der vor über 80 Jahren angelegt wurde, also noch vor der Reblausplage, die zur Einführung der Pfropfrebe auf amerikanischen Wurzeln führte. Besuche nur während der Arbeitszeit und mit Anmeldung.

**Gian Piero Broglia**
*Gavi, Loc. Lomellina*
*Tel. 01 43/64 29 98*
Großer Betrieb mit vollen, gutstrukturierten Weinen von abgerundet fruchtigem Charakter, die ihre Zeit brauchen; 5 verschiedene Gavi, davon einer aus der Barrique (Vigna Fasciola) und einer *frizzante* (Roverello). Auch schäumender Gavi und *grappa* aus Gavi. Nur mit Anmeldung.

**La Scolca**
*Gavi, Tel. 01 43/68 21 76*
Die Aufregung um den Gavi konzentriert sich auf dieses Gut, das die Geschicke des Weines lenkt und exorbitante Preise hat, aber für viele sein Potential zur höchsten Vollendung führt; der Name ist fast synonym mit dem des Weines. Seit 5 Generationen unter Leitung der Familie Soldati. Der Stil des Guts zeigt sich am typischsten im normalen Gavi von jungen, kraftvollen Reben, verdichtet sich aber im Gavi di Gavi, auch als Etichetta Nera (Schwarzes Etikett) bekannt, von den ältesten Reben, voller Kraft und Charakter, der erst nach Jahren zur vollen Blüte kommt. Daneben leichterer Valentino, jung abgefüllter, frischer Zunot, Villa Scolca

Rechts: *Die Festung von Gavi beherrscht die umliegende Landschaft.*

Ganz rechts: *Verstreute Rebpflanzungen in den Hügeln von Gavi.*

von Reben mittleren Alters und *frizzante* Rugré. Starkes Engagement auch bei der Erzeugung von Schaumwein, hauptsächlich auf Cortese basierend. Entgelt für Proben mehrerer Weine.

**Castello di Tassarolo**
*Tassarolo, Tel. 01 43/34 22 48*
Stilvolle Weine; 3 verschiedene Gavi: Tassarolo S, weich und gut entwickelt, Castello di Tassarolo, z. T. in Barriques gereift, Vigneto Alborina, vollständig in Barriques ausgebaut. Auch Rote und Weiße von nichtlokalen Sorten. Besuche nur zum Einkauf.

**Nicola Bergaglio**
*Gavi, Fraz. Rovereto*
*Tel. 01 43/68 21 95*
Anerkanntes Gut mit runden, fruchtigen Weinen von schönem Duft. Gavi Normalversion und intensiverer Gavi Minaia.

**Castellari Bergaglio**
*Gavi, Fraz. Rovereto*
*Tel. 01 43/64 59 10*
Kleiner Familienbetrieb in 4. Generation; Gut auf 350 m Höhe mit eisen- und tonhaltigen Böden. Niedrige Erträge aus guten Weinbergen; langsame Gärung verleiht erhöhten Duft und Konzentration. Gavi Normalversion, Brise, *frizzante*, frisch und lebendig, Di Rovereto von über 75jährigem Weinberg und in Barriques vergorener Barric. Auch Grappa di Gavi.

**Tenuta La Giustiniana**
*Gavi, Fraz. Rovereto*
*Tel. 01 43/68 21 32*
Imposante Villa; im Besitz des freundlichen, gewissenhaft arbeitenden Enrico Tomalino. Die 3 Gavi (Lugarara, Centurionetta, Montessora), deren Unterschiede im Alter markanter hervortreten, sind feine, elegante, komplexe Weine, die erst nach einem Jahr ihr Format zeigen. Auch in Barriques vergorener Gavi Vignaclara, Giustiniana Nature (schäumend) und außergewöhnlicher Campoghero, Spätlese Sauvignon. Besuche nur während der Arbeitszeit.

**La Chiara**
*Gavi, Tel. 01 43/64 22 93*
Hat außer den Weingärten bei den Kellern auch Reben in Rovereto. Leichte, elegante Gavi-Normalversion, Groppella von Barriques; auch Schaumweine.

schildern macht die Straße eine weite Kurve hinunter in das rebenfreie Tal, bevor Sie dann wieder einen größeren Hügel hinauf führt. Links sieht man nun die ausgedehnten Weingärten von La Battistina mit den Gutsgebäuden im Hintergrund. Darauf folgen noch einmal zwei Güter, Il Vignale mit seinem kleinen Weinberg und der gelben Villa zur Linken sowie Castel di Serra oben rechts, ehe dann der eindrucksvolle Haupteingang von La Raja ins Blickfeld gerät. Kurz danach geht rechts ein schmaler Fahrweg zur Tenuta San Pietro ab. Der Weg würde Sie auch hinauf nach Tassarolo bringen, aber es empfiehlt sich, erst einmal an Broglia und dem international bekannten Weingut La Scolca vorbei weiter zu fahren und dann bei der nächsten Kreuzung scharf rechts in Richtung des Gavi-Vororts Rovereto abzubiegen.

Damit sind Sie auf einer schönen, offenen Straße mit zahlreichen Weinbergen, die bald am Haupteingang von La Scolca (rechts) vorbeiführt. Nach einiger Zeit kommen Sie zu einem Stoppschild, bei dem linker Hand ein Kruzifix steht; fahren Sie hier geradeaus den Berg hinauf nach Tassarolo, einem winzigen Weiler, der vollkommen von dem imposanten Castello di Tassarolo beherrscht wird. Kehren Sie nun wieder zurück zu der Kreuzung mit dem Kruzifix (Richtung Gavi), und biegen Sie dort rechts ein (Richtung Loc. Pesenti). In diesem Bereich liegen zahlreiche kleine Weingüter, von denen die meisten außerhalb der unmittelbaren Umgebung praktisch unbekannt sind. Nachdem Sie einige dieser Güter passiert haben, kommen Sie durch ein Stück offenes Land und dann erneut zu Weinbergen. Die erste Gruppe gehört zu Rovereto Superiore und die folgende, etwas tiefer liegende zu

Rovereto Inferiore. Nach einer weiten Linksbiegung überquert die Straße einen Bach und führt links an dem Gut Bergaglio Nicola vorbei. Während es nun bergab geht, sehen Sie auf einer Anhöhe in der Ferne die Ortschaft San Cristoforo und kurz danach links die gelb gestrichene Villa von La Giustiniana aus dem 17. Jahrhundert. Schließlich endet die Straße bei einer Kreuzung im Tal des romantischen Flüßchens Lemme.

Wem der Sinn danach steht, kann an dieser Kreuzung rechts und kurz durch das Tal nach Francavilla fahren, um dort eine kleine, nicht zu bedrohlich wirkende Burg zu besichtigen. Andernfalls biegen Sie nach links und folgen dem Tal zur Ortschaft Gavi. Direkt hinter der Abzweigung kommen Sie an der Einfahrt zum großartigen Gutshaus von La Giustiniana vorbei. Nach einem kurzen Stück unbebauter Landschaft macht die Straße eine scharfe Biegung nach rechts und gleich wieder nach links und führt dann erneut an Rebflächen vorbei. Rechts liegt nun das Gut San Bartolomeo und links La Chiara; beide sind deutlich ausgeschildert. Danach beginnt die Straße anzusteigen, und auf einer eindrucksvoll aufragenden Bergkuppe sehen Sie die Festung von Gavi.

**Der Ort Gavi**

Die engen, gepflasterten Straßen von Gavi breiten sich unterhalb seiner Burg an den Flanken der steilen Anhöhe aus. Der Verkehrsknotenpunkt ist ein großer Platz in der Ortsmitte, während das historische Gavi nur mit einem entschlossenen Aufwärtsmarsch zu erreichen ist. Für einen anerkannten Weinort hat Gavi erstaunlich wenige gute Restaurants.

## COLLI TORTONESI

HOTEL

**Villa Giulia**
*Tortona, Corso Alessandra 3/A*
*Tel. 01 31/86 23 96, Fax 01 31/86 85 61*
Sehr klein, aber elegant, komfortabel und gut ausgestattet.

RESTAURANTS

**Antica Locanda del Groppo**
*Pozzol Groppo, Fraz. Biagasco-Groppo*
*Tel. 01 31/80 01 64*
Kleine und große Mahlzeiten aus Zutaten der Region. Gute Gemüsegerichte. Weine hauptsächlich aus dem Oltrepò Pavese. Tische im Freien. Montags geschlossen.

**Locanda del Diavolo**
*Cecima, Tel. 03 83/5 91 23*
Gute hausgemachte Salami, Pasta und Nachspeisen. Wildgerichte. Schöne Auswahl lokaler Weine. Angemessene Preise. Mittwochs geschlossen.

Rechts: *Die Colli Tortonesi bieten zu jeder Jahreszeit eindrucksvolle Ausblicke.*

Unten: *Steil ansteigende Weinberge am Rand der Poebene.*

## COLLI TORTONESI

Das Anbaugebiet der Colli Tortonesi ist wahrscheinlich das am wenigsten bekannte in Piemont. Die Hauptrebsorten sind Barbera, eine Traube, die man hierzulande allenthalben findet, und Cortese, deren Kernland Gavi einschließlich der westlich angrenzenden Bereiche ist. Allerdings erzeugt man in den Colli Tortonesi den außerhalb kaum bekannten Timorasso, ein Juwel unter den Weißen, reichhaltig, nussig und reif, mit viel Gewicht und blumigen Zwischentönen.

### Die Weinberge

Der Bereich der Colli Tortonesi erstreckt sich vom Tal der Scrivia zwischen Tortona und Novi Ligure nach Osten bis zur Lombardei. Größtenteils liegen die Weinberge jedoch in einem überaus schmalen Streifen nahe der Regionsgrenze. Trotz deutlicher Unterschiede könnte man die Zone in mancher Beziehung auch als Fortsetzung des Oltrepò Pavese betrachten.

Ausgangspunkt ist die Stadt Tortona, die man von Gavi aus über Serravalle Scrívia erreicht; danach nimmt man entweder die *statale* oder die *autostrada*. Um die volle Ausdehnung des Hauptanbaugebiets zu erfassen, können Sie aber auch zunächst nach Viguzzolo fahren und dann auf derselben Straße dem Tal durch den östlichen Teil der Zone bis kurz vor San Sebastiano Curone folgen. Dieser kleine Ort markiert in etwa den südöstlichsten Punkt des zentralen Weinbergbereichs. Von hier

aus würden Sie durch die Hügellandschaft nach Garbagna abdrehen und dann durch das westliche Tal wieder nach Norden in Richtung Tortona kommen. Ebenso gut oder gar besser ist aber eine kürzere Route, die von Ost nach West quer durch das Gebiet führt und die dichteste Konzentration von Weinbergen sowie die schönsten Ausblicke bietet. Die gesamte Rundfahrt (von und nach Tortona) dauert eine knappe Stunde.

Richtung Viguzzolo geht es an Pfirsichbäumen und Weingärten vorbei nach Castellar Guidobono. Die hiesige Burg beherbergt heute eine Disko. Kurz hinter dem Ort kommt eine Straßengabelung; fahren Sie links nach Caldirola. An den sanften Hügeln rechts sehen Sie nun Weinberge. Die Hügel werden allmählich höher und steiler und sind bald auch auf der anderen Straßenseite mit Reben bewachsen. Hier bietet sich an mehreren Stellen, zum Beispiel bei Monleale, ein Abstecher nach rechts in die Hügel an, mit einem herrlichen Panoramablick über die Landschaft. Andernfalls bleiben Sie auf der Straße nach Caldirola, bis ungefähr 30 Minuten, nachdem Sie Tortona verlassen haben, rechts ein Schild nach Casasco weist. An dieser Stelle schwenken Sie hinüber zu einer Fahrt durch die Hügel.

Die schmale Straße führt in vielen Kurven und mit weiten Aussichten über die Landschaft hinauf nach Casasco. Hinter dem Dorf geht es dann in einer großen Linksbiegung bergab und anschließend an einer Kreuzung rechts nach Garbagna. Bald sehen Sie am Straßenrand einen großartigen alten Maulbeerbaum, der zur Aufzucht von Seidenraupen verwendet wird, und schließlich erreichen Sie das Tal und biegen nach rechts ab wieder zurück in Richtung Tortona. Hier kommen Sie am Gebiet von Montemarzino vorbei, dem am dichtesten bestockten Teil der Colli Tortonesi, sowie etwas später auch an Sarezzana, das ebenfalls ausgedehnte Rebflächen besitzt. Danach werden die Weingärten zusehends seltener, bis man auf die Verbindungsstraße zwischen Viguzzolo und Tortona stößt.

**Forlino**
*Montacuto, Fraz. Giarolo*
*Tel. 01 31/7 85 1 51*
Freundliches Restaurant; verwendet selbsterzeugte Zutaten. Breites Weinangebot aus Piemont. Mittlere Preislage, reell. Montags geschlossen.

**Stevano**
*Cantalupo Ligure, Fraz. Pallavicino*
*Tel. 01 43/9 31 36*
Etwas abseits der Tour, bietet aber Übernachtungen. Schmackhafte Speisen; kräftige Klassiker aus Piemont werden durch ligurische Anklänge weniger schwer. Hausgemachte Pasta. Gute lokale und regionale Weine. Anständige Preise. Montags geschlossen.

SPEZIALITÄT

«Baci di dama» (Frauenküsse) – Süßer Genuß aus Tortona.

SEHENSWÜRDIGKEITEN

Caldirola – Skigebiet auf über 1000 m Höhe.
Garbagna – Das «Kirsch-Dorf».
Tortona – Hübsche Altstadt für schöne Spaziergänge und ebenfalls angenehmes modernes Viertel. Blickfang ist die goldene Jungfrau auf dem Heiligtum Madonna della Guardia.

EMPFOHLENER ERZEUGER

**Vigneti Massa**
*Monleale, Tel. 01 31/8 03 02*
Das einzige Gut der Colli Tortonesi, dessen Weine ins Schwarze treffen. 3 Barbera: Campolungo, frisch und leicht *frizzante*, Barbera Bigolla und Monleale, duftig, reichhaltig und von ausgewogener Säure. Erzeugt u. a. auch den geheimnisvollen Timorasso. Nur mit Anmeldung; bei einigen Weinen Proben gegen Entgelt.

## OLTREPO PAVESE

### HOTELS

**President Hotel Terme**
*Salice Terme, Via Enrico Fermi*
*Tel. 0383/91941, Fax 0383/92342*
Einziges der 3 Hotels mit Kurbehandlung, in dem das Heilwasser sozusagen aus dem «Zapfhahn» kommt. Komfortable Räume (auch einige Familienzimmer), Fitneß- und Schönheitszentrum; Wassermassagen, Schlammbäder usw.; auch normales Schwimmbecken.

**Cavour**
*Casteggio, Piazza Cavour*
*Tel. 0383/890620*
Klein, preiswert; geräumige, moderne Zimmer in altem Gebäude.

**Ai due Buoi Rossi**
*Alessandria, Via Cavour 32*
*Tel. 0131/445252, Fax 0131/445255*
Luxuriöses altes Hotel für alle, die Traditionelles mögen im Gegensatz zu moderner Ausstattung, Platz und Komfort.

**Londra**
*Alessandria, Corso F. Cavallotti 51*
*Tel. 0131/251721, Fax 0131/253457*
Klein, schlicht möbliert, nicht teuer; bescheiden und einfach nett.

### RESTAURANTS

**Da Ottavio**
*San Damiano al Colle, Fraz. Mondonico*
*Tel. 0385/75 00 15*
Empfehlenswertes Lokal mit liebevoll zubereitetem Essen und hervorragender Auswahl lokaler Weine.

**Prato Gaio**
*Montecalvo Versiggia, Loc. Versa*
*Tel. 0385/99726*
Einfaches, bequemes Restaurant von hoher Qualität. Gute Palette lokaler Weine. Nicht teuer. Montag abends und dienstags geschlossen.

**Al Ruinello**
*Santa Maria della Versa, Fraz. Ruinello Sotto 1/a*
*Tel. 0385/798164*
Traditionelle Gerichte der Saison, gut und mit Verstand zubereitet. Kleine regionale Weinkarte. Montag abends und dienstags geschlossen.

**Al Pino**
*Montescano, Via Pianazza 11*
*Tel. 0385/60479*
Einziges wirklich erstklassiges Restaurant des Oltrepò. Lokale Klassiker individuell veredelt. Reelles Degustationsmenü. Entsprechend gute Weine aus dem Oltrepò. Elegant; recht kostspielig. Dienstag abends und mittwochs geschlossen.

Rechts: *Traubenlese für den Oltrepò Rosso. Der hauptsächlich aus Barbera gekelterte Wein ist, mit Croatina verschnitten, am besten.*

## OLTREPO PAVESE

Der Name Oltrepò Pavese bedeutet «das Gebiet um Pavia jenseits (d. h. südlich) des Po». Früher ein Teil von Piemont, wird es noch immer gelegentlich als Antico Piemonte bezeichnet. Heute gehört das Oltrepò Pavese aber fest zur Lombardei, auch wenn der Weinbau noch starke Beziehungen zu seiner früheren Heimatregion zeigt. Das Gebiet hat die Form eines langgezogenen Dreiecks, das vom Po aus nach Süden zeigt. Der eigentliche Weinbaubereich beschränkt sich aber auf einen breiten Streifen in der Mitte der Zone, der von der *statale* zwischen Alessandria und Piacenza im Norden bis zu den Bergen des Alto Appennino im Süden reicht.

Im Winter herrscht in der Poebene oft Nebel, und im Sommer kann es sehr feucht werden. Durch ihre Lage in 150 bis 300 Metern Höhe sind die Weinberge des Oltrepò aber vor diesen Witterungsverhältnissen weitgehend geschützt. Es kann ein wunderbares Erlebnis sein, zwischen den Reben zu stehen und auf ein Meer von weißen Wolken und scheinbar im Nebel schwebenden Hügelkuppen herabzublicken.

### Die Weine

Unter die Bezeichnung Oltrepò Pavese fallen nicht weniger als 13 vorwiegend reinsortige Weine. Die Vielfalt der Rebsorten spiegelt dabei die geographische Lage der Zone: ein zwischen dem Osten Piemonts und der westlichen Emilia eingekeilter Ausläufer der Lombardei. Die Sorten Riesling italico, Riesling renano, Pinot grigio (alle weiß) und Pinot nero (rot) sind eher typisch für die Emilia, und Barbera, Cortese und Moscato zeigen den Einfluß Piemonts; am ehesten als heimische Sorte des Oltrepò kann Bonarda gelten. Die übrigen Weine sind rot (gelegentlich *rosato*) und werden aus Barbera mit einem Teil Croatina (Bonarda), Uva rara und Pinot nero verschnitten. Dieser Oltrepò Pavese Rosso wird auch als Riserva mit mindestens zweijähriger Lagerung erzeugt. Zu der Vielfalt

Oben: *Die malerische Auffahrt zum Gut Castello di Luzzano im Oltrepò.*

gesellen sich der Buttafuoco («Feuerspeier») und der aus dem Norden der Zone stammende Sangue di Giuda («Judasblut»); Buttafuoco ist immer trocken, und Sangue di Giuda zeigt oft eine angenehme Süße.

Von einem Verschnitt aus Pinot nero, grigio und bianco sowie Riesling wird auch weißer und *rosato* Schaumwein produziert, eine Spezialität des Oltrepò Pavese: obwohl es von allen Weinen auch stille Varianten gibt, trifft man dennoch weit häufiger auf *Frizzante*-Versionen, die man in der Region selbst und bis nach Mailand, wohin ein Großteil der Produktion geht, deutlich bevorzugt. Das Oltrepò ist zudem die Hauptquelle für Trauben, Most und Basisweine der großen Schaumweinproduzenten in Piemont. Um den Standard des eigenen Oltrepò Pavese Spumante zu garantieren, hat man die Qualitätsbezeichnung «Classese» entwickelt für Weine, die nach der *metodo classico* (dem Champagnerverfahren) und von mindestens 85 Prozent Pinot nero erzeugt werden. Inzwischen setzt sich jedoch allmählich die neuere Bezeichnung «Talento» durch.

## Anreise

Von Tortona aus empfiehlt es sich, zunächst hinüber zur Ostseite des Oltrepò zu fahren und dann langsam durch das Weingebiet wieder in westlicher Richtung zurück. Zum Ausgangspunkt der Tour kommen Sie am schnellsten auf der *autostrada* in Richtung Piacenza, die Sie bei der Ausfahrt Castel San Giovanni verlassen. Fahren Sie dann bei einer Gabelung an der Stadtgrenze links nach

**Becco Giallo**
*Canneto Pavese, Fraz. Montevenerosо*
*Tel. 0385/600037*
Preiswertes Lokal mit guter Auswahl an lokalen Weinen.

**San Contardo al Gallo**
*Broni, Piazza V. Veneto 52*
*Tel. 0385/250075*
Einfache, preiswerte *trattoria* mit großer Palette von Weinen aus dem Oltrepò. Montags geschlossen.

**Antica Osteria Calvignano**
*Calvignano, Via Roma 6*
*Tel. 0383/871121*
Sympathisch eingerichtet, groß und ländlich mit Blick auf Weinberge. Zutaten von höchster Qualität, v. a. regionale Gerichte; hausgemachte Nachspeisen. Umfangreiche Weinauswahl aus dem Oltrepò. Reelle Preise. Dienstags geschlossen (nicht im Sommer).

**Antica Osteria San Desiderio**
*Godiasco, Fraz. San Desiderio*
*Tel. 0383/940574*
In schön umgebautem altem Haus neben kleiner Kirche aus dem 13. Jh. Schmackhafte, sättigende traditionelle Küche, v. a. Nudeln und *risotto*. Gutes Angebot an lokalen Weinen. Tische im Freien. Montags und Dienstag mittags geschlossen.

Oben: *Besinnliche Landschaft im Oltrepò. Hier liegen die Weinberge nur an den sonnenreichsten Hängen.*

**Il Caminetto**
*Salice Terme, Via C. Battisti 11*
*Tel. 0383/91391*
Von der kostspieligen Sorte, aber exzellenter Service, schön eingerichteter Speiseraum und schmackhaftes Essen. Gut für eine Pause vom streng Lokalen. Weine meist aus der Lombardei.

**Selvatico**
*Rivanazzano, Via S. Pellico 11*
*Tel. 0383/91352*
Familienbetrieb. Kleine, häufig wechselnde Speisekarte, hauptsächlich lokal; gute Qualität. Sehr gute Nachspeisen. Ausgewogene, abwechslungsreiche Weinkarte. Sonntag abends und montags geschlossen.

SPEZIALITÄTEN

**Salami und Schinken** – Von der Gans.
**Zuppa Pavese** – Klare Brühe, «verstärkt» mit pochiertem Ei auf Toast und Parmesan.
**Polenta**

SEHENSWÜRDIGKEITEN

**Salice Terme** – Kleiner Kurort mit dafür typischem Trubel; überraschend lebendig in sonst ländlich-ruhigem Gebiet. Saison April-Oktober.
**Castello di Rovescala** – Beachtenswerte Fresken. Aufstieg nur zu Fuß möglich.

Castel San Giovanni hinein und an der Ampel zur Hauptstraße rechts. Hier sehen Sie auf etwa halber Höhe Schilder, die links nach Creta und Castelli di Luzzano weisen. Auf dieser Straße sind es sieben Kilometer bis zum Castello di Luzzano, einem der bedeutendsten Weingüter der Zone und dem Ausgangspunkt der Tour. Als Alternative können Sie auch auf der *statale* nach Castel San Giovanni fahren. Dadurch kommen Sie direkt auf die Hauptstraße, dann aber von der anderen Richtung. Die Straße nach Creta ist in diesem Fall rechts und durch die Verkehrsregelung als Abzweigung vorgeschrieben. Die Anfahrt dauert auf der *statale* etwa eine Stunde und entsprechend weniger auf der Autobahn.

Wenn Sie genügend Zeit zur Verfügung haben, können Sie aber auch eine geruhsame Fahrt durch den hoch gelegenen Alto Appennino im südlicheren Oltrepò machen. Die engen Kurven und steilen Berge lassen die Strecke jedoch nur bei gutem Wetter ratsam erscheinen. Verlassen Sie dazu Tortona in Richtung Viguzzolo, und folgen Sie den Schildern nach Salice Terme, wo Sie die Einbahnstraße zur Via Marconi bringt. Fahren Sie an der Kreuzung geradeaus, überqueren Sie den Fluß Staffora, und biegen Sie dann rechts nach Godiasco ab.

Hinter Godiasco beginnt die Straße anzusteigen, und Sie kommen von hier bis Creta durch die folgenden, jeweils ausgeschilderten Dörfer: Rocca Susella, Arpesina, Biancanigi, Stefanago, Zebedo, Borgoratto Mormorolo, Villa dei Cavalieri, Villa Galeazzi, Torre d'Alberi, Carmine, Pomero, Canevino, Volpara, Golferenzo, Pizzofreddo (wirklich herrliche Aussicht!) und Vicobarone. Noch vor Creta sehen Sie links das Gut Castello di Luzzano, den Anfangspunkt der Tour.

Links: *Alte Weinpresse.*

Unten: *Die Qualität des Weins hängt auch von der hygienisch einwandfreien Verarbeitung ab. Hier werden bei der Traubenlese verwendete Kisten gereinigt.*

**Castello de Vistarino** in Pietra de' Giorgi – Gehört dem Conte Carlo di Vistarini; umgeben von großem Jagdrevier. Auch umfangreiche Rebflächen: wichtiger Lieferant des Schaumweinproduzenten Gancia.
**Bobbio** – Weitab von der Tour und sogar außerhalb der Region (in der Emilia); aber der Umweg lohnt sich.

### EMPFOHLENE ERZEUGER

**Castello di Luzzano**
*Rovescala, Tel. 0523/863277*
Von zwei Schwestern geführt. Saubere Weine von konstant hoher Qualität und gut zu trinken, v. a. Barbera und Bonarda; Konzentration auf Stillweine. Liegt an der Ostgrenze der Zone, daher auch Rebflächen in den Colli Piacentini (in der Emilia). Gruppen nur mit Anmeldung. Gegen geringe Gebühr auch Proben mit Führung und kleinem Imbiß. Gute Agriturismo-Apartments.

**CS La Versa**
*Santa Maria della Versa*
*Tel. 0385/79731*
Erzeugt eine der bekanntesten Marken der Umgebung, den Schaumwein La Versa Brut.

**Vercesi del Castellazzo**
*Montù Beccaria, Tel. 0385/60067*
An den Südhängen des Oltrepò am Rand der Poebene. Gut mittlerer Größe mit langer, oft problematischer Geschichte. Gute Weine, v. a. die roten. Nur mit Anmeldung; Proben gegen Entgelt. Auch Mahlzeiten aus Agriturismo-Betrieb (nur mit Anmeldung).

### Die Weinberge

Rechnen Sie für diese Strecke einen halben Tag, und machen Sie sich darauf gefaßt aufzufallen, denn in den kleinen Dörfern, durch die Sie kommen werden, sind Reisende eine Seltenheit. Der erste Teil führt Sie durch ein Barbera- und Bonarda-Gebiet und dann durch die Unterzonen des Buttafuoco und des Sangue di Giuda. Im mittleren Abschnitt dominiert dagegen die Schaumweinproduktion, und am westlichen Rand der Zone, nahe der Grenze zu Piemont, beginnen die Cortese-Pflanzungen.

Fahren Sie auf der Straße bei Castello di Luzzano zunächst in Richtung Mula, und biegen Sie nach zwei oder drei Minuten rechts nach Rovescala ein. Nun geht es auf einer schmalen, holprigen Straße durch Weingärten hinab und vorbei an Mulino di Rovescala, mit vielfältigen Formen der Reberziehung nebeneinander, nach Rovescala. Biegen Sie hier scharf links ein in Richtung Santa Maria della Versa. Auf einer kurzen Berg-und-Tal-Fahrt kommen Sie nun durch Ca' Nova, Scazzolino und Torrone. Nehmen Sie direkt nach diesem letzten Dorf die Abzweigung rechts nach Santa Maria della Versa.

Hinter Valdamonte führt die Straße steil hinab ins Tal der Versa und an der Winzergenossenschaft vorbei durch Santa Maria. Folgen Sie der rechts liegenden Versa, und fahren Sie nach etwa fünf Minuten rechts über den Fluß nach Donelasco und weiter bis Montù Beccaria. An einem Stoppschild kurz vor der Ortsmitte, in der *frazione* Poggiolo, geht es links nach Montescano. Diese Straße

Oben: *Szenen wie diese sieht man im späten Herbst und frühen Winter, wenn in den Weinbergen Ordnung geschaffen wird und die Zeit des Rebschnitts kommt.*

**Anteo**
*Rocca de' Giorgi, Loc. Chiesa (abseits der Tour)*
*Tel. 0385/48583*
Hoch oben in den Hügeln des Alta Valle Scuropasso, weitab vom Verkehr. Berühmt für Pinot nero und Schaumwein. Teilweise biologisch. Nur mit Anmeldung.

**Monsupello**
*Torricella Verzate, Tel. 0383/896043*
Mittelgroßes Gut nahe des Po. Innovative Technologien in Weingärten und Keller. Erzeugt v. a. 3 elegante Schaumweine, hauptsächlich aus Pinot nero; auch in der Barrique ausgebaute Weine.

**Le Fracce di Mairano**
*Casteggio, Tel. 0383/82526*
Gastfreundliches Gut in angenehmer Umgebung; gute Weine.

bringt Sie erst wieder hinunter über die Versa und dann noch einmal eine Anhöhe hinauf. Biegen Sie oben an der Kuppe nach links (und nicht in die Straße nach Monteveneroso) und kurz darauf bei einem weiteren Stoppschild nach rechts in Richtung Broni. Nun befinden Sie sich im Kernland des Oltrepò Pavese, in dem Buttafuoco und Sangue di Giuda erzeugt werden. Etwa fünf Minuten später erreichen Sie das hübsche Städtchen Broni und stoßen auf eine Querstraße. Biegen Sie hier links ab nach Pietra de' Giorgi (ausgeschildert ist auch Voghera), dann an der nächsten Ampel noch einmal links und sofort wieder rechts, und folgen Sie anschließend den Wegweisern nach Pietra de' Giorgi. Damit sind Sie wieder auf dem Weg nach Süden.

Nach Valle Scuropasso und Cigognola kommt Pietra de' Giorgi, das mit dem Castello de Vistarino eine bedeutende Burg besitzt. Fahren Sie durch das Dorf, und folgen Sie den Schildern nach Mornico Losana, aber biegen Sie noch vor Mornico Losana rechts nach Torricella Verzate ein. Die angenehme Straße führt am Flüßchen Torricella entlang durch bestes Weinland. Torricella Verzate selbst besteht aus kaum mehr als einer Kreuzung von fünf Straßen, ist aber ein wichtiger Wallfahrtsort. Nehmen Sie die Straße nach Casteggio, und biegen Sie kurz darauf bei einer T-Kreuzung nach links in Richtung Mornico Losana ein. Ein Stück weiter kommt eine Gabelung; halten Sie sich hier rechts nach Oliva Gessi. Damit kommen Sie auf eine weitere herrliche kleine Straße, mit einigen wirklich alten Reben an der linken Seite und als Kontrast dazu neueren Pflanzungen an der rechten. Das Dorf Oliva Gessi ist ebenfalls ein reizender Ort.

Das nächste Ziel ist Montalto Pavese, das Sie in ein paar Minuten auf einer nicht weniger schönen Straße erreichen. Unterwegs sehen Sie das Renaissanceschloß Castello di Conte Balduino, das von einem großartigen, doch leider nicht zugänglichen Park umgeben ist. Fahren Sie von Montalto Pavese mit seinem eindrucksvollen Ausblick über die Poebene weiter nach Calvignano. Gleich dahinter macht die Straße eine Linksbiegung und führt an dem ausgedehnten Gut Travaglino vorbei. Schwenken Sie noch einmal scharf nach links, und fahren Sie hinunter nach Borgo Priolo.

Bei der nächsten großen Kreuzung geht es links in Richtung Pragate und dann in die erste Straße rechts steil bergauf nach Sant'Andrea. Folgen Sie dem Höhenrücken geradeaus weiter (ohne das zweite Schild nach Sant' Andrea zu beachten), bis Sie nach etwa fünf Minuten zu einer Kreuzung kommen. Biegen Sie hier rechts ein, und nach einem kurzen, etwas weniger aufregenden Abschnitt kommen Sie zu einer weiteren Kreuzung, bei der rechts eine Burg zu sehen ist. Zweigen Sie hier nach links in Richtung Torrazza Coste ab, und halten Sie in der Ortsmitte Ausschau nach Wegweisern Richtung Codevilla. Diese Straße führt dann an den westlichen Rand der Zone und bringt Sie bei einer Abzweigung links nach Codevilla hinein. Fahren Sie durch die Ortschaft bis zu einer Kreuzung (an der ein Schild links nach Garlazzolo weist) und von dort geradeaus weiter auf einer langen, kurvenreichen Straße hinauf durch Weinberge und Wälder nach Murisasco. Anschließend geht es bergab, und Sie treffen wiederum auf eine Kreuzung. Biegen Sie hier links ein. Sie kommen nun durch einen Teil des Alto Appennino, an Chiusani vorbei und nach Rocca Susella, wo Sie rechts nach Susella und San Paolo abzweigen. Diese kleine Straße mündet in eine größere, die nach Godiasco am äußeren Rand des Weinbaugebiets führt.

Für den nächsten Abschnitt der Tour müssen Sie zunächst in den Ort Asti zurückkehren. Nehmen Sie dazu am besten die *autostrada*, die Sie von Godiasco aus an der Staffora entlang über Rivanazzano und Voghera erreichen. Vor Rivanazzano empfiehlt sich jedoch noch ein kurzer Abstecher über den Fluß in den kleinen Kurort Salice Terme. Auch die Provinzhauptstadt Alessandria, an der Sie auf der *autostrada* vorbeikommen, wäre vielleicht einen Besuch wert. Alessandria ist allerdings ein eher sachlich-nüchternes Handelszentrum, das zudem mehr als jede andere Stadt unter der verheerenden Flutkatastrophe vom Herbst 1994 gelitten hat.

**Tenuta Pegazzera**
*Casteggio, Tel. 0383/899256*
Eindrucksvoll gelegen, mit Burg und schönem Ausblick. Auf Besuche gut eingerichtet; Gruppen willkommen.

**San Giorgio**
*Santa Giuletta, Tel. 0383/899168*
Sehr altes Gebäude, von Weinliebhaber aus Mailand gekauft und völlig umgebaut. Weine variieren je nach Jahrgang. Nur mit Anmeldung. Agriturismo.

**Doria**
*Montalto Pavese, Tel. 0383/870143*
Seit über 100 Jahren im Besitz der Familie Doria. Breite Weinpalette, oft aus Barriques.

**Montelio**
*Codevilla, Tel. 0383/373090*
In Codevilla gut ausgeschildert; Weinberge von der *statale* aus zu sehen. Montelio bedeutet «Sonnenhügel» und weist auf die Lage hin. Mittelgroßes Gut mit über 150jähriger Geschichte: Presse 100 und Keller 200 Jahre alt. Gutes Probierzimmer; sonntags keine Besuche. Ab 1998 auch Fremdenzimmer.

**Fattoria Cabanon**
*Codevilla, Tel. 0383/940912*
In luftiger Höhe von 300 m. Streng biologisch; geführt von der Familie Mercandelli. Individuelle Weine. Nur mit Anmeldung.

Oben: *An sonnigen Flecken wird man immer wieder farbenfrohe Topfpflanzen sehen.*

# Monferrato

Monferrato ist eine ausgedehnte Hügellandschaft zwischen dem Po und dem Apennin in den Provinzen Asti und Alessandria. Der flachere nördliche Bereich zwischen Po und Tanaro heißt Basso Monferrato, der höher gelegene südlich und östlich des Tanaro Alto Monferrato. Viele Weingebiete, die auf den vorhergehenden Seiten beschrieben wurden, sind damit Teil des Monferrato: so zum Beispiel das Moscato-Gebiet um Asti, die Gegenden um Nizza, Acqui und Ovada sowie Gavi und die Colli Tortonesi. Unter dem klassischen Monferrato versteht man aber Basso Monferrato nördlich von Asti mit den Orten Castagnole, Vignale und Casale.

Der Bereich südöstlich von Asti ist etwas weniger typisch, zählt aber dennoch zum Monferrato. Hier sollten Sie Ihr Augenmerk auf die Barbera richten, die bedeutendste Rebsorte Piemonts. Das Gebiet des Barbera d'Asti schließt die gesamte Provinz Asti und einen Großteil der Rebfläche Alessandrias ein. Barbera del Monferrato umfaßt dasselbe Terrain, darüber hinaus jedoch auch die Anbauflächen um Ovada sowie ein größeres Gebiet nördlich von Alessandria. Barbera d'Asti ist ein reinsortiger Barbera, während Barbera del Monferrato mit kleineren Mengen Freisa, Grignolino und Dolcetto verschnitten wird.

Trotz der Vorherrschaft der Barbera findet man auch hier eine breite Palette weiterer Rebsorten. Am bedeutendsten ist die Grignolino-Traube, deren Anbaugebiet sich über relativ große Flächen nördlich und südlich des Tanaro erstreckt. Die Bezeichnungen der Weine sind eindeutiger als bei der Barbera. So kommt der Grignolino d'Asti nur aus der Provinz Asti und der Grignolino del Monferrato Casalese nur aus dem Gebiet nördlich des Tanaro in der Provinz Alessandria. Südlich von Asti wird auch etwas Cortese angebaut, und nördlich der Stadt findet man noch einige weitere Sorten.

Links: *Typische Frühlingslandschaft des Monferrato mit dicht bepflanzten Weingärten und leuchtenden Mohnblumen.*

Oben: *Barbera, die in Piemont am meisten angebaute Rebsorte, soll ursprünglich aus dem Monferrato stammen.*

## BARBERA-GEBIET

### HOTELS

**Fons Salutis**
*Agliano, Via alle Fonti 125*
*Tel. 01 41/95 40 18, Fax 01 41/95 45 54*
Mit Kurbädern für erhöhte Entspannung.

**Il Cascinale Nuovo**
*Isola d'Asti, Via Asti-Alba 15*
*Tel. 01 41/95 81 66, Fax 01 41/95 88 28*
Günstig gelegen; einfache, geräumige Zimmer über Spitzenrestaurant (siehe S. 129). Schwimmbecken, Tennisplatz, großer Park. Reelle Preise.

**Locanda del Bosco Grande**
*Montegrosso d'Asti, Loc. Messadia*
*Tel. 01 41/95 63 90*
Ruhiges Hotel mit 7 freundlichen, einfachen Zimmern. Park. Mit Restaurant.

### RESTAURANTS

**Losanna**
*Masio, Via San Rocco 36*
*Tel. 01 31/79 95 25*
Wein spielt zweifellos eine große Rolle in dieser *trattoria*. Ebenso gutes traditionelles Essen. Montags geschlossen.

**La Fioraia**
*Castello d'Annone, Via Mondo 26*
*Tel. 01 41/40 11 06*
Hohe Qualität und gute Weinauswahl. Degustationsmenü. Mittlere Preislage, reell. Montags geschlossen.

**Trattoria I Bologna**
*Rocchetta Tanaro, Via Nicola Sardi 4*
*Tel. 01 41/64 46 00*
Von Verwandten der Besitzer des Weinguts Braida geführt; trotzdem reichhaltige Auswahl. Festpreismenü, wöchentlich wechselnd. Hausgemachte Nudeln. Dienstags geschlossen.

**Da Guido**
*Costigliole d'Asti, Piazza Umberto I 27*
*Tel. 01 41/96 60 12*
Teuer, was aber bei einem der besten Restaurants in Italien kaum überrascht. Unbeschreiblich gutes Essen. Weine von Weltklasse. Vergessen Sie die Reisekasse, werfen Sie sich in Schale, und genießen Sie. Nur abends; sonntags geschlossen.

Oben: *Die Hügel der Provinz Asti, mit ordentlich angelegten, sonnenreichen Weinbergen.*

## DAS BARBERA-GEBIET

Nur einen Teil der Provinz Asti als Barbera-Gebiet zu bezeichnen ist in gewisser Hinsicht unlogisch. Barbera ist die am meisten angebaute Rebsorte im Nordwesten Italiens, und es gibt nur ganz wenige Bereiche im Herzen des Weinbaugebiets von Piemont, in denen sie keine größere Verbreitung findet. In diesem kleinen Gebiet direkt im Süden und Osten der Stadt Asti ist Barbera aber praktisch die einzige Sorte.

### Die Weine

Die Haupteigenschaft des Barbera ist seine starke, kräftige Säure in Verbindung mit einem niedrigen Tanningehalt. Theoretisch könnte man das als Fehler bezeichnen, der recht unausgewogene, scharfe Weine zur Folge hat, und zweifellos kann ein Barbera bei zu intensiver Kultur und ungenügender Kelterung recht ungenießbar sein. Im umgekehrten Fall entwickelt er aber eine wunderbare volle Fruchtigkeit, die das niedrige Tannin nicht als Mangel erscheinen läßt. Die kräftige Säure verleiht ihm dann seinen ausgesprochen wohltuenden, erfrischenden Geschmack. Zu *salumi*, vor allem aus regionaler Produktion, gibt es nichts Besseres.

Besonders erfolgreich ist die Reifung des Barbera in Barriques. Das Holz mildert die Säure und erhöht das Tannin, was dem Wein mehr Ausgewogenheit verleiht. Er entwickelt einen ausgeprägten, eigenen Stil und schmeckt nicht nur nach Barbera mit Eiche – Eigenschaften, die ihm zahlreiche neue Anhänger gebracht haben. Einige Erzeuger gehen einen Mittelweg und lassen den Barbera zwar in Eiche reifen, verwenden dabei aber große *botti*, die ihm eine feinere, weichere und stabilere Note geben. Die Barbera aus Asti sind zwar nicht die besten und vollsten Weine, verkörpern aber für viele die typischste Erscheinungsform dieser Traube.

### Die Weinberge

Wenn Sie direkt vom Oltrepò oder von Alessandria auf der *autostrada* kommen, dann fahren Sie bei Felizzano von der Autobahn ab und nehmen die *statale* in Richtung Asti. Nach etwa fünf Minuten biegen Sie links ab nach Rocchetta Tanaro (und Nizza Monferrato), dem Ausgangspunkt der Rundfahrt durch das Barbera-Gebiet. Kommen Sie jedoch von Asti, dann fahren Sie auf der *statale* durch Castello d'Annone in Richtung Alessandria und biegen dann rechts ab nach Rocchetta Tanaro.

Auf der flach verlaufenden Straße nach Rocchetta Tanaro sieht man immer wieder die für die Poebene typischen Pappeln. Der Ort an sich, direkt auf der anderen Seite des Tanaro gelegen, hat nicht viel Besonderes zu bieten, trotz seines Glockenturms aus dem 15. und seiner Kirche aus dem 18. Jahrhundert. Sein Wein ist jedoch von großer Bedeutung. Zunächst befindet sich hier das Gut Braida des verstorbenen Giacomo Bologna. Sein in Barri-

Links: *In Casorzo d'Asti, das eine eigene DOC für Malvasia besitzt, werden Barbera-Reben an den Drähten festgebunden.*

ques gereifter Bricco dell'Uccellone war der erste, der dem Barbera auch über Asti hinaus den Ruf der Vielseitigkeit eintrug. Der Ort besitzt außerdem ein Museum für Ampelographie (botanische Rebsortenkunde) und eine *enoteca*. Von Rocchetta geht es dann weiter nach Mombercelli. Sie können dazu entweder den direkten Weg wählen, indem Sie der Via Roma folgen und am Ende der Straße rechts (an der Ecke liegt Braida) in Richtung Cornalea abbiegen, oder die angenehmere Variante durch das Naturschutzgebiet von Rocchetta. Fahren Sie in diesem Fall zurück an den Ortseingang, und halten Sie Ausschau nach einem winzigen Schild zum «Parco naturale» an einer Mauer links von der Straße. Sowohl auf dem Weg zum Naturschutzpark als auch in dem Gebiet selbst sieht man immer wieder Weinberge.

Vom Schutzgebiet führt die Straße bergab in die Ebene, dann über einen kleinen Fluß und anschließend wieder bergauf. Fahren Sie an Mombercelli vorbei, und halten Sie sich dann links in Richtung Vinchio und Vaglio. Die beiden Gemeinden unterhalten eine gemeinsame Genossenschaft, die Vinchio-Vaglio, die zu den besten der Gegend zählt. Anschließend führt die Straße durch rauhere Landschaft mit leicht verwahrlosten Weinbergen. Im weiteren Verlauf der Route nehmen jedoch Dichte, Qualität und Pflege der Reben kontinuierlich zu. Nach wenigen Minuten führt kurz vor dem Ort Vaglio eine Abzweigung rechts nach Noche. Biegen Sie am Ortseingang von Noche links (bei einem Carabinieri-Schild) in die Via

**Collavini**
*Costigliole d'Asti, Via Asti-Nizza 84*
*Tel. 01 41/96 64 40*
Freundliches Restaurant; gute klassische Gerichte, breites Weinsortiment. Dienstag abends und mittwochs geschlossen.

**Da Elvira**
*Montegrosso d'Asti,*
*Via Santo Stefano 75*
*Tel. 01 41/95 61 38*
Beliebter Agriturismo-Betrieb mit den bekannten piemontesischen Speisen. Hausgemachte Weine. Nicht teuer. Sonntag abends und montags geschlossen.

**Il Campagnin**
*Montaldo Scarampi, Via G. B. Binello 77*
*Tel. 01 41/95 36 76*
Behagliche *trattoria*, nur Mittagstisch mit klassischen lokalen Gerichten; gutes Gemüse. Kleine regionale Weinkarte. Preiswert. Dienstags geschlossen.

**Il Cascinale Nuovo**
*Isola d'Asti, Tel. 01 41/95 81 66*
Unweit der Straße Asti-Alba. Gute Küche, sättigend, aber nicht schwer. Phantasievolle Gerichte auf traditioneller Grundlage. Geräumig, modern, bequem. Hervorragende Weinkarte. Teuer, aber angemessen. Auch Hotel (siehe S. 128). Sonntag abends und montags geschlossen.

## FEINKOSTGESCHÄFTE

**Il Panatè**
*Rocchetta Tanaro, Via Giochino Sardi 56*
Lingue di Suocera, Tira u. a.

**Macelleria Borio Lorenzo**
*Rocchetta Tanaro, Piazza Piacentino*
Vorzügliches Rindfleisch aus der Region.

**Salumeria Rita Stocco**
*Rocca d'Arazzo, Fraz. Forni*

## SPEZIALITÄTEN

**Lingue di Suocera** – Knusprig, schmackhaft; aus fein geraspelter Brotrinde.

**Tira** – Ringförmiges Törtchen.

**Rindfleisch** – Von Piemonter Rinderrasse.

**Paprika, Sellerie, Kardonen, Auberginen** – Alle aus der Region.

## ENOTECHE

**Cantina Comunale**
*Costigliole d'Asti*

**Vineria Da Taschet**
*Rocchetta Tanaro, Piazza Piacentino 11*

Rechts: *Die Burg von Costigliole d'Asti, das Wahrzeichen der Region am Tanaro südlich von Asti.*

REISETIPS

**La Bottega del Fabbro** in Rocchetta Tanaro – Traditionell arbeitender Schmied.
**Scuola Alberghiera** in Agliano, Tel. 01 41/95 04 79 – Kurse zur regionalen Kochkunst (je 3-7 Tage). Informationen c/o Lucia Barbarino.

EMPFOHLENE ERZEUGER

**Viarengo e Figlio**
*Castello d'Annone, Tel. 01 41/40 11 31*
Keller direkt am Tanaro; vom Hochwasser von 1994 stark beschädigt. Am besten bekannt für Barbera Il Falé aus Barriques. Auch sauberer, frischer Barbera Vigneto Morra u. a. Besuche wochentags während der Arbeitszeit.

**Braida di Bologna Giacomo**
*Rocchetta Tanaro, Tel. 01 41/64 41 13*
Die gefeierten Weine des Giacomo Bologna fanden überall nur begeisterte Anhänger, und seine freundliche, umgängliche Art war bei allen beliebt. Seit seinem Tod führt seine Frau mit Tochter und Sohn das Gut. Die Weine haben nun auch zu ihrer früheren Größe zurückgefunden. Bricco dell'Uccellone, in Barriques langsam reifend, ist der Wein, der das Gut berühmt gemacht hat. Daneben wird auch Bricco della Bigotta erzeugt, länger in Eiche gealtert und von festerer Struktur, sowie der leicht *frizzante* La Monella. Nur mit Anmeldung; Besuche an Arbeitstagen.

**Boffa Alfiero**
*San Marzano Oliveto*
*Tel. 01 41/85 61 15*
Aufstrebendes Gut mit Agriturismo-Betrieb und Verbindungen zu Sport- und Kulturzentren. Nur mit Anmeldung.

**Renato Trinchero**
*Agliano d'Asti, Tel. 01 41/95 40 16*
Mittelgroßes Gut; Weine mit klaren Jahrgangseigenschaften. Entgelt für Proben von mehr als zwei Weinen.

**Agostino Pavia**
*Agliano d'Asti, Tel. 01 41/95 41 25*
Kleines Gut mit nur 5 ha Rebflächen in hervorragenden Lagen bei den Kellern; viele alte Reben. Familie in 2. Generation Weinbauern. Zarte, aber gutstrukturierte Weine. Nur mit Anmeldung. Empfiehlt Agriturismo-Betriebe.

**F.lli Castino**
*Agliano d'Asti, Tel. 01 41/95 45 02*
Kleiner Familienbetrieb mit 2 Weinlagen. In Eiche gereifter Barbera Vigna Antica von sehr alten Reben in Agliano und Grignolino Vigna Scarrone

S. Giorgio ein, und fahren Sie in Richtung Castelnuovo Calcea. Die Hügel sind hier eher niedrig und sanft und nun auch weitgehend mit Reben bedeckt. Ein Blick über das Tal und zum Kamm der Hügelkette läßt jedoch leicht die Zerstückelung des Weinbaugebiets erkennen. Die Häuser ziehen sich den Hang hinauf, und kleine Weinbergstreifen, nicht größer als ein verlängerter Garten, schließen sich ihnen hangabwärts an.

Biegen Sie an der nächsten Kreuzung links ein und an der folgenden erneut nach links. Nun geht es bergab und über einen Bahnübergang bis zu einer weiteren Kreuzung, an der Sie noch einmal links abbiegen (Richtung Nizza). Die Strecke führt jetzt ein Stück die Talsohle entlang, vorbei an der Cantina Sociale Castelnuovo Calcea rechts neben der Straße. Biegen Sie an der Ampel rechts ein nach Agliano (und Costigliole) und an der nächsten Kreuzung wieder rechts. Hier kommen Sie auf die Straße nach Agliano, begleitet von Weinbergen, die von allen Seiten in eine flache Senke abfallen.

In Agliano herrscht eine lebhafte Atmosphäre. Eine Ringstraße, die Viale d'Albea, führt um die Stadt herum, und obwohl sie nicht sehr hoch gelegen ist, hat man einen schönen Blick über die Weinberge. In jüngster Zeit haben hier, in einem der besten Gebiete des Barbera d'Asti, mehrere führende Güter Parzellen aus dem Verkauf des größten Weinbetriebes am Ort erstanden. Nehmen Sie von Agliano die zu dem Kurort Fons Salutis ausgeschilderte Straße. Dort fahren Sie an dem Hotelkomplex auf der rechten Seite vorbei und weiter geradeaus in Richtung Loreto und Vianoce. Biegen Sie an den nächsten beiden Kreuzungen jeweils links ab, und folgen Sie dabei den Schildern nach Costigliole.

Costigliole d'Asti ist ein größerer Ort und durchaus einen Besuch wert. Er besteht aus zwei durch ein Tal voneinander getrennten Vierteln, die durch eine kurze Brücke verbunden sind. Die Hauptattraktion ist eine gewaltige, hochaufragende Burg. Sie wurde aufwendig umgebaut und verbreitet einen Hauch von Disneyland. Vor der Burg sieht man gepflegte Gärten und direkt daneben eine Villa, deren Fassade eine für die Provinz Asti typische Sonnenuhr schmückt. Kehren Sie in Costigliole um, und fahren Sie ein Stück zurück durch diesen namhaften Teil des Barbera-Gebiets, um dann Montegrosso d'Asti als nächstes Ziel anzusteuern; unterwegs kommen Sie an dem Madonnina-Heiligtum vorbei. Wenig später sehen Sie unten im Tal auch den großen Wermuthersteller Cora. Nach einem flachen, ausladenden Amphitheater von Weinbergen nimmt vor Montegrosso die Bebauung deutlich zu. Montegrosso und seine verschiedenen *frazioni* sind nur einen Steinwurf von der Stadt Asti entfernt und dienen, wie viele andere Orte in der Umgebung, hauptsächlich als Schlafstädte. Die dazwischen verstreuten kleinen Weinberge machen den Eindruck, als würden sie von den Pendlern nach Asti am Abend und am Wochenende gepflegt. Während sich rechts langsam Montegrosso erhebt, erkennen Sie weiter links das etwas höher gelegene Vigliano d'Asti.

Links: *In Costigliole d'Asti ist eine der berühmten Sonnenuhren in der Provinz Asti zu sehen.*

von Moncucco di Mombercelli. Gibt Empfehlungen zu Agriturismo-Betrieben.

**Cascina Castlèt**
*Costigliole d'Asti, Tel. 0141/966651*
Individuelle Weine von steilen, sonnenreichen Hängen, sorgfältig erzeugt von Mariuccia Borio; 5 verschiedene Barbera: von jung und lebendig bis zum Passum aus *Passito*-Trauben. Auch delikater Moscato d'Asti und Moscato passito. Veranstaltet Seminare zu Themen rund um den Wein (8-10 Teilnehmer; rund 70 000 Lire) sowie Ballon- und Hubschrauberflüge über die Weingärten. Nur mit Anmeldung; Proben gegen Entgelt.

**Tenuta La Meridiana**
*Montegrosso d'Asti, Tel. 0141/956250*
Freundliches, kleines Gut. Robuster Barbera. Führung, auch durch die Weinberge. Nur mit Anmeldung; deutscher oder englischer Dolmetscher auf Anfrage.

**Marchesi Alfieri**
*San Martino Alfieri, Tel. 0141/976288*
Gegenüber von Costigliole d'Asti, auf der anderen Seite des Tanaro; Keller unter und Weinberge um die aufsehenerregende Burg an der Straße Asti-Alba. Erzeugt seit Generationen Wein. Barbera La Tota (Normalversion) und Alfiera (aus Barriques). Nur mit Anmeldung.

**Alessandra e Ermanno Brema**
*Incisa Scapaccino, Tel. 0141/74019*
Fortschrittliches Gut mit ständiger Weiterentwicklung und vielen Überraschungen. Führt Besucher durch historische Teile des Dorfes.

## MONFERRATO CASALESE

HOTEL

**Ariotto**
*Terruggia, Via Prato 39*
*Tel. 01 42/80 12 00, Fax 01 42/80 13 07*
Jugendstilvilla. Wenige große Zimmer, traditionell eingerichtet. Großer Park. Nicht zu teuer.

AGRITURISMO

**Cascina Alberta**
*Vignale Monferrato, Ca' Prano 14*
*Tel. 01 42/93 33 13*
Einfach ausgestattete Zimmer, Wein aus eigener Erzeugung; abends gutes, frisches Essen mit viel biologisch gezogenem Gemüse. Erzeugnisse werden auch verkauft.

**Il Mongetto Dré Casté**
*Vignale Monferrato, Via Piave 2*
*Tel. 01 42/93 34 42*
Villa aus dem 18. Jh. mit attraktiven, traditionell eingerichteten Zimmern. Gutes Essen, aber nur an Wochenenden. Erzeugt Wein; Keller unter der Villa. Auch Konserven im Glas.

RESTAURANTS

**Da Rita**
*Scurzolengo, Via Marconi 19*
*Tel. 01 41/20 32 84*
Beliebtes, freundliches Lokal. Einfaches, gutes Essen. Etwas rauhe, aber gut zu trinkende lokale Weine. Preiswert und reell. Mittwochs geschlossen.

**La Braja**
*Montemagno, Via San Giovanni Bosco*
*Tel. 01 41/6 31 07*
Schönes Restaurant mit gutem Service. Gemischt traditionell und modern, alles aufmerksam zubereitet. Anspruchsvolle Weinkarte, hauptsächlich piemontesisch. Tische im Freien. Mittlere Preislage, reell. Montags und dienstags geschlossen.

**Ametista**
*Moncalvo, Piazza Antico Castello 14*
*Tel. 01 41/91 74 23*
Kleines, angenehmes Restaurant. Auch Fischgerichte. Umfangreiche Weinauswahl aus der Region, dem übrigen Italien und dem Ausland. Tische im Freien. Nicht teuer. Mittwochs geschlossen.

**Il Giardinetto**
*Grazzano Badoglio, Via Dante 16*
*Tel. 01 41/92 51 14*
Restaurant mit appetitanregenden, ungewöhnlichen Gerichten; gute Weinkarte. Etwas kostspielig. Nur abends; sonntags geschlossen.

**Gabriella Trisoglio La Pomera**
*Vignale Monferrato, Ca' Ravino 4, San Lorenzo*
*Tel. 01 42/93 33 78*
Agriturismo-Betrieb, der reichhaltige, schmackhafte Speisen serviert; selbstgezogenes Gemüse, hausgemachtes Brot. Gutes Sortiment lokaler Weine.

Überqueren Sie nun die *statale* zwischen Asti und Nizza und dann die Bahngleise, und fahren Sie hinauf nach Montegrosso, durch die Ortsmitte hindurch und dann nach Rocca d'Arazzo. Die Straße führt zunächst weiter bergauf, und unvermittelt tut sich eine Landschaft von steilen Hügeln auf, an deren höheren Hängen die Weinberge allmählich dem Wald weichen. Fahren Sie nach der erfrischend kühlen Strecke durch den Wald wieder den Berg hinunter nach Rocca d'Arazzo und von dort in den netten kleinen Ort Azzano. Es folgen ein letztes Waldstück, vereinzelte Weinberge und einige Häuser, und dann führt die Straße ein letztes Mal durch die mit Reben bebaute Ebene, bevor Sie nach Asti zurückkommen.

## MONFERRATO CASALESE

Nördlich von Asti und damit auch nördlich des Tanaro ändert sich die Landschaft erneut. Sie wird wieder weitläufiger, und niedrige Hügel bieten im Wechsel mit vereinzelten Weinbergen und Feldern einen wohltuenden Anblick. Hier herrscht noch immer die Barbera, aber auch andere Rebsorten wie zum Beispiel Grignolino, Freisa, Malvasia (siehe S. 44-45) und die ausgefallene Ruchè treten verstärkt auf. Für diese interessante Strecke sollten Sie einen ganzen Tag einplanen.

Verlassen Sie Asti in Richtung Alessandria, und bleiben Sie ein Stück auf der *statale*. Nach dem Gelände der Firma AVIR, einem großen Flaschenhersteller, biegen Sie links an dem Wegweiser nach Casale Monferrato ab. Die Straße unterquert die *autostrada*, führt durch Valenzani und dann bergauf in die Weinberge und weiter nach Castagnole Monferrato. Hier ist das kleine Gebiet des Ruchè di Castagnole Monferrato, der nur im Umkreis von etwa fünf Kilometern um den Ort angebaut wird. Der schwer erhältliche Ruchè ist etwas seltsam. Trotz seiner typisch piemontesischen Schlankheit zeigt er auch eine charakteristische weiche und duftige Süße, und obwohl man ihn oft altern läßt, spricht einiges dafür, ihn jung zu trinken, wenn er durch seine Lebendigkeit besticht.

Ganz links: *Die Weinberge von Casorzo d'Asti zwischen Asti und Casale Monferrato.*

Links: *Blick auf San Giorgio Monferrato.*

Unten: *Von Weinbergen bedeckte Hügel des Monferrato.*

Fahren Sie weiter in Richtung Casale durch Castagnole und nach Montemagno mit seiner imposanten Burg. Hier zweigen Sie nach Grana ab und fahren von dort auf einer kleinen Straße nach Casorzo, dem Herzstück des noch kleineren Anbaugebiets des Malvasia di Casorzo d'Asti; von dem etwa die doppelte Menge des Ruchè erzeugt wird, und zwar hauptsächlich in Form eines weichen, astiähnlichen Schaumweins. Von hier geht es weiter nach Altavilla Monferrato. Bei der Abzweigung nach Altavilla überqueren Sie die Provinzgrenze von Asti nach Alessandria und kommen in den Teil des Monferrato, der als Monferrato Casalese bekannt ist. Fahren Sie von Altavilla bergab zunächst in Richtung Vignale, das Sie bereits auf einem Hügel in der Ferne erkennen können. Biegen Sie aber gleich hinter dem Ort nach Fubine ab, um in einem weiten Bogen durch wunderschöne Landschaft über Fubine und Cùccaro das Zentrum von Vignale zu erreichen.

Vignale ist ein stiller, geruhsamer Ort mit einer auffälligen Sonnenuhr über dem Hauptplatz. Direkt neben diesem Platz befindet sich in einer wunderschönen Villa eine Enoteca Regionale. Der elegante Park des Anwesens

**Serenella**
*Vignale Monferrato, Piazza del Popolo 1*
*Tel. 01 42/92 31 00*
Gemütliche *trattoria* (und Bar) an zentralem Platz; streng lokales Essen in großen Portionen. Anständige Auswahl von einheimischen Weinen. Montags geschlossen.

**Castello di San Giorgio**
*San Giorgio Monferrato, Via Cavalli d'Olivola 3*
*Tel. 01 42/80 62 03*
Elegantes Burgrestaurant mit herrlichem Ausblick; ruhige Atmosphäre, aufmerksame Bedienung. Anspruchsvolle Küche; meist klassische Gerichte. Weine hauptsächlich regional. Recht kostspielig. Montags geschlossen.

**Hostaria dal Paluc**
*Mombello Monferrato, Fraz. Zenevreto, Via San Grato 3*
*Tel. 01 42/9 44 12*
Interessante, gute Gerichte mit viel Gemüse. Degustationsmenü. Breite Weinauswahl, auch halbe Flaschen. Nicht zu kostspielig. Montags und dienstags geschlossen.

**Tre Merli**
*Morano sul Po, Loc. Due Sture, Via Alighieri 18*
*Tel. 01 42/8 52 75*
Alteingesessene *trattoria*; Karte betont Fisch aus der Stura und regionale Reisgerichte. Kleine, gute Weinkarte. Mittwochs geschlossen.

In Grana gibt es noch ein sehr schlichtes, preiswertes Lokal mit den örtlichen *agnolotti d'asino* als Spezialität. Problemlos zu finden.

## ENOTECHE

**Enoteca Regionale del Monferrato**
*Vignale*
Siehe Haupttext.

**Bottega del Grignolino**
*Portacomaro*
Gutes Angebot an Grignolino und Ruchè, aber nur kurz an Wochenenden und Feiertagen geöffnet.

## REISETIP

**Antica Distilleria di Altavilla** in Loc. Cittadella – Bekannte, 150 Jahre alte Brennerei, die *grappa* für die umliegenden Erzeuger produziert. Besuche meist ohne Anmeldung möglich.

VERANSTALTUNGEN

**Grignolino-Fest** in Vignale – Mai.
**Tanz-Festival** in Vignale – Sommer.
**Trauben-Fest** in Casale – September.

EMPFOHLENE ERZEUGER

**Cantine Sant'Agata**
*Scurzolengo, Tel. 01 41/20 31 86*
80 Jahre altes Gut mit in den Fels gehauenen Kellern unter dem Haus. Großes Weinangebot. Auch *grappa* und Lebensmittel. Reitgelegenheit in der Nähe. Agriturismo.

**Fattorie Augustus**
*Castello di Razzano, Alfiano Natta Tel. 01 41/92 21 24*
Vorausblickendes, qualitätsbewußtes Gut. Barbera del Monferrato in *botti* oder Barriques und ohne Faßreifung; auch Grignolino u. a. Gruppen nur mit Anmeldung; Mittag- und Abendessen möglich.

**Colle Manora**
*Quargnento, Tel. 01 31/21 92 52*
Wichtiges Gut, das in erster Linie mit nichtlokalen Sorten arbeitet. Nur mit Anmeldung.

**Liedholm**
*Cùccaro Monferrato, Tel. 01 31/77 19 16*
Idyllisches Gut mit gepflegten Weingärten und durchdacht erzeugten, gut zu trinkenden Weinen.

bietet einen herrlichen Ausblick ins Tal. Hier in Vignale ist auch Grignolino zu finden, eine Sorte die vor allem in Asti und im Monferrato Casalese angebaut wird. Ihre Weine zählten einst zu den renommiertesten Piemonts, entsprechen aber nicht mehr dem heutigen Geschmack.

Nehmen Sie von Vignale aus die Straße durch die gepflegten, regelmäßig geformten Weinberge in Richtung Camagna, und biegen Sie an der nächsten Abzweigung, bei einer Gruppe von Wegweisern rechts an der Wand, links ab nach Bonina. Fahren Sie an dem Stoppschild links (Richtung Alessandria) und dann an der nächsten Kreuzung rechts nach Frassinello. An einem klaren Tag sind von hier aus die Berge im Norden zu sehen, und diese sanfte, fließende Landschaft wird oft als das wahre Monferrato bezeichnet. Das nächste Ziel ist Rosignano Monferrato. Biegen Sie an der T-Kreuzung rechts ab und gleich danach noch einmal nach rechts, um dann ein Stück geradeaus zu fahren und anschließend wiederum rechts nach Casale und Rosignano abzuzweigen. Die Straße führt an der Cantina Sociale del Monferrato vorbei in das Tal hinunter und steigt dann in Richtung Rosignano wieder an. Hier und in der Umgebung des benachbarten Sala wird ein guter Grignolino erzeugt. Nun kommen Sie zu einer Gabelung, wo Sie nach Sala abbiegen. Die Straße verläuft entlang eines Höhenzugs, vorbei an Ozzano. Ein kurzer Abstecher nach Treville belohnt Sie mit einer phantastischen Aussicht. Der Rückweg nach Ozzano führt weiter hinunter in die Ebene und zur *statale* zwischen Casale und Asti, auf die Sie links nach Asti einbiegen.

Folgen Sie der *statale* ein Stück in westlicher Richtung, vorbei an den Abzweigungen nach Serralunga di Crea und Mombello. Die flache Straße durch das Tal der Stura ist landschaftlich nicht allzu interessant, bietet aber einen guten Einblick in die Geländeformation mit ihrer abwechslungsreichen Kultivierung. Biegen Sie rechts ab in Richtung Gabiano, und fahren Sie weiter nach Nordwesten zur Poebene und in die kleinen, sich überschneidenden Weingebiete von Gabiano und Rubino di Canta-

Rechts: *Ein Weingarten im Monferrato wartet auf die Frühjahrspflege.*

Links: *Nur ein kleiner Te' des Angebots in der Enoteca Regionale di Vignale Monferrato.*

venna, wo hauptsächlich Barbera gedeiht. Gabiano ist weitaus bekannter für seine massive Burg, die auf einem hochgelegenen Vorsprung thront.

Der letzte Abschnitt der Rundfahrt führt in östlicher Richtung zurück nach Pontestura und bietet noch einige herrliche Ausblicke über den Po und die Stadt Vercelli. Vercelli ist dann auch die nächste Anlaufstelle und zugleich der Ausgangspunkt der Tour durch das nördliche Piemont. Sie können den direkten Weg nach Vercelli nehmen, der steil bergab vom Kamm bei Cornale und über den Po nach Trino führt, von wo aus die Stadt nur knapp 15 Minuten entfernt ist. Oder Sie wählen die weniger steile Strecke ins Tal und überqueren hinter Pontestura den Fluß, um dann nördlich von Trino auf die Straße direkt nach Vercelli zu kommen.

Sollten Sie es aber nicht allzu eilig haben, dann empfiehlt sich auch die Weiterfahrt von Pontestura nach Casale Monferrato, der Stadt, die dem Monferrato Casalese seinen Namen gegeben hat (und von wo aus eine gute Straße nach Vercelli führt). Die Altstadt von Casale ist sehenswert wegen ihrer Vielzahl historischer Gebäude, Kirchen und herrlicher Stadthäuser sowie einem jüdischen Museum.

**Bricco Mondalino**
*Vignale Monferrato, Tel. 01 42/93 32 04*
Mauro Gaudio ist ein großer Anhänger von Grignolino und macht eine Version, die viel kräftiger ist als die meisten: dunkler, reichhaltiger, fester und konzentrierter. Auch einer der wenigen Stützen des Malvasia di Casorzo. Schönes Probierzimmer; von Mauro selbst geleitete oder fremdsprachlich geführte Besuche (auch der Weinberge); nur mit Anmeldung.

**Nuova Cappelletta**
*Vignale Monferrato, Tel. 01 42/93 31 35*
Großes Gut mit biodynamischer Wirtschaftsweise. Auch Getreide und Rinder, die Naturdünger liefern. Vier eigene Weinbergparzellen. Nur während der Arbeitszeit und mit Anmeldung.

**Colonna**
*Vignale Monferrato, Tel. 01 42/93 32 41*
Von Alessandra Colonna biodynamisch geführtes Gut, das auf sich aufmerksam macht. Strebt u. a. aromatischen, weichen, ansprechenden und nicht adstringierenden Grignolino del Monferrato an. Empfiehlt Restaurants und Agriturismo-Betriebe. Abends keine Besuche.

**Cantine Valpane**
*Ozzano Monferrato, Tel. 01 42/48 67 13*
Kleines, etabliertes Gut in Bauernhaus aus dem 18. Jh.; kleines Landwirtschaftsmuseum. Tendenz zu biologischem Anbau. Nur Barbera: d'Asti, del Monferrato und Valpane (aus Barriques). Neue Agriturismo-Wohnungen. Nur mit Anmeldung; abends keine Besuche; Proben gegen Entgelt, außer bei Kauf.

**Tenuta La Tenaglia**
*Serralunga di Crea, Tel. 01 42/94 02 52*
Nobles Gut, in über 450 m Höhe; Weinberge erstrecken sich über den Hang nach unten. Keller z. T. uralt (Gut im 17. Jh. gegründet), z. T. hochmodern. Sorgfältig abgestimmte moderne Weine. Anmeldung nicht erforderlich. Elegante Agriturismo-Apartments.

**Ermenegildo Leporati**
*Casale Monferrato, Tel. 01 42/5 56 16*
Modernes Gut in alter Villa umgeben von Weingärten. Breite Palette von Weinen, auch weiße aus Barbera und Grignolino. Nur während der Arbeitszeit. Empfiehlt Hotels und Agriturismo-Betriebe.

# Nördliches Piemont

Die Weine des nördlichen Piemonts stützen sich fast ausschließlich auf die Nebbiolo-Traube, die an den niedrigsten Ausläufern der Alpen am Übergang in die Poebene wächst. Man faßt sie unter der Bezeichnung «Weine der Novara-Vercelli-Hügel» zusammen.

Im Gegensatz zu den Weinen aus den Langhe und dem Roero sind die Nebbiolo-Weine des Nordens – die Traube heißt hier auch Spanna – selten reinsortig: gewöhnlich enthält der Verschnitt die lokalen Sorten Vespolina und Bonarda. Letztere trägt offiziell den Namen Bonarda novarese, wird aber auch als Uva rara bezeichnet und ist im übrigen nicht die gleiche Rebsorte wie die Bonarda aus dem Oltrepò Pavese.

Die Weine aus der Provinz Novara, die wenig bekannten Sizzano und Boca, Fara und Ghemme, werden an den Hängen am Ostufer der Sesia angebaut, die an Vercelli vorbei in den Po fließt und die Grenze zwischen den beiden Provinzen bildet. Die Herkunftsbezeichnung Colline Novaresi umfaßt sämtliche Weine, die zwischen diesem Abschnitt der Sesia und dem weiter östlich gelegenen Ticino erzeugt werden. Man findet hier die verwirrende Vielfalt von reinsortigem Spanna (Nebbiolo), Vespolina, Uva rara (Bonarda novarese), Croatina (der andere Bonarda) und Barbera. Daneben wird Nebbiolo auch mit einer oder mehreren dieser anderen Sorten, mit Ausnahme von Barbera, verschnitten; dazu kommt ein aus Erbaluce erzeugter Weißwein.

Auf der anderen Seite der Sesia in der Provinz Vercelli erheben sich die Hänge nördlich vom Fluß nach Westen in Richtung Biella. Der Spitzenwein hier ist der Gattinara, ein DOCG-Wein, der lange Zeit wenig Beachtung fand, jetzt aber an den Qualitätsstandard alter Zeiten anknüpft. Fast verschollen waren dagegen Bramaterra und Lessona; auch hier ist man bemüht, die Erzeugung unter der neuen DOC Coste della Sesia zu vereinheitlichen.

Links: *Das geschichtliche Erbe des Weinbaus im nördlichen Piemont reicht bis auf die Römer zurück.*

Oben: *Eine alte piemontesische Weinpresse – kaum vergleichbar mit den heutigen Anlagen.*

# Die Hügel von Novara

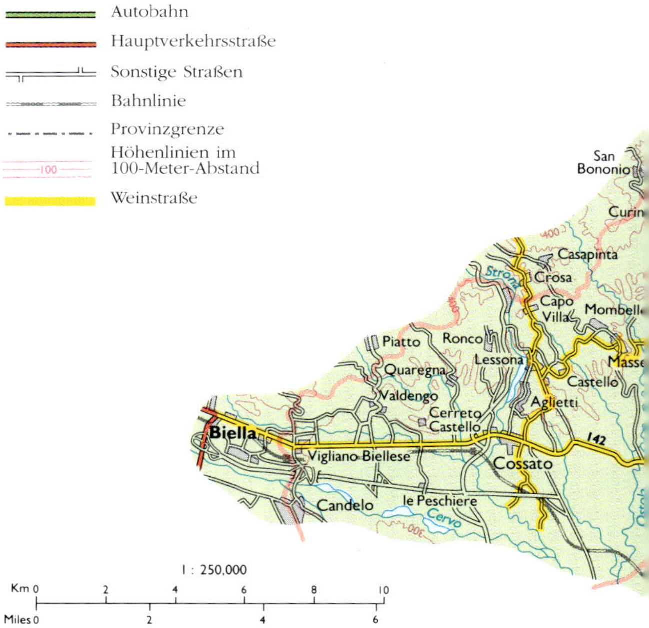

Oben: *Nebbiolo-Reben (die hier Spanna genannt werden) in Ghemme. Im nördlichen Piemont verschneidet man Nebbiolo mit kleinen Mengen zweier weiterer Sorten – Vespolina und Bonarda.*

## VERCELLI, NOVARA UND DIE UMLIEGENDEN HÜGEL

### Vercelli

Vercelli, inmitten der Poebene gelegen, ist das Zentrum der italienischen Reisproduktion, und fast alle Straßen in die Stadt führen durch die Bewässerungsanlagen der Reisfelder. Angesichts seiner Bedeutung macht Vercelli, das den wichtigsten Reismarkt Europas beherrscht, einen erstaunlich ärmlichen Eindruck. Nur die kleine Altstadt hebt sich aus dem Grau der Umgebung ab. Hauptattraktion ist die wunderbare, farbenprächtige Basilica Sant' Andrea aus dem 13. Jahrhundert, eines der herausragenden gotischen Bauwerke Italiens. Neben der Basilika befindet sich eine Abtei, und in den engen Straßen stößt man auf eine Vielzahl von prächtigen Kirchen und mittelalterlichen Türmen.

### Novara

Novara, nur knapp 20 Minuten östlich von Vercelli, ist größer und lebendiger und fällt durch ein wohlhabenderes Erscheinungsbild auf. Die Altstadt ist von einem hochgelegenen Straßenring umgeben, der entlang des alten Schutzwalls der Burg verläuft. Von dem zentralen, zur Fußgängerzone ausgebauten Platz ist es nur ein Katzensprung zu den eleganten Einkaufsstraßen mit ihren Kolonnaden. Auch die Burg und der dazugehörige Park liegen

nur ein paar Schritte entfernt. Die Hauptsehenswürdigkeit ist die hohe, auffällige Basilica San Gaudenzio, die aber so sehr von den engen Straßen der Altstadt eingekesselt ist, daß man sie wie auch den eindrucksvollen Dom kaum in voller Größe zu sehen bekommt. Es gibt indes zahlreiche andere Ecken und Winkel, in denen man mittelalterliche Bauten findet, so daß sich ein längerer Stadtrundgang durchaus lohnt.

Novara eignet sich auch hervorragend, um eine kurze Pause bei der Erforschung der Weine einzulegen und einige erholsame Stunden oder Tage an den Ufern des Lago Maggiore zu verbringen, der nur knapp eine halbe Stunde nördlich der Stadt liegt.

**NÖRDLICHES PIEMONT**

HOTELS

**Il Giardinetto**
*Vercelli, Via Luigi Sereno*
*Tel. 0161/257230, Fax 0161/259311*
Zentral, aber ruhig, mit Innengarten. Umgebautes historisches Gebäude; 8 Zimmer, traditionell eingerichtet. Gutes Restaurant.

Unten: *Eine reife Nebbiolo-Traube kurz vor der Ernte.*

Ganz unten: *Ein in Hochkultur erzogener Weingarten in Gattinara bietet Hühnern reichlich Auslauf.*

**Die Hügel von Novara**

Auf der Straße von Novara nach Varallo sind es nur fünf Kilometer, bis man direkt hinter Cesto offiziell in die Fara-Zone kommt. Erstaunlich ist dabei, daß Cesto noch inmitten von Reisfeldern liegt. Diese eher bürokratische Einteilung hat zur Folge, daß Fara überall in den Gemeinden Briona und Fara erzeugt werden kann; doch das eigentliche kleine Anbaugebiet beginnt erst fünf Kilometer weiter an den ersten, niedrigen Erhebungen kurz vor der Burg von Briona. Zwischen den Orten Briona und Fara sieht man in kurzen Abständen zahlreiche von Reben bewachsene Anhöhen sowie auch immer wieder alte, ungepflegte Rebflächen im Flachland. Alles in allem ist das Gebiet nicht sehr ergiebig, und nach kurzer Zeit hat man Fara hinter sich gelassen und kommt in die Zone von Sizzano, dem nächsten Ort auf der Strecke. Hier bietet sich derselbe Anblick: kleine Pflanzungen von unterschiedlicher Qualität, alle rechts von der Straße. Nach Sizzano, das man ohne längeren Aufenthalt durchfahren kann, gelangt man in das Gebiet von Ghemme, das nach der nächsten Ortschaft an der Straße benannt ist. Die bis an den Kamm dieser niedrigen Hügel reichenden Reben wachsen nur an den sonnenreichen Südwesthängen. Bei Ghemme werden die Hügel dann allmählich höher. Die Böden wurden, wie in den meisten Zonen von Novara und Vercelli, von dem einstigen Monte-Rosa-Gletscher geformt, und das Klima mit seinen schnellen Temperaturänderungen ist bestimmt von der kühlen Alpenluft und der warmen Feuchtigkeit der Poebene.

Links: *Waschtag im nördlichen Piemont.*

Folgen Sie der Hauptstraße um den Ort herum (Richtung Varallo), um die Aussicht auf die wenigen Weinberge zu genießen. Wenn Sie wieder auf die Straße durch den Ort stoßen, verlassen Sie zwar das Gebiet des Ghemme, können aber rechter Hand noch einige seiner Weinberge sehen. Sie haben jetzt den nördlichsten Teil der Zone erreicht. Fahren Sie durch Romagnano Sesia und weiter nach Prato Sesia, wo das Anbaugebiet des Boca beginnt. Diese Zone ist etwas größer; sie erstreckt sich über eine weite Fläche abseits der Straße und ist mit Abstand das landschaftlich reizvollste DOC-Gebiet Novaras. Biegen Sie in Prato Sesia rechts ab nach Boca, dem Ausgangspunkt einer weiten Schleife durch den gesamten Bereich. Die Straße führt entlang der Grenze des Gebiets und an vereinzelten Weinbergen vorbei, doch zunächst ist der größte Teil der Umgebung dicht bewaldet. Fahren Sie durch Cavallirio und Boca, und folgen Sie dann den Schildern nach Grignasco. Kurz hinter Boca sprießen plötzlich allerorten Reben aus dem Boden. Viele sind alt, oftmals ungepflegt oder wurden einfach sich selbst überlassen; andere dagegen sind sorgfältig kultiviert. Zum Teil wachsen sie auf Terrassen, zum Teil an Hängen; hier kann man praktisch alle in Piemont bekannten Methoden der Reberziehung studieren. Anschließend geht es bergab nach Torchio, und die Weinreben werden seltener. Schließlich führt die Route an Grignasco vorbei und trifft wieder auf die Straße von Novara nach Varallo.

Biegen Sie hier rechts ab und kurz danach links über den Fluß in Richtung Serravalle Sesia. Folgen Sie dann der Straße, die rechter Hand leicht bergauf zu einer Ampel führt. Biegen Sie dort links ein (Richtung Vercelli), und fahren Sie weiter nach Gattinara. Von Novara bis hierher dauert die Fahrt etwa eine Stunde.

**Modo**
*Vercelli, Piazza Medaglie d'Oro 21*
*Tel. 0161/217300, Fax 0161/58325*
Am südlichen Stadtrand. Helle, geräumige Zimmer; die neueren besser ausgestattet.

**Viotti**
*Vercelli, Via Marsala 7*
*Tel. 0161/257540, Fax 0161/251834*
Für Freunde des Altmodischen, ohne modernen Komfort.

**Italia**
*Novara, Via Solaroli 10*
*Tel. 0321/399316, Fax 0321/399310*
Zentral gelegen. Komfortabel und gastfreundlich. Gutes Restaurant angeschlossen (La Famiglia) und ein weiteres nebenan.

**Croce di Malta**
*Novara, Via Biglieri 2/A*
*Tel. 0321/32032, Fax 0321/32033*
Klein, freundlich und modern, am Rand der Altstadt.

**Europa**
*Novara, Corso Cavallotti 38/A*
*Tel. 0321/35801, Fax 0321/629933*
Hübsche, gut möblierte Zimmer, knapp außerhalb der Altstadt.

**Michelangelo**
*Biella, Piazza Adua 5*
*Tel. 015/8492362,*
*Fax 015/8492649*
Äußerst komfortables Vier-Sterne-Hotel. Reichhaltiges Frühstück.

**Coggiola**
*Biella, Via Cottolengo 5*
*Tel. 015/8491912,*
*Fax 015/8493427*
Nichts Edles, aber hübsch, sauber und behaglich. Parken problemlos.

**Principe**
*Biella, Via Gramsci 4*
*Tel. 015/2522003,*
*Fax 015/351669*
Nahe dem alten Zentrum. Bequeme Zimmer ohne Schnörkel. Bar (und Frühstückszimmer) im Obergeschoß mit schönem Ausblick.

RESTAURANTS

**Il Paiolo**
*Vercelli, Viale Garibaldi 74*
*Tel. 0161/250577*
Einfache, gut zubereitete lokale Gerichte. Anständige Weinkarte. Donnerstags geschlossen.

**Moroni**
*Novara, Via Solaroli 6*
*Tel. 0321/629278*
Bekanntes, gut geführtes Lokal mit ausgesuchten Zutaten und solider Küche. Große regionale und italienische Weinauswahl. Nicht teuer. Montag abends und dienstags geschlossen.

**Tantris**
*Novara, Fraz. Lumellogno, Via P. Lombardo 35*
*Tel. 0321/469153*
Etwas außerhalb (Richtung Vercelli); hervorragendes Essen in eleganter Umgebung. Große Weinkarte. Sonntag abends und montags geschlossen.

**Belvedere**
*Briona, Fraz. Proh, Via Marelli 3*
*Tel. 0321/826391*
Gute traditionelle *trattoria*; Hauswein empfehlenswert. Freitags geschlossen.

**Roma**
*Ghislarengo, Via V Emanuele II 13*
*Tel. 0161/860143*
Hauptsächlich verlockende, eigenständige Kreationen. Gute Weinkarte, meist aus Piemont; Weiße aus Nordostitalien. Mittwochs geschlossen.

**Impero**
*Sizzano, Via Roma 9*
*Tel. 0321/820290*
Gemütliches Lokal. Klassische Gerichte, alle schmackhaft und sättigend. Probieren Sie den etwas unberechenbaren Sizzano oder andere Weine aus Piemont. Das Restaurant erreicht man durch die Bar. Montags geschlossen.

**Ori Pari**
*Boca, Viale Partigiani 9*
*Tel. 0322/87961*
Neuere *trattoria* mit hervorragender Weinkarte. Für einen Imbiß oder eine volle Mahlzeit. Täglich wechselnde Karte, Schwerpunkt auf örtlichen Erzeugnissen; gute Qualität. Nur abends; dienstags geschlossen.

**Alla Torre**
*Romagnano Sesia, Via I Maggio 75*
*Tel. 0163/826411*
Mehrere offene lokale Weine – auch an der Bar ohne Essen. Speisen frisch und schmackhaft, mit guten Zutaten; viel Gemüse, gut gewürzt. *Pasta* und Nachspeisen hausgemacht. Montags geschlossen.

**Piane di Monolo**
*Roasio, Strada Statale 65/a*
*Tel. 0163/87232*
Elegant gestaltetes Restaurant; Küche an Süditalien orientiert. Breite Weinauswahl. Etwas kostspielig, aber reell. Montags und dienstags geschlossen.

**Prinz Grill**
*Biella, Via Torino 41*
*Tel. 015/30302*
Kleines, elegantes, aber nicht überteuertes Restaurant mit sehr guter Weinkarte, hauptsächlich italienisch. Besuch im Weinkeller möglich. Mittags etwas hektisch, abends behaglicher; traditionelle und Fischgerichte. Sonntags geschlossen.

**Bersagliere**
*Borgomanero, Corso Mazzini 11*
*Tel. 0322/82277*
Kleines, populäres Restaurant mit abwechslungsreicher Küche; nur wenige lokale Gerichte. Gute Weinkarte. Tische im Freien.

### Die Hügel von Vercelli – Gattinara

Nach Überqueren der Sesia befinden Sie sich wieder in der Provinz Vercelli. Bleiben Sie auf der Straße nach Vercelli, und folgen Sie nach einer auffälligen Burg dem Verlauf des Flusses, bis Sie nach kurzer Zeit auf Gattinara zufahren. Rechts auf der Anhöhe sehen Sie immer wieder Weinberge – allerdings nur sehr bruchstückhaft. Die Reben sind gut hinter dem Ort versteckt und leicht zu übersehen. Der einfachste (wenn auch nicht der direkteste) Weg, sie zu finden, führt zunächst durch das Dorf, hinter dem Sie auf die Straße nach Biella fahren, um dann an der zweiten Abzweigung, bei dem Schild zum Weingut Travaglini, rechts abzubiegen. Diese Seitenstraße führt den vielversprechenden Namen Via delle Vigne – Weinbergstraße. Nehmen Sie die nächste Abzweigung nach rechts, und folgen Sie der Via Susa bergauf. Kurze Zeit später endet die Straße an einer Kreuzung, an der Sie links einbiegen in das Reich der Reben; dort haben Sie einen herrlichen Blick über Gattinara. Im Blickfeld steht ein Turm, unter dem sich das Rebenmeer ergießt.

Folgen Sie der Einbahnstraße Via Monte Rosa, und biegen Sie an dem Stoppschild links ab. Die einspurige Straße führt steil nach oben, bietet aber einen schönen Ausblick auf die Weinberge und bringt Sie direkt zum Turm. Von diesem Aussichtspunkt sieht man über einen Großteil des Anbaugebiets von Gattinara. Fahren Sie anschließend auf derselben Straße zurück zum Stoppschild und dort nach rechts wieder in Richtung der Hauptstraße. Hier biegen Sie rechts ein sowie gleich danach abermals rechts nach Biella und fahren dann am Schild zu Trava-

Links: *Überholte Methode der Reberziehung in einem der wenigen Weingärten in Ghemme. Bessere Reben sind hinten links zu sehen.*

Unten: *Frisch gepflückte Nebbiolo-Trauben in traditionellem Traubenkorb.*

gini vorbei. Nach einigen Minuten kommen Sie zu dem Wegweiser nach Orbello und Casa del Bosco, an dem Sie noch einmal rechts abzweigen. Eine halbe Stunde ist für diesen kurzen Abschnitt reichlich bemessen.

**Die Hügel von Vercelli - Bramaterra und Lessona**

Für diese schöne Landschaft sollten Sie eine weitere Stunde einplanen. Das Bramaterra-Gebiet erstreckt sich über sieben der westlich von Gattinara gelegenen Gemeinden. Ein Großteil der Zone ist jedoch dicht bewaldet, und die Weinberge finden nur hin und wieder einen Platz dazwischen. Bramaterra selbst ist zwar eine lokale geographische Einheit, nicht aber der Name einer Gemeinde. Die wichtigsten Orte sind Roasio und Villa del Bosco.

Die Straße nach Orbello führt zunächst leicht, dann steiler bergauf durch ein Waldstück. Hinter Orbello kommen Sie links an dem Weingut Luigi Perazzi vorbei, einem der beiden Güter, die den Namen Bramaterra aufrechterhalten (das andere ist Sella). Folgen Sie der Straße, die links nach dem Ort Villa del Bosco (und Sostegno) führt und Sie an ausgezeichneten Weingärten vorbeibringt. Fahren Sie weiter in Richtung Villa del Bosco, und biegen Sie an der nächsten Kreuzung links ab. Hier sind zunächst einige Weinberge unterschiedlicher Qualität und mit verschiedenen Erziehungsmethoden zu sehen, ehe der Wald das Landschaftsbild erneut bestimmt. An der nächsten T-Kreuzung geht es links in Richtung Roasio und dann an der ersten Ampel rechts und aus der Ortschaft heraus. Die Straße führt (nach einem Knick: rechts ab an der T-Kreuzung und dann sofort wieder links) durch eine idyllische

**Trattoria del Ciclista**
*Borgomanero, Via Rosmini 34*
*Tel. 03 22/8 16 49*
Etabliertes, beliebtes Lokal; freundlich und geräumig. Streng traditionelle Kost; Spezialitäten von Esel und Pferd. Gutes lokales Weinsortiment, u. a. seltene Novara-Weine. Mittwochs geschlossen.

**Pinocchio**
*Borgomanero, Via Matteotti 147*
*Tel. 03 22/8 22 73*
Gediegen, teuer und sehr, sehr gut. 2 Degustationsmenüs und ein immenses Angebot verschiedenster Speisen. Unprätentiöse Weinkarte. Montags geschlossen.

**Campagna**
*Arona, Loc. Campagna, Via Vergante 12*
*Tel. 03 22/5 72 94*
Gemütliche *trattoria* mit schmackhaften Gerichten. Guter Käse, hausgemachte Nachspeisen. Kleine Weinkarte, guter roter Hauswein. Reelle Preise. Montags geschlossen.

FEINKOSTGESCHÄFTE

**Pasticceria Costantino**
*Romagnano Sesia, Via dei Martiri 9*
Bewährte Anlaufstelle für alles Süße aus der Region.

**Gelateria Corradini**
*Romagnano Sesia, Via Grassi 8*
Unwiderstehliches Fruchteis, je nach Saison.

**Pasticceria Ferrura**
*Biella*
Traditionelle *pasticceria* im Jugendstil. Viele köstliche Spezialitäten.

**Il Tagliere**
*Borgomanero, Via Rosmini 26*
Letzte Gelegenheit, sich vor der Heimreise mit *salumi* zu versorgen.
**Salumeria Barcellini**
*Borgomanero, Via Arona 43*
Mancherlei gute, ungewöhnliche Delikatessen.

SPEZIALITÄTEN

**Reis** – Von den Feldern der Poebene, v. a. um Vercelli.
**Panissa** – Gericht aus Reis, *fagioli* und Salami.
**Käse** – Gorgonzola und Grana Padana (ähnlich dem Parmigiano) werden in der Umgebung hergestellt, aber Zentrum der Gorgonzola-Produktion ist Novara. Das Sesiatal ist besonders für Ziegenkäse bekannt.
**Bicciolani** – Kekse aus Vercelli; Novara hat eine eigene Keks-Spezialität: schlicht *biscottini di Novara*.

ENOTECHE

**Tutto Doc**
*Vercelli, Via Crispi 3*
Überraschend großes Sortiment aus Amerika; Proben italienischer Weine. Auch Schnäpse und kleine Mahlzeiten.
**Enoteca Regionale della Serra**
*Roppolo, Castello di Roppolo*
*Tel. 01 61/9 85 01*
Für einen letzten Blick auf die gesamte Palette piemontesischer Weine vor der Weiterfahrt nach Aosta. Nicht immer geöffnet.
**Angolo di Vino**
*Borgomanero, Via Rosmini 9*
Eine der ansprechendsten *enoteche* in Piemont, auf dem Weg in die andere Richtung, zu den Seen.

VERANSTALTUNGEN

**Heiligenfest** in Novara – Am 22. Januar. Jeder italienischer Ort hat sein eigenes Heiligenfest. In Novara werden dabei an Schnüren aufgereihte Kastanien aus Cuneo, die besten Italiens, verkauft.
**Reisfest** in Vercelli – September.
**Weinfest** in Fara – September.
**Wein- und Essensfest** in Sizzano – Juni.
**Traubenfest** in Gattinara – September.

EMPFOHLENE ERZEUGER

**Bianchi**
*Sizzano, Tel. 03 21/32 01 55*
Biologische Produktion. Keller und Firmensitz in Sizzano. Besuche nur während der Arbeitszeit.
**Antichi Vigneti di Cantalupo**
*Ghemme, Tel. 01 63/84 00 41*
Produziert als einziges Gut anerkennenswerten Ghemme; rund 20 ha Weinberg in 2 großen und 4 kleinen Lagen in Ghemme. Große Palette von Weinen, an der Spitze natürlich

Waldlandschaft und endet an einer weiteren Kreuzung. Biegen Sie hier links ein in Richtung der *statale*. Fahren Sie jedoch unmittelbar vor der *statale* rechts ab und zurück durch ein Waldstück nach Brusnengo. Folgen Sie von hier aus den Schildern nach Masserano, wo Sie wieder eine große, dicht bepflanzte und gut gepflegte Weinbergfläche sehen. Genießen Sie die herrliche Aussicht in dem Ort, bevor Sie den Weg nach Lessona einschlagen.

Lessona bietet hervorragende Möglichkeiten für Spitzenweine, die allerdings kaum ausgeschöpft werden. Das Gut Sella ist der einzige Erzeuger. Wie seine Nachbarn ist auch dieser Wein leichter und schlanker als die Nebbiolo-Produkte aus dem Süden Piemonts und trotz seiner Sprödigkeit eher elegant.

Biegen Sie rechts ab zum Dorf Lessona. Die Hauptstraße des Ortes führt weiter mitten durch sein gesamtes Anbaugebiet bis nach Creso, der Gemeinde, die sich direkt im Norden anschließt; in der anderen Richtung überquert sie die *statale* und führt nach Süden. Um einen Eindruck von der Gemeinde zu bekommen, brauchen Sie nur diese Straße abzufahren. Ebenfalls lohnenswert ist aber eine Fahrt zunächst durch die *frazione* Capovilla bis zur nördlichen Grenze, dann wieder zurück zum Dorf und bei dem Wegweiser zur *chiesa* (Kirche) links weiter bergab am *cimitero* (Friedhof) vorbei. Anschließend können Sie an der Abzweigung zur *frazione* Monti nach rechts fahren; bei den rechter Hand liegenden Weinbergterrassen und einem Gedenkstein an der Straße geht es erneut nach rechts weiter. Diese Strecke führt zuerst ins Tal hinunter und dann wieder bergauf und zur Hauptstraße durch die Ortschaft. Als nächstes kommen Sie am Weingut Sella vorbei und treffen wieder auf die *statale*. Nachdem Sie den kleinen Abschnitt von Lessona südlich der *statale* erkundet haben, ist Ihre Rundreise durch Lessona, Piemont und den Nordwesten Italiens beendet.

### Der Heimweg

Die Routen, auf denen Sie Nordwestitalien verlassen können, sind genauso vielseitig und atemberaubend wie die Region an sich. Eine mögliche Variante ist die *statale* nach Biella (über Cossato), einem bedeutenden Textil- und Wollzentrum, das sich relativ modern (mit Ausnahme der Altstadt) und wohlhabend zeigt und zahlreiche Hotels zu bieten hat. Von Biella gibt es eine direkte, wenn auch nicht sehr schnelle Verbindung nach Settimo Vittone im Westen und ins Aostatal sowie eine wesentlich längere, aber schnellere Strecke, die über Roppolo und Cavaglià (Richtung Chivasso und Santhià) zum gleichen Ziel führt; in Cavaglià haben Sie dann noch einmal die Wahl zwischen der *statale* (rechts) oder der *autostrada* (links) nach Ivrea. Vom südlichen Ende des Aostatals können Sie bis nach Courmayeur und zum Montblanctunnel fahren oder – ebenfalls eine attraktive Möglichkeit – in Aosta Richtung Sankt-Bernhard-Paß abbiegen.

Eine andere Möglichkeit ist, von Lessona aus auf der *statale* zurückzufahren, vorbei an Gattinara und weiter nach Borgomanera und Arona, um am Lago Maggiore etwas auszuspannen. Auf dieser Strecke könnten Sie zum Beispiel in Stresa anhalten, um eine Bootsfahrt zu den bekannten Isole Borromee zu unternehmen. Oder Sie fahren von Borgomanero aus zum viel kleineren und friedlicheren Ortasee, den Sie problemlos in wenigen Autominuten erreichen können.

Egal, für welche Strecke Sie sich entscheiden, es wird auf jeden Fall der herrliche Abschluß einer traumhaften und unvergeßlichen Reise sein.

Ghemme (Normalversion, Collis Carellae, Collis Breclemae) und die Auslese Signore di Bayard. Besuche nur während der Arbeitszeit.

**Antoniolo**
*Gattinara, Tel. 01 63/83 36 12*
Fortschrittliches Gut, das, anders als die meisten, die Vorzüge von relativ jungem Nebbiolo demonstriert. Verarbeitet ausschließlich Nebbiolo.

**Travaglini**
*Gattinara, Tel. 01 63/83 35 88*
Qualitätsbewußtes, traditionelles Gut; Eleganz und Langlebigkeit sind die Hauptziele; 2 Gattinara und junger Nebbiolo. Besuche nur mit Anmeldung; keine Proben.

**Luigi Perazzi**
*Roasio (Bramaterra)*
*Tel. 01 63/86 00 34*
Sorgfältiger Traditionalist, mit langsam reifenden Weinen als Ziel. Neben Bramaterra auch das Gegenstück aus der Barrique, La Sassaia.

**Sella**
*Lessona, Tel. 015/981 236*
Führender Erzeuger von Lessona und Bramaterra; hat nach langem Stillstand die Keller renoviert und erzielt mit neuen Ideen vielversprechende Ergebnisse.

Links: *Die Villa Farragiana in Meina am Lago Maggiore.*

Unten: *Auf der Isola Bella im Lago Maggiore grenzt der herrliche Park des Palazzo Borromeo direkt ans Ufer.*

# Glossar

**Abbazia** – Abtei.
**Acquavite** – Obstbranntwein, meist aus Trauben.
**Alberello** – Traditionelle Methode der Reberziehung, bei der die Weinstöcke einzeln als niedrige Büsche wachsen.
**Alimentari** – Kleiner Lebensmittelladen.
**Aurelia, Via** – Die erste bedeutende Staatsstraße, die SS 1, gebaut von Mussolini. Verläuft entlang der alten Römerstraße an der Küste von Rom bis zur französischen Grenze. Wird im Alltag und auf Straßenschildern oft erwähnt.
**Autostrada** – Mautpflichtige Autobahn.
**Azienda** – Gut, Bauernhof.
**Azienda Agricola, Azienda Agraria** – Gut, das Wein aus eigenen Trauben bereitet.
**Azienda Vinicola** – Gut, das Wein aus angekauften Trauben bereitet.
**Azienda Vitivinicola** – Gut, das Wein aus eigenen und angekauften Trauben bereitet.
**Bagna cauda** ( oder **caôda**) – Rohes Gemüse, getunkt in ein kräftig gewürztes «Bad» aus Olivenöl, Knoblauch und Anchovis, das von einer kleinen Spirituslampe warm gehalten wird. Typisches Wintergericht in Piemont.
**Barolo Chinato** – Mit Chinarinde aromatisiertes, starkes Getränk auf Barolo-Basis; inzwischen nur noch selten erhältlich.
**Barrique** – Kleines Weinfaß aus französischer Eiche; Volumen üblicherweise 225 l, manchmal 500 l. Bis zu drei Jahren in Gebrauch. Immer stärker im Kommen.
**Belvedere** – Aussichtspunkt.
**Bollito misto** – Reichhaltiges Gericht aus mehreren gekochten Fleischsorten mit verschiedenen Beilagen. Klassisches Gericht aus Piemont und dem Aostatal.
**Bonet** (oder **Bunet**) – Cremiger Schokoladenpudding. Spezialität aus Piemont.
**Borgata** – Weiler.
**Bosco** – Wald.
**Botte** (pl. **botti**) – Traditionelles Weinfaß, meist aus slawonischer Eiche. Faßt 25 hl und mehr. Viele Jahre im Gebrauch.
**Bric** oder **Bricco** – Hügellage, vom Dialektwort für Sattel.
**Caffè** – Kaffee, Kaffeehaus.
**Campanile** – Glockenturm.
**Cantina sociale** (pl. **cantine sociali**) – Genossenschaftskellerei; manchmal auch nur gemeinsam genutzte Abfüllanlage.
**Caprino** – Ziegenkäse.
**Casale** – Bauernhaus.
**Castagna** (pl. **castagne**) – Kastanie.
**Castello** – Burg oder Schloß.
**Chiesa** – Kirche.
**Classese** – Qualitätsbezeichnung für Schaumwein. Wird allmählich durch die Bezeichnung Talento (siehe dort) verdrängt.
**Colli** (sing. **colle**) – Hügel.
**Colline** (sing. **collina**) – kleine Hügel.
**Cru** – Inoffizielle, aber in ganz Italien häufig verwendete Bezeichnung für einen Wein von einem bestimmten Weinberg. Im Nordwesten oft auch für Wein von einer bestimmten Einzellage.
**Dolciaria** – Konditoreiwaren, Süßigkeiten.
**Duomo** – Dom oder Kathedrale mit Kuppel.
**Enoteca** / **Enoteca Regionale** – siehe Seite 11.
**Fagioli** – Weiße Bohnen.
**Farinata** – Spezialität aus Genua und Umgebung; im Ofen gebackene Fladen aus Kichererbsenmehl mit Olivenöl, Wasser und Salz; in flachen Formen im Ofen gebacken; manchmal mit weiteren Zutaten (Rosmarin, Zwiebeln usw.).
**Fattoria** – Bauernhof oder Weingut.
**Festa** – Fest.
**Fiume** – Fluß.
**Foccaccia** – Spezialität aus Genua und Umgebung; leicht öliges, flaches Brot ähnlich wie Pizzaboden. Teils dünn und knusprig, teils dick und locker.
**Frantoio** – Olivenölmühle, Ölpresserei.
**Fraz.** (Abk. für **Frazione**) – Teil einer Gemeinde oder eines Ortes mit eigenem Namen.
**Fritto misto** – Nicht zu verwechseln mit der üblicheren Version mit Fisch. *Fritto misto* aus Piemont besteht hauptsächlich aus Fleisch mit etwas Gemüse und einigen süßen Happen, die in einzelnen Stückchen frittiert werden. Wurst, Lamm, Hähnchen, Bries, Zucchini, Pilze, Pfirsiche und Mandelkekse können dabei sein. Traditionelle Hauptspeise aus Piemont.
**Frizzante** – Leicht perlend.
**Gassata** – Mineralwasser mit Kohlensäure.
**Gastronomia** – Feinkostgeschäft, das auch fertige Speisen verkauft.
**Gelateria** – Eisdiele.
**Gespriteter Wein** – Durch Alkoholzusatz während oder (meist) nach der Gärung verstärkter Wein.
**Grappa** ( pl. **grappe**) – Branntwein aus Trestern.
**Guyot** – Methode des Rebschnitts; spezielle Art der Spalierziehung (siehe *spalliera*).
**Kordonerziehung** – Methode der Reberziehung, bei der der Stamm des Rebstocks zu einem umgekehrten L geformt wird und das jährliche Wachstum von einer Reihe von Zapfen auf der Oberseite des Schenkels ausgeht.
**Latteria** – Molkereigeschäft.
**Levante** – Osten, östlich. Regionaler Gebrauch v. a. in Ligurien. Der üblichere Ausdruck ist *orientale*.
**Liquoroso** – Gespriteter Wein (siehe dort).
**Loc.** ( Abk. für **Località**) – Kleiner Ortsteil, wie *frazione*.
**Macelleria** – Metzgerei.
**Marrone** ( pl. **marroni**) – Eßkastanie.
**Mercatino** – Markt unter freiem Himmel; Flohmarkt (auch *mercato delle pulce*).
**Mercato** – Markt.
**Most** – Traubensaft.
**Municipio** – Rathaus.
**Nocciola** ( pl. **nocciole**) – Haselnuß.
**Noce** ( pl. **noci**) – Walnuß.
**Paneficio** – Brotgeschäft.
**Panetteria** – Bäckerei, Brotgeschäft.
**Panna cotta** -Creme aus reiner Sahne. Klassische Nachspeise aus Piemont.
**Passeggiata** – Meist frühabendlicher Spaziergang; eine italienische Institution. Traditionell die Gelegenheit, bei der man sich zum Plaudern trifft und Neuigkeiten austauscht. Jeder Ort hat seine angestammten Zeiten und Strecken.
**Passito** – Wein aus getrockneten oder halbgetrockneten Trauben.
**Pasticceria** – Konditorei.
**Pecorino** – Schafskäse.
**Pergolaerziehung** – HoheReberziehungsart; in engen, steilen Tälern üblich.
**Podere** ( pl. **poderi**) – Kleiner Bauernhof oder Parzelle.
**Ponente** – Westen, westlich. Regionaler Gebrauch v. a. in Ligurien. Der üblichere Ausdruck ist *occidentale*.
**Quintale** – Doppelzentner.
**Regione** – Region; im Nordwesten oft auch das gleiche wie *località*.
**Riserva** – Wein, meist von einem besseren Jahrgang oder einer besonderen Traubenauslese; länger gealtert als normaler Wein. Die Mindestalterung ist gesetzlich vorgeschrieben und differiert von Wein zu Wein.
**Rosato** – Rosé.
**Salumeria** – Geschäft, das *salumi* verkauft.
**Salumi** – Geräuchertes Fleisch, Salami, Schinken usw.; gelegentlich auch Fisch (eingelegter Kabeljau, Anchovis usw.).
**Salumificio** – Geschäft, das *salumi* herstellt und unter Umständen verkauft. Wurstfabrik.
**Sopraelevata** – Autobahnähnliche Hochstraße durch das Zentrum von Genua.
**Sorì** – Nach Süden ausgerichteter Weinberg (piemontesischer Dialekt).
**Spalliera** – Spaliererziehung; Methode der Reberziehung. Der Stamm des Rebstocks wird kurz gehalten und ein oder zwei Leittriebe werden horizontal erzogen, um die Fruchtruten des Jahres zu tragen. Eine dieser Fruchtruten wird dann der Leittrieb des folgenden Jahres.
**Spumante** – Schäumend (Wein).
**Statale** – Staatsstraße. Durch blaue Schilder und mit SS für *strada statale* vor der Straßennummer gekennzeichnet (z. B. SS 26).
**Stoccafisso** – Getrockneter Stockfisch. Spezialität von Ligurien.
**Strada provinciale** – Provinzstraße, im Gegensatz zu Staatsstraße; jede Provinz hat ihr eigenes Numerierungssystem.
**Superstrada** – Mautfreie Schnellstraße mit zwei Fahrbahnen.
**Tajarin** – Feine Tagliatelle aus dünnem Eierteig (manchmal nur mit dem Eigelb); Spezialität aus Piemont.
**Talento** – Neue Qualitätsbezeichnung für Schaumwein. Ersetzt allmählich die Bezeichnung Classese (siehe dort).
**Terme** – Thermalbad.
**Terroir** – Weithin üblicher französischer Ausdruck für die Kombination von natürlichen Faktoren wie Bodeneigenschaften, Mikroklima usw., die dem Wein einer bestimmten Lage seine individuelle Note verleiht.
**Torrente** – Kleiner Fluß, der oft starkes Hochwasser führt.
**Vivace** – Anderer Ausdruck für *frizzante* (siehe dort).

# Index

*Anmerkung: Bei Hotels, Restaurants, Feinkostgeschäften und* enoteche *werden die Orte in Klammern angegeben. Anbauzonen und DOCs sind oft unter dem Namen der Traube aufgeführt.*

# INDEX

# Orte und Weinberge

## BILDNACHWEIS

**Maureen Ashley** 24, 33, 36, 37, 39 unten, 55, 88, 92, 95 oben rechts, 99 oben, 103 unten, 108, 119, 121, 130, 131, 135, 137 oben rechts.
**Anthony Blake Photo Library** 84, **/ Maureen Ashley** 86, **/John Sims** 78/79, 80, 140 oben, 143 oben rechts.
**Cephas Picture Library / Franck Auberson** 109 unten, **/ Andy Christodolo** 18/19 oben, 28, **/ John Heinrich** 101 rechts, 104, 105, **/ TOP/Pierre Hussenot** 20/21 unten, **/ Mick Rock** 5 oben, 5 oben Mitte, 8/9, 10/11, 14/15, 16/17 oben, 22/23 oben, 27 oben, 29, 45 rechts, 46/47, 57 links, 58/59, 60 rechts, 62, 64, 65, 68 rechts, 69, 71, 74, 75, 77, 89, 90/91, 102/103, 106/107 unten, 109 oben, 112, 114/115, 118, 120, 122, 123 oben, 124, 126/127, 129, 132/133, 134, 136/137, 140 unten, **/ StockFood** 20/21 oben, 22 unten, **/ Wine Magazine** 52 rechts. **Patrick Eagar** 85 unten, 87. **Armin Faber** 76 links.
**Robert Harding Picture Library / Jan Baldwin** 97, **/ Duncan Maxwell** 40, 41 links, 42/43, **/ Mike Newton** 5 unten, 16 unten, 45 links, 67 oben rechts. **Mitchell Beazley / Alan Williams** 26/27, 50/51 oben, 66/67 oben, 76 rechts, 100/101, 110/111, 142/143 oben.
**Scope / Jean Charles Gesquiere** 98, **/ Michel Gotin** 30, 31, 34, 39 oben, **/ Jacques Guillard** 3, 12/13, 18/19 unten, 32, 41 rechts, 44/45, 49, 50 oben links, 67 unten, 68 links, 70, 72, 94/95, 99 unten, 103 rechts, 106 oben, 111 oben, 141, 144, 145, **/ Sara Matthews** 5 unten Mitte, 9 oben Mitte, 21 unten rechts, 47 rechts, 52 links, 53, 56, 57 rechts, 60 links, 61, 73, 93, 123 unten, 125, 128. **Alan Williams** 81, 82, 85 oben, 116/117, 138.

# Dank

Wenn man ein Buch schreibt, braucht man immer die Hilfe von den verschiedensten Fachleuten; sonst gerät es leb- und lieblos. Viele solcher Menschen stellten mir ihre Zeit und ihre Kenntnis zur Verfügung, und sie waren mir eine wertvolle Unterstützung, ohne die der vorliegende Band in seiner gegebenen Form nicht hätte erscheinen können. Dafür möchte ich mich hier in aller Öffentlichkeit bei ihnen bedanken. An erster Stelle bei Christine, die voller Tatendrang immer noch bessere und schönere Weinrouten ausfindig machte; bei Elio Archimede, ohne den es gar keine Tour gegeben hätte, und bei Chiara Castino, ohne die unsere Streckenführung eine Menge Lücken aufweisen würde; bei Villano aus Vigliano für sein freundliches Wesen, seine Gefälligkeiten und seine Geduld und auch bei der prachtvollen Sonia Beretta; bei Paola Corrado De Ferrari, die mir das echte Genua zeigte – und die echten Genuesen; bei Maria-Giulia und Giovannella Fugazza für ihre Gastfreundschaft und ihre unschätzbaren Ratschläge zum Oltrepò; für die wundervolle gastliche Aufnahme bei Delfina Quattrocolo und Mario aus Asti; bei Luigi Ferrando, der mir die Carema und das Canavese nahebrachte; bei Gianni Cacciabue, der mir in Alessandria half; bei Anna del Conte für ihre Informationen über den Reis; beim hilfsbereiten und liebenswürdigen Mauro Feola; bei Roberto Bava, dem Regionaldelegierten des Movimento del Turismo del Vino; bei Guido Zublena für einen denkwürdigen Morgen; bei Renato, dem Italienkenner schlechthin; bei Ann und Roberto von Alitalia, die mir alle Luftwege ebneten; bei Liz, der Lebensretterin am Telephon; bei Mum, die alles stehen- und liegenließ, um mir beizustehen; bei all den Gamberi und Arcigolosi, die mir den Weg zum guten Essen wiesen; bei Lucy für ihren beruhigenden Einfluß; und schließlich bei Christine für ihre wichtige und wesentliche Unterstützung.